C
여행 [중국어]

# Chinese

용기를 내어 중국어로 말을 걸어 봅시다.
조금이라도 내 마음이 전해진다면 여행은 좀 더 즐거워질 거예요.
여느 때보다 더 따뜻하게, 같이 경험해 볼까요?

혜지원

# 『여행 중국어』를 가지고…

# 자, 말해 봅시다.

여행에 필요한 기본 회화부터, 알아 두면 좋을 현지 정보, 편안한 여행을 즐기기 위한 표현과 단어를 모았습니다. 자, 다양한 회화 표현으로 여행 기분을 느껴 볼까요?

모처럼 여행을 왔으니, 현지인 분들과 커뮤니케이션을 해 볼까요? 간단한 인사라도 그 나라의 말로 먼저 말을 걸어 본다면, 현지인 분들도 웃는 얼굴로 반겨 줄 겁니다.

맛집 탐방, 쇼핑, 뷰티 등 의사소통을 해야 하는 순간에 필요한 표현들을 가득 담았습니다. 간단한 의사소통이라도 평소와는 다른 경험을 할 수 있을지도 몰라요. 다양한 회화 표현을 통해 여행을 좀 더 즐겁게 보내 볼까요?

## check list

**샤오룽바오 주세요.**
**请给我 小笼包。**
칭게이워 샤오룽바오

**어떤 것을 추천하시나요?**
**您给 推荐点 什么?**
닌게이 투이지엔띠엔 션머?

**저는 만리장성에 가고 싶어요.**
**我想去 万里长城。**
워 씨앙 취 완리창청

**어떤 것이 인기 있나요?**
**哪个 有人气?**
나거 요우런치?

3

# HOW TO 중국어

회화 수첩은 현지에서 자주 사용하는 문장을 중심으로 최대한 많은 내용을 담았습니다. 사전에 미리 알아 두고 공부해 놓으면 좋을 정보들도 담았습니다. 현지에서 자주 쓰이는 어휘들도 기억해 둡시다.

## 사용하는 포인트는 이곳에

● 상황별 구성으로 문장을 익히기 쉽습니다.

● 여러 가지 상황의 기본 문장에 충실하였습니다.

● 영어와 한국어로 되어 있어, 현지에서도 도움이 됩니다.

"카페에서는 어떻게 말해야 주문할 수 있을까?", "이 화장품은 어떻게 말해야 하지?" 등 순간적으로 당황했던 적은 없나요? 이 회화 수첩은 현지에서 흔히 접할 수 있는 상황별로 정리했습니다. 각 장면에 연관된 문장이나 단어들을 모아 현지에서도 쉽게 사용할 수 있도록 했습니다.

## 1 상황별로 아이콘이 붙어 있습니다.

맛집, 쇼핑, 뷰티, 관광, 엔터테인먼트, 호텔의 각 상황별로 제목 옆에 아이콘이 붙어 있어 필요한 상황을 바로 찾을 수 있도록 하였습니다.

## 2 단어를 바꿔서 활용할 수 있어서 편리합니다.

숫자나 지명 등 바꿔 넣는 것만으로도 문장을 만들 수 있어 편리합니다.

> 저는 4사이즈예요.
> 我的尺码是4号。
> 워더츠마스쓰하오
> My size is 4.

## 3 중요 문장을 찾기 쉽습니다.

특히 중요한 문장은 일목요연하게 정리해서 알 수 있도록 하였습니다.

> 저 스웨터를 보여 주세요.
> 请让我看看那个毛衣。
> 칭랑워칸칸나거마오이
> Can I see that sweater?

## 4 상대의 말도 알 수 있도록 하였습니다.

현지 사람이 자주 사용하는 문장도 적혀 있습니다. 사전에 체크해 놓으면, 당황하지 않고 대화를 이어갈 수 있을 것입니다.

> 이 볶음밥 정말 맛있어요.
> 这炒饭 特别好吃。
> 쩌챠오판 트어비에하오츠
> I recommend this fried rice.

## 5 중국어 외에 영어도 표기되어 있습니다.

영어도 함께 기재되어 있습니다.
중국어가 통하지 않을 경우 영어로 시도해 보세요.

> 이 주소로 가고 싶어요.
> 想去这个地址。
> 시앙취쩌거띠즈
> I'd like to go to this address.

### 즐겁게 자신만의 패션스타일을 찾아봅시다.

중국 구두와 가방, 치마·드레스 등 길거리에는 귀엽고 예쁜 아이템이 한가득. 능숙하게 말하며 마음에 드는 아이템을 찾아봅시다.

**현지 '상'에들 찾아봅시다**

| | |
|---|---|
| 백화점은 어디에 있어요? | 百货商店在哪里?<br>바이훠상디엔짜이나리<br>Where is the department store? |
| 이거 어디에서 살 수 있어요? | 在哪里能买到这个?<br>짜이나리넝마이따오쩌거<br>Where can I buy that? |

**'뷰티'에 대한 질문이에요**

| | |
|---|---|
| 영업시간이 어떻게 되나요? | 请告诉我营业时间?<br>칭까오쑤워잉예스지엔<br>What are the business hours? |
| 어느 날이 연계예요 | 哪天是休息日?<br>나티엔스시우시르<br>What day do you close? |
| 백화점 지도가 있어요? | 有商场的地图吗?<br>요우상창더띠투마<br>Do you have a floor map? |
| 좋은 화장품 가게가 있나요? | 有比较好的化妆品店吗?<br>요우비쟈오하오더화좡핀디엔마<br>Are there any good cosmetics shops? |
| 화장품을 사려면 어디로 가는 계통나요? | 买化妆品去哪里好呢?<br>마이화좡핀취나리하오너<br>Where do I have to go to buy cosmetics? |
| 엘리베이터(에스컬레이터)는 어디에 있어요? | 直梯[滚梯] 在哪里?<br>카이티[군티] 짜이나리<br>Where is the elevator(escalator)? |
| 가방을 보관하는 곳이 있나요? | 有存包处吗?<br>요우춘바오츄마<br>Where is the cloak room? |

52

## 6 주고받는 대화 형식으로 내용을 파악할 수 있습니다.

실제 대화 내용을 적어 두었기 때문에 어떻게 대화를 주고받으면 좋을지를 알 수 있습니다.

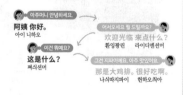

> **아주머니 안녕하세요.**
> 阿姨 你好。
> 아이 니하오

> **어서오세요 뭘 드릴까요?**
> 欢迎光临 来点什么?
> 환잉꽝린 라이디엔션머

> **이건 뭐예요?**
> 这是什么?
> 쩌스션머

> **그건 지파이예요. 아주 맛있어요.**
> 那是大鸡排。很好吃啊。
> 나스따지파이。 헌하오츠아

4

현지 사람과 즐겁게
대화해 봅시다 ♪

## 회화 수첩으로 적극적으로 현지 사람들과 의사소통 해 보는 방법!

**비결 1** 책의 가장 앞부분에 나오는 인사나 기본 문장을 사전에 외워 둡시다.

간단한 인사나 기본이 되는 문장을 외워 두면 유사시에 편리합니다.　P.14

**비결 2** 사진과 일러스트 단어장을 상대방에게 보여 주며 의사 전달합니다.

하고 싶은 말이 잘 전달되지 않을 때에는 사진이나 일러스트를 보여서 본인의 의사를 전달해 봅시다.
P.32 / 63 / 94

**비결 3** 한국 문화를 소개하고 적극적으로 커뮤니케이션합니다.

해외에는 한국 문화에 관심 있는 사람도 많아요. 한국에 대해서 소개할 수 있다면 대화를 이어나가 봅시다. P.144

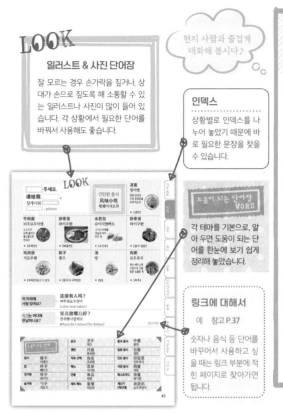

### 일러스트 & 사진 단어장

잘 모르는 경우 손가락을 짚거나, 상대가 손으로 짚도록 해 소통할 수 있는 일러스트나 사진이 많이 들어 있습니다. 각 상황에서 필요한 단어를 바꿔서 사용해도 좋습니다.

### 인덱스

상황별로 인덱스를 나누어 놓았기 때문에 바로 필요한 문장을 찾을 수 있습니다.

각 테마를 기본으로, 알아 두면 도움이 되는 단어를 한눈에 보기 쉽게 정리해 놓았습니다.

### 링크에 대해서

예　참고 P.37

숫자나 음식 등 단어를 바꾸어서 사용하고 싶을 때는 링크 부분에 적힌 페이지로 찾아가면 됩니다.

## 발음에 대해

다양한 문장 표현과 단어에 한국어로 표기를 덧붙였습니다. 그대로 읽으면 현지에서 알아들을 수 있을 정도의 비슷한 발음으로 적어 두었으니 적극적으로 소리내어 말해 보세요.

### ● 중국어의 발음은?

중국어의 발음은 중국식 악센트인 '사성'과 로마자에 따른 발음표기인 '병음'으로 나타냅니다. 책에서는 '병음' 대신에 한글 표기를 기재하였습니다.

사성에는 4가지 종류가 있습니다.

제1성 (-) … 높은 음에서 길게 내는 음
제2성 (´) … 중간 음에서 높게 올리는 음
제3성 (ˇ) … 낮은 음에서 내렸다가 다시 올리는 음
제4성 (`) … 높은 음에서 한 번에 내리는 음

※ 자세한 내용은 P.152로

### ● 중국어의 문자에 대해

중국에서는 현재 '간체자'라고 하는 한자를 사용하고 있습니다. 옛 문자인 '번체자'를 간략화한 것으로 대만에서는 '번체자'가 사용되고 있습니다. 이 책에서는 중국어를 간체자로 표기하였습니다.

# Contents

상황별 대화는 6가지 분야로 소개하고 있습니다.

🏛 관광　🍴 맛집　🛍 쇼핑　🎵 엔터테인먼트　💅 뷰티　🏨 호텔

# 중국·대만은 이런 곳입니다.

광대한 국토를 가진 중국과 많은 사람들이 방문하는 대만의 위치는 다음과 같습니다. 이곳에 있는 지명은 목적지를 말할 때나 현지인과 대화를 할 때 활용해 보세요.

## 중국·대만의 기본 정보

**Q** 사용하는 언어는?

**A** 중국어입니다.

중국에서는 북경어를 기초로 중국어를 가장 널리 사용하고 있습니다. 대만에서도 주로 북경어를 씁니다. 한자의 나라이므로 필담(筆談)으로도 의사소통할 수 있습니다. 중국에서는 한자를 간략화한 간체자를 사용하지만 대만에서는 사용하지 않습니다.

**Q** 화폐는?

**A** 중국은 위안(元), 대만은 위안 또는 달러(圓)입니다.

대만의 달러(圓)는 일반적으로는 중국과 같은 발음인 위안(元)으로 불리거나 대만 달러(NT$, 타이완 달러)로 표기합니다.

**Q** 추천하는 여행 시즌은?

**A** 4월~5월과 9월~11월이 가장 좋습니다.

중국은 본토가 광대하므로 가고자 하는 지역을 기준으로 살펴보아야 합니다. 가려는 지역에 따라 여행하기 좋은 달이 다르지만 대체로 이 기간을 추천합니다.

---

### 중화권의 매너를 알아봅시다.

• 하루 중 사용되는 인사말은 '니 하오'. 새롭게 만나는 자리가 아닌 이상은 가볍게 사용할 수 있습니다. 중국에서는 인사할 때 악수하는 것을 잊지 마세요!

• 중국에서는 많은 사람들끼리 술자리를 하는 것을 좋아합니다. 연회 자리에서는 게스트에게 술을 권하므로 함께 마시는 것이 예의입니다. 혼자서 술을 마시는 것은 금물!

• 식사는 즐겁고 활기차게 합니다. 꼭 지켜야 하는 것은 아니지만 젓가락을 오른쪽에 세로로 둡니다. 생선을 뒤집지 않는 등의 자잘한 식사 예절을 조심하도록 합시다.

---

> 중국·대만의 대표적인 지명은 이쪽

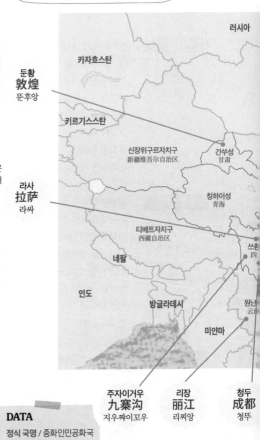

러시아

카자흐스탄

키르기스스탄

둔황
敦煌
뚠후앙

신장위구르자치구
新疆维吾尔自治区

간쑤성
甘肃

라사
拉萨
라싸

칭하이성
青海

티베트자치구
西藏自治区

쓰촨
四川

네팔

인도

방글라데시

원난
云南

미얀마

주자이거우
九寨沟
지우짜이꼬우

리장
丽江
리찌앙

청두
成都
청뚜

**DATA**

정식 국명 / 중화인민공화국
인구 / 약 14억 명
면적 / 약 960만㎢
수도 / 베이징
한국과의 시차 / -1시간

## 그 외의 관광지 WORD

| 쑤저우 | 중경 | 쿤밍 |
|---|---|---|
| 苏州 | 重庆 | 昆明 |
| 쑤우 | 충칭 | 쿤밍 |

### 넓~은 중국의 시차는?

광대한 국토를 가진 중국이지만 실제로 국내에서는 시차가 없습니다. (일부 지역은 제외하고) 대만, 홍콩도 마찬가지로 한국에서 1시간 늦은 시간입니다.

### 원포인트

지명을 사용해 말해 봅시다.

[          ]에 가고 싶어요.
我想去[          ]。
워시앙취 [          ]

목적지를 전달할 때는 지명을 확실하게 이야기해요.

**당신은 어디 사람이에요?**
您是 哪里人?
닌싀 나리런

저는 [          ] 사람이에요.
我是 [          ] 人。
워싀 [          ] 런

적극적으로 현지인과 커뮤니케이션을 해 보세요.

| 몽골 | | |
|---|---|---|
| 헤이룽장성 黑龙江 | | |
| 지린성 吉林 | | |
| 랴오닝성 辽宁 | 북한 | |
| 내몽골자치구 内蒙古自治区 | | |
| 닝샤후이족자치구 宁夏回族自治区 | 베이징시 ★ | 텐진시 天津 | 대한민국 |
| 산시성 山西 | 허베이성 河北 | 산둥성 山东 | 황해 |

| 대련 大连 따리엔 |
| 북경 北京 베이징 |
| 시안 西安 시안 |
| 상하이 上海 쌍하이 |
| 타이베이 台北 타이베이 |

산시성 陕西 — 허난성 河南 — 장쑤성 江苏 — 안후이성 安徽 — 상하이시 上海

후베이성 湖北 — 저장성 浙江 — 동중국해

충칭시 重庆 — 후난성 湖南 — 장시성 江西 — 푸젠성 福建 — 타이완성 台湾

구이저우성 贵州

광시좡족자치구 广西壮族自治区 — 광둥성 广东 — 홍콩특별행정구 香港 — 마카오특별행정구 澳门

베트남

하이난성 海南 — 남중국해 — 필리핀

| 계림 桂林 꾸이린 | 홍콩 香港 시앙강 |

### DATA

정식 국명 / 대만
인구 / 약 2,392만 명
면적 / 약 3만6000㎢
수도 / 타이베이
한국과의 시차 / -1시간

9

# 베이징 시내는 이런 느낌입니다.

긴 역사에 빛나는 베이징은 꼭 봐야 하는 유적지가 한가득.
주요한 지명을 외워 두고, 산책을 하거나 택시를 탈 때 활용해 보세요.

**한국인 인기 볼거리**
1위 천안문광장
2위 만리장성
3위 고궁박물관

## **1**

시가지에서 1시간 정도의 거리에
있는 경치가 좋은 관광지

**시내 서북부** 市内西北部 네이씨베이뿌

**주요 관광지**

- 이화원
  颐和园 이흐어위엔
- 원명원
  圆明园 위엔밍위엔
- 북경 동물원
  北京动物园 베이징똥우위엔

★
이화원    원명원

**1** 시내 서북부

## **2**

베이징의 전통적인 가옥이
많이 남아있는 옛 지역

**고루·종루**
**鼓楼·钟楼** 구로우 · 종로우

**주요 관광지**

- 공왕부
  恭王府 꽁왕푸
- 연대사가
  烟袋斜街 옌따이시에지에

**3**
자금ﾞ

**4**
천안ﾞ

대관원
★

## 세계 최대 규모의 궁궐

**자금성(고궁)**
**故宫** 꾸꽁

**3**

**주요 관광지**

- 자금성(고궁)박물관
  故宫博物院 꾸꽁보워우위엔
- 북해공원
  北海公园 베이하이꽁위엔

에 가고 싶어요.

**我想去** [          ]。

워시앙취 [          ]

### 그 외의 관광지
**WORD**

| | |
|---|---|
| 유리창<br>**琉璃厂**<br>리유리창 | 저우커우뎬원인유적지<br>**周口店猿人遗址**<br>쪼우코우디엔위엔런이즐 |
| 따자란<br>**大栅栏**<br>따자란 | 명13릉<br>**明十三陵**<br>밍슬싼링 |
| 만리장성<br>**万里长城**<br>완리장청 | 고문화관광거리<br>**古文化街**<br>구원화지에 |

10

┌─────────────┐
│             │ 에 가고 싶어요.
└─────────────┘
**我想去** ┌──────┐。
워시양취 └──────┘

구로우따지에

**2** ★ 종루
★ 고루
루·종루

**9**
산리툰

**8**
왕 왕
부 푸
정 정
대
가

**7 건국문**

산공원

박물관

**5 베이징역**

천안문

천단공원

**4 시내 남부**

---

**9** 외국인이 많이 거주하는 곳으로
이국적인 바도 많이 있는 곳

### 산리툰
**三里屯** 산리툰

(주요 관광지)
◦ 북경3.3의류빌딩
北京3.3服饰大厦 베이징싼티엔싼푸쓸따샤
◦ 공인체육관
工人体育场 꽁런티위창

---

**8** 거대 쇼핑몰 등 베이징을
대표하는 번화가

### 왕부정 王府井 왕푸징

(주요 관광지)
◦ 왕부정대가
王府井大街 왕푸징따지에
◦ 동방광장
东方广场 둥팡꽝창

---

**7** 베이징에서 제일 가는
비즈니스 지역

### 건국문 建国门 지엔구워먼

(주요 관광지)
◦ 북경고관상대
北京古观象台 베이징구관씨앙타이
◦ 건국문외대계
建国门外大街 지엔구워먼와이따지에

---

**4** 천안문광장 등 베이징
관광지의 중심

### 천안문
**天安门** 티엔안먼

(주요 관광지)
◦ 천안문광장
天安门广场 티엔안먼구앙창
◦ 모주석기념관
毛主席纪念堂 마오주시찌니엔탕

---

역 주변의 고급호텔이나
고급레스토랑이 줄비한 곳
**베이징역**
**北京站** 베이징짠

**5**

(주요 관광지)
◦ 동단
东单 둥딴
◦ 북경성 동남각루
北京城东南角楼
베이징청똥난지아오로우

---

**6** 천단공원과 근대 유적이
많이 남아있는 곳

### 시내 남부
**市内南部** 네이난뿌

(주요 관광지)
◦ 천단공원
天坛公园 티엔탄꽁위엔
◦ 대관원
大观园 따꾸안위엔

# 상하이·타이베이의 시내는 이런 느낌입니다.

레트로함과 모던함이 공존하는 상하이와 타이베이.
가고 싶은 곳을 찾아보세요

## ❀ 상하이 ❀

동쪽은 북적거리는 보행자
거리, 서쪽은 백화점거리가
즐비한

**1 남경로**
南京路 난징루

고급 백화점이 즐비하고
세련된 쇼핑존

**화이하이루**
淮海路 후아이하이루 **2**

옛 창고 스타일의 건물이
늘어서 있고, 상하이 그 자체를
느낄 수 있는 곳

**3 신천지**
新天地 씬티엔띠

아트 갤러리나 개성 있는 가게가
길거리에 늘어선 인기 관광지

**티엔즈팡**
田子坊 티엔즈팡

**4**

**1 남경로**
인민광장
인민공원
**와이탄 7**
• 동방명주탑
**6 푸동**
황푸강
**2 화이하이루**
**3 신천지**
예원
**5 예원**
**4 티엔즈팡**

**5** 귀여운 잡화를
찾는다면 이곳!
레트로한 길거리와
품경도 아름다운

**예원(위위엔)**
豫园 위위엔

**6** 상하이의 상징인
초고층빌딩이
모여 있는 번화가

**푸동**
浦东 푸똥

**7** 클래식한 서양식 건물이 늘어서
있고 외국품의 향취가 묻어나는

**와이탄** 外滩 와이탄

_____ 에 가고 싶어요.

我想去 _____

워시양취 _____

# ❀ 타이베이 ❀

고궁박물관

• 더 그랜드 호텔

공자묘 •

쑹산공항

• 행천궁

단수이강

**7** 행천궁·송강로

디화제 **1** 중산역·디화거리

**6** 남경동로

동구·충효동로
**4**

**2** 타이베이역·서문정

중정기념당   **3** 영강거리

신의신도심 **5**
타이베이 101 •

• 용캉제

---

**1**

세련된 거리의 중산과
레트로한 건축이 남아있는 상가 거리

**중산역·디화거리**
**中山站·迪化街**
쫑산쨘 · 디화지에

---

**2**

교통의 요지, 타이베이역
주변과 젊은이들의 거리

**타이베이역·서문정(시먼딩)**
**台北站 西门町**
타이베이쨘 · 씨먼딩

---

카페나 잡화점 등 센스있는 상점들이
많아 관광객들에게 인기가 많은

**3**
영강거리
**永康街** 용캉지에

---

**4**

타이베이 유행의 시작으로
알려진 쇼핑의 메카

**동구·충효동로**
**东区 · 忠孝东路**
똥취 · 쫑시아오똥루

---

**5**

타이베이 101 등 대형 쇼핑
센터가 있고 신 개발지역인

**신의신도심**
**信义新都心** 씬이씬뚜씬

---

**7**

타이베이시 중앙부를
종단하는 송강로의
주변. 오피스 지역

**행천궁·송강로**
**行天宫·松江路**
싱티엔꽁 · 쏭지앙루

---

**6**

MRT남경동로역을
중심으로 하는 번화가

**남경동로**
**南京东路** 난징똥루

---

※ 이 페이지의 중국어 표기는 이 책의 규정에 의해 주로 대륙(중화인민공화국) 간체자로 표기하고 있습니다.
대만에서는 번체자가 사용되고 있으므로 주의해 주세요.

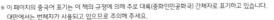

# 먼저 인사부터 시작해 봅시다.

중국어의 시작은 인사부터!
먼저 기본적인 인사 표현을 알고, 적극적으로 사용하는 것부터 시작해 봐요

좋은 아침이에요. / 안녕하세요. / 좋은 저녁이에요.
**早上好。/ 你好。/ 晚上好。**
자오샹하오 / 니하오 / 완샹하오
Good morning. / Good afternoon. / Good evening.

잘 가요. / 안녕히 가세요.
**拜拜。/ 再见。**
빠이빠이 / 짜이찌엔
Bye. / Good-bye.

네. / 아니요.
**是。/ 不是。**
싀 / 부싀
Yes. / No.

좋은 하루 보내세요.
**开心一天。**
카이씬이티엔
Have a nice day.

감사합니다.
**谢谢。**
씨에씨에
Thank you.

천만에요.
**不客气。**
부크어치
You are welcome.

잠시 후에 봐요! / 내일 봐요.
**回头见！/ 明天见。**
호이토우찌엔 / 밍티엔찌엔
Bye! / See you tomorrow.

의사는 확실하게 밝힙시다!

다른 사람에게 무언가 제안을 받았다면 '네', '아니오'를 확실하게 말합시다. 명확한 의사 표시를 하지 않거나, 애매하게 반응하면 오해를 사서 트러블이 생길 수 있습니다.

처음 뵙겠습니다. 저는 김영수라고 해요.
**初次见面。我叫金英洙。**
츄츠찌엔미엔　워찌아오찐잉주
Nice to meet you. I'm Youngsu Kim.

만나서 반가워요.
**很高兴见到您。**
헌까오씽찌엔따오닌
I'm glad to see you.

 한국에서 오셨어요?
**来自韩国吗？**
라이즈한구어마
Are you from Korea?

네, 서울에서 왔어요.
**是，从首尔来。**
싀 총쇼우얼라이
Yes, I'm from Seoul.

 실례하겠습니다.
**请问。**
칭원
Excuse me.

무슨 일이시죠?
**什么事？**
션머싀
Pardon?

15

# 알아 두면 편리한 문장들을 모아 봤어요.

여행지에서 자주 쓰이는 간단한 표현을 모았습니다.
이것만으로도 의사소통의 폭이 확 넓어진답니다.

여행 전에
외워 두면 편해요!

---

얼마나 걸려요?
**需要多少[时间]？**
쉬야오뚜워샤오[싀지엔]
How long does it take?

얼마예요?
**多少钱？**
뚜워샤오치엔
How much is it?

---

주세요. / 괜찮아요.
**我要。 / 不要了。**
워야오 / 부야오러
Yes, please. / No, thank you.

---

이건 뭐예요?
**是什么？**
싀션머
What is this?

이해를 못 하겠어요.
**不明白。**
뿌밍바이
I don't understand.

---

모르겠어요.
**不知道。**
뿌찌따오
I don't know.

한 번만 다시 말해 주세요.
**请再说一遍。**
칭짜이수워이삐엔
Please repeat that again.

맛집

쇼핑

뷰티

관광

엔터테인먼트

호텔

교통수단

기본정보

단어장

천천히 말해 주세요.
**请慢点说。**
칭만디엔슈워
Could you speak more slowly?

뭐라고 말하셨는지 써 주시겠어요?
**能把您说的 给写一下吗？**
넝바닌슈워더　게이워시에이시아마
Could you write down what you said?

한국어[영어]를 할 수 있는 사람
이 있나요?
**有会说韩语 [英语] 的人吗？**
요우호이슈워한위[잉위]더런마
Is there anyone who speaks Korean[English] ?

아주 좋아요. /
아주 평범해요(별로예요).
**非常好。/很一般。**
페이챵하오 /　헌이빤
It's very good. / It's not bad.

좋아요. / OK.
**好呀。/ OK。**
하오야 / 오케이
Sure. / OK.

안 돼요.
**不可以。**
뿌커이
No.

죄송합니다.
**对不起。**
뚜이부치
I'm sorry.

저예요. / 당신이에요.
**是我。/是你。**
싀워 / 싀니
It's me. / It's you.

이거 주세요.
**请给我这个。**
칭게이워쩌거
Can I have this?

언제?/누구?/어디?/왜?
**何时？/谁？/在哪？/为什么？**
흐어싀 / 쉐이 / 짜이나 / 웨이션머
When? / Who? / Where? / Why?

17

# 알아 두면 편리한 문장들을 모아 봤어요.

| 주세요. |
| --- |

## 请给我 [_____] 。
칭게이워 [_____]

[_____], please.

**Point** **请给我~**은 원하는 것이 있을 때 상대방에게 부탁하는 표현입니다. [_____]에 '물건'이나 '서비스'를 넣어 써 봅시다. 원하는 물건을 받았거나 호의를 받았을 때는 **谢谢**라고 한마디하는 것을 잊지 않기!

| 커피 | | 홍차 | | 콜라 | |
| --- | --- | --- | --- | --- | --- |
| **咖啡**<br>카페이<br>coffee |  | **红茶**<br>홍챠<br>tea |  | **可乐**<br>크어러<br>cola |  |

| 미네랄워터 | | 맥주 | | 사오싱주 | |
| --- | --- | --- | --- | --- | --- |
| **矿泉水**<br>쾅취엔슈이<br>mineral water |  | **啤酒**<br>피지우<br>beer | | **绍兴酒**<br>샤오씽지우<br>Chinese rice wine |  |

| 소고기 | | 닭고기 | | 햄버거 | |
| --- | --- | --- | --- | --- | --- |
| **牛肉**<br>뇨우로우<br>beef |  | **鸡肉**<br>지로우<br>chicken |  | **汉堡**<br>한바오<br>hamburger |  |

| 감자튀김 | | 메뉴 | | 지도 | |
| --- | --- | --- | --- | --- | --- |
| **薯条**<br>슈티아오<br>French fries |  | **菜单**<br>차이딴<br>menu |  | **地图**<br>띠투<br>map |  |

상점에서 큰 도움이 되는 표현들입니다.

| 팸플릿 | | 영수증 | |
| --- | --- | --- | --- |
| **小册子**<br>시아오츠어즈<br>brochure |  | **发票**<br>파피아오<br>receipt |  |

[ ] 해도 될까요?

# 我可以 [ ] 吗?

워크어이 [ ] 마

Can I [ ] ?

**Point** 我可以~吗?는 '~해도 좋을까요?'라는 표현으로 상대방에게 허락을 구하거나 '~ 가능합니까'라고 물어보는 표현입니다. [ ]에 자신이 하고 싶은 것을 넣어 말해 봅시다. 상대방은 주로 **可以** 또는 **不行**이라고 답합니다.

---

### 사진을 찍다
**照相**
쨔오씨앙
take a picture

### 화장실을 가다
**上厕所**
쌍츠어쑤워
go to a restroom

### 주문을 하다
**点菜／订货**
디엔차이 ／ 띵후워
order

---

### 여기에 앉다
**坐这里**
쭈워쩌리
sit here

### 창문을 열다
**开窗**
카이추앙
open the window

### 예약을 하다
**预约**
위위에
make a reservation

---

### 체크인하다
**入住**
루쭈
check in

### 저기로 가다
**去那里**
취나리
go there

### 여기에 있다
**在这里**
짜이쩌리
stay here

---

### 휴대폰을 쓰다
**用电话**
용띠엔화
use a phone

### 나중에 전화를 걸다
**过后回电话**
꿔호우호이띠엔화
call later

### 쿠폰을 사용하다
**用优惠券**
용요우호이취엔
use a coupon

---

### 저기로 걷다
**走着去那里**
조우져취나리
walk there

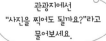
관광지에선 "사진을 찍어도 될까요?"라고 물어보세요.

### 여기에서 계산하다
**在这里付钱**
짜이쩌리푸치엔
pay here

---

19

# 알아 두면 편리한 문장들을 모아 봤어요.

_____ 은(는) 어디에 있어요?

## 在哪里?

짜리나리?

Where is _____ ?

> **Point**
>
> ~在哪里?는 '장소' 등을 묻는 표현입니다. 어딘가에 가고 싶을 때나 찾고 싶은 물건이 있을 때 사용합니다. _____에 장소, 물건, 사람 등을 넣어 물어보면 OK!

---

### 내 자리
**我的座位**
워더쭈워웨이
my seat

### 화장실
**厕所**
츠어쑤워
a restroom

### 가장 가까운 정류장
**最近的车站**
쭈이찐더츠어짠
the nearest station

### 지하철
**地铁站**
띠티에짠
a subway station

### 매표소
**售票处**
쑈우피아오츄
a ticket booth

### 이 음식점
**这个餐厅**
쩌거찬팅
this restaurant

### 카페
**咖啡厅**
카페이팅
a cafe

### 안내 데스크
**咨询处**
쯔쉰츄
an information center

### 에스컬레이터
**自动扶梯**
쯔똥푸티
an escalator

### 엘리베이터
**直梯**
즈티
an elevator

### 계단
**楼梯**
로우티
stairs

### 은행
**银行**
인항
a bank

> 길을 걷다가 건물 안으로 들어가기 전까지 폭넓게 쓸 수 있는 표현입니다.

### 우체국
**邮局**
요우쥐
a post office

### 경찰서
**警察局**
징차쥐
a police station

**[          ] 있어요?**

**有 [          ] 吗?**

요우 [          ] 마

Do you have [          ]?

**Point** 有~吗?는 '~이/가 있습니까?'라고 물을 때 쓰는 표현입니다. [          ]에 제품이나 물건, 요리 등을 넣고 가게에서 자신이 원하는 물건을 팔고 있는지 묻거나, 식당에서 주문을 할 때 등에 사용하세요.

| | | |
|---|---|---|
| **약** <br>**药**<br>야오<br>medicines | **휴지**<br>**手纸**<br>쇼우즈<br>kleenex | **잡지**<br>**杂志**<br>자즈<br>magazines |
| **초콜릿** <br>**巧克力**<br>치아오크어리<br>chocolate | **변압기** <br>**变压器**<br>삐엔야치<br>a transformer | **버터**<br>**黄油**<br>후앙요우<br>butter |
| **잼** <br>**果酱**<br>구어찌앙<br>jam | **케첩** <br>**番茄酱**<br>판치에찌앙<br>ketchup | **소금** <br>**盐**<br>옌<br>salt |
| **후추** <br>**胡椒**<br>후지아오<br>pepper | **티슈** <br>**纸巾**<br>즈진<br>paper napkins | **건전지** <br>**电池**<br>띠엔츠<br>batteries |
| **복사기** <br>**复印机**<br>푸인지<br>a copy machine |  생리대는<br>**卫生巾**(웨이셩진)<br>이라고 합니다. | **가위** <br>**剪刀**<br>지엔따오<br>scissors |

21

# 알아 두면 편리한 문장들을 모아 봤어요.

을(를) 찾고 있어요.

## 我在找 [　　　] 。

워짜이쟈오 [　　　]

I'm looking for [　　　].

**Point** 我在找~。는 '~을/를 찾고 있습니다'라고 상대방에게 전하는 표현입니다. '잃어 버린 물건', '사고 싶은 물건', '찾는 물건'만이 아닌, '가고 싶은 장소' 등을 전하고 싶을 때에도 쓰입니다.

| 내 지갑 | 내 여권 | 내 사진기 |
|---|---|---|
| **我的钱包**  | **我的护照** | **我的照相机** |
| 워더치엔빠오 | 워더호쨔오 | 워더쨔오씨앙지 |
| my wallet | my passport | my camera |

| 화장실 | 출구 | 입구 |
|---|---|---|
| **厕所**  | **出口**  | **入口**  |
| 츠어쑤워 | 츄코우 | 루코우 |
| a restroom | an exit | an entrance |

| 티셔츠 | 신발 | 가방 |
|---|---|---|
| **T恤衫**  | **鞋**  | **包**  |
| 티쒸싼 | 시에 | 빠오 |
| a T-shirt | shoes | a bag |

| 화장품 | 사진관 | 환전소 |
|---|---|---|
| **化妆品**  | **照相馆**  | **兑换处**  |
| 화쥬앙핀 | 쨔오씨앙구안 | 뚜이환츄 |
| cosmetics | a photo shop | a money exchange |

사람을 찾을 때에도 쓰입니다.

| | 서점 | 아스피린 |
|---|---|---|
| | **书店**  | **阿司匹林**  |
| | 슈띠엔 | 아쓰피린 |
| | a bookstore | an aspirin |

해 주실 수 있나요?

## 您能 ⬜ 吗?

닌넝 ⬜ 마

Could you ⬜?

**Point** 您能~吗?는 ' ~ 해 주실 수 있을까요?'라고 필요한 것을 상대방에게 요청하는 표현입니다. ⬜에 '상대방이 해 주었으면 하는 것'을 넣어 씁니다.

부탁을 들어주다
**帮我个忙**
빵워거망
do me a favor

나를 도와주다
**帮我**
빵워
help me

다시 말하다
**再说一遍**
짜이슈워이삐엔
say that again

천천히 말하다
**说慢点**
슈워만디엔
speak slowly

말한 것을 적다
**把您说的写下来**
바닌슈워더시에시아라이
write down what you said

택시를 부르다
**叫出租车**
찌아오츄주칙어
call me a taxi

길을 알려 주다
**告诉我路**
까오쑤워루
show me the way

담요를 주다
**给我毛毯**
게이워마오탄
give me the blanket

의사를 부르다
**叫医生**
찌아오이셩
call for a doctor

잠시만 기다리다
**稍等**
샤오덩
wait a minute

찾다
**寻找**
쉰쟈오
look for it

안내하다
**指引**
즤인
show me around

짐을 보내다
**运送行李**
윈쏭싱리
carry the luggage

호의를 받았다면 '쎼쎼'라고 감사함을 전합시다.

연락하는 방법을 알려 주다
**告知联络方式**
까오즤리엔루워팡식
tell me your address

23

**중국어의 말씨**

# 현지인에게 내 마음을 전달해 봅시다.

중국어 표현들을 외우는 것은 조금 어려운 일이지만, 감정을 바로 전달할 수 있는 한마디를 사전에 알아 둔다면 현지에서 마치 죽마고우를 만난 듯 쉽게 친해질 수 있습니다.

상대방에게 부탁을 할 때는...

**我求你了** 워치우니러
부탁할게요

격식없이 편하게 쓰는 표현입니다. 여자의 경우는 求你(치우치우니)를 사용하는 경우도 있습니다.

'큰일이야!'라고 말하고 싶을 때는...

**糟了** 짜오러
망쳤다!

'큰일이야!', '어떡해!'라는 의미입니다. 한국어의 '대박!'과 같은 뉘앙스로도 쓰입니다.

'힘내!'라고 힘을 북돋아 주고 싶을 때는...

**加油** 찌아요우
화이팅!

'용기를 내!'라고 할 때는 鼓起勇气!(구치용치!)라고 말합니다.

친해진 친구에게는...

**我请客** 워칭크어
제가 살게요

중국에서는 기본적으로 더치페이 문화가 없습니다.

멋진 사람을 발견했다면...

**酷毙了** 쿠삐러
매우 잘생겼다(좋다)!

酷는 한국어로 '완전~'이라는 뉘앙스로 쓰이며 젊은 사람들이 어떤 것을 강조할 때 사용합니다.

그 외에...

**我喜欢你** 워시환니
널 좋아해

사랑을 고백하는 표현입니다.

서툰 표현이지만 열심히 상대방 나라의 언어로 소통하려는 모습을 보이는 것만으로도 좋은 커뮤니케이션으로 이어집니다.

---

### 커뮤니케이션의 핵심을 알아 두세요.

원활한 의사소통에 필요한 것은 단순히 언어 지식만은 아닙니다.
그 나라의 문화와 사고방식, 행동의 배경을 아는 것이 가장 중요합니다.

중화권도 한국, 일본과 마찬가지로 연장자를 공경하는 문화가 있습니다. 여러 가지 상황에서의 배려를 잊지 마세요.

무턱대고 好(하오-네)라고 이야기하지 않도록 합니다. 잘모를 경우에는 不知道(뿌즈 따오-잘 모르겠어요)라고 상대방에게 말해요.

상대방과 몸을 부딪혔다면, 不好意思(뿌하오이쓰-죄송합니다)라고 말합시다. 상대방을 부르거나 주의를 끌 때도 이 표현을 사용하는 것이 매너입니다.

친근감 있게 대하는 것은 좋으나, 무턱대고 미소를 보이는 것도 주의 헤픈 웃음이나 비웃음 등은 금물입니다.

24

# 이런 상황에서
# 실제로 사용해 봅시다.

여행지에서는 여러 가지 상황에 마주치게 됩니다.
맛있는 요리를 먹고 만족하거나, 쇼핑 중 눈에 들어온 아이템을 사거나 할 것입니다.
또는, 길을 잃어버리거나 물건을 잃어버리게 되는 경우도 있을지 모릅니다.
좋은 추억을 만들기 위해서 유사시에
여러분에게 도움을 줄 수 있는 것은 현지인들과의 회화입니다.
현지 사람들과 적극적으로 의사소통을 하면서,
여행을 풍부하고 재미있게 만들어 봅시다.

미용하다
美容
메이롱

쇼핑하다
购物
꼬우우

놀이(오락)
娱乐
위르어

드세요
请吃
칭츠

맛있다!
好吃
하오츠

명소
名胜
밍셩

맛있는 음식
美食
메이싀

# 중화요리를 맛있게 먹기 위한 준비는 꼭 필요합니다.

여행의 즐거움 중 하나는 맛있는 요리를 맛보는 것이죠.
소문으로만 듣던 인기 맛집을 가기 위해서는 꼭 사전에 예약을 해 둡시다.

먼저 예약을 해 봅시다

| | |
|---|---|
| 여보세요,<br>상하이쉬엔인가요? | **喂，是上海轩吗？**<br>웨이, 스샹하이쉬엔마<br>Hello, is this Shanghai Ken? |
| 전화 주셔서 감사합니다. 상하이쉬엔인데 무엇을 도와드릴까요? | **感谢您的来电。这里是上海轩。请问有什么可以帮您的吗？**<br>간씨에닌더라이띠엔 쩌리식쌍하이쉬엔 칭원요우션머크어이빵닌더마<br>Thank you for calling. This is Shanghai Ken. How may I help you? |

| | |
|---|---|
| 오늘 밤 6시에 4명으로<br>예약하고 싶어서요. | **我想预定今晚6点的座位，4个人。** 참고 P.150<br>워시앙위딩쩐완리우디엔더쭈워웨이 쓰거런 참고 P.148<br>I'd like to make a reservation for four people at six tonight. |
| 알겠습니다. 저희가<br>준비해 놓고 있겠습니다. | **知道了，我们 将准备好 座位。**<br>쯔따오러 워먼지앙쥰뻬이하오쭈워웨이<br>Sure. We'll have a table ready for you then. |
| 죄송합니다. 그 시간에는<br>이미 예약이 다 찼습니다. | **对不起，那时间 已经 预约满了。**<br>뚜이부치 나식지엔 이징 위위에만러<br>I'm sorry. We have no open tables at that time. |

| | |
|---|---|
| 몇 시에 예약<br>가능한가요? | **能预定到 几点的座位呀？**<br>넝위딩따오 지디엔더쭈워웨이야<br>For what time can we reserve a table? |
| 6시 반에 자리가<br>있습니다. | **6点半 有空位。**<br>리우디엔빤 요우콩웨이 참고 P.150<br>We can make a reservation at six thirty. |

| | |
|---|---|
| 성함이 어떻게<br>되십니까? | **请问您贵姓？**<br>칭원닌꾸이씽<br>May I have your name? |
| 김영수예요. | **我叫 金英洙。**<br>워찌아오찐잉주<br>I'm Kim Youngsu. |

| | |
|---|---|
| 금연[흡연] 자리로<br>부탁드려요. | **请安排在禁烟区[吸烟区]。**<br>칭안파이짜이찐옌취[씨옌취]<br>Non-smoking [Smoking] seat, please. |

| | |
|---|---|
| 다 같이 앉을 수 있는 자리로 해 주세요. | **请安排所有人坐在一起。**<br>칭안파이수워요우런쭈쫘이이치<br>We would like to sit together. |
| 창가 자리로 주세요. | **请安排在窗边的座位。**<br>칭안파이짜이츄앙비엔더쭈워웨이<br>I want a table near the window. |
| 드레스 코드가 있나요? | **有　服装规定吗？**<br>요우　푸쭈앙꾸이딩마<br>Do you have a dress code? |
| 예약을 변경하고 싶어요. | **我想更改预约。**<br>워시앙껑가이위위에<br>I'd like to change the reservation. |
| 예약을 취소하고 싶어요. | **我想取消预约。**<br>워시앙취시아오위위에<br>I'd like to cancel the reservation. |
| 아마 예약한 시간보다 늦게 도착할 것 같아요. | **可能会比预约的时间晚到。**<br>크어넝호이비위위에더스지엔완따오<br>We're running late. |

**원포인트** 메뉴 읽는 방법

메뉴의 배열은 여러 가지이지만 요리 재료별로 되어 있는 경우가 일반적입니다.
중화요리의 이름은 조리 방법, 식재료, 요리의 형태, 지명, 사람 이름 등의 구조로 되어
있으므로 어느 정도 요리를 예측할 수 있습니다.

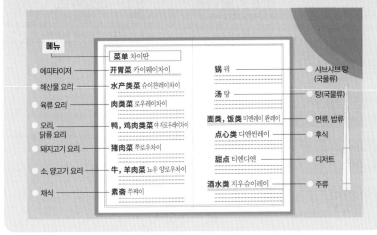

메뉴

菜单 차이딴

- 에피타이저 ── 开胃菜 카이웨이차이
- 해산물 요리 ── 水产类菜 슈이찬레이차이
- 육류 요리 ── 肉类菜 로우레이차이
- 오리, 닭류 요리 ── 鸭，鸡肉类菜 야지로우레이차이
- 돼지고기 요리 ── 猪肉菜 쭈로우차이
- 소, 양고기 요리 ── 牛，羊肉菜 뇨우羊로우차이
- 채식 ── 素斋 쑤짜이

- 锅 꿔 ── 샤브샤브 탕 (국물류)
- 汤 탕 ── 탕(국물류)
- 面类，饭类 미엔레이 판레이 ── 면류, 밥류
- 点心类 디엔씬레이 ── 후식
- 甜点 티엔디엔 ── 디저트
- 酒水类 지우슈이레이 ── 주류

27

# 식당에 들어가면 이런 식으로 진행됩니다.

드디어 기대하던 식사 시간! 먹고 싶은 음식을 정했다면 어서 식당으로 갑시다.
즐겁게 식사를 하기 위해 편리한 '장면별 쓸 수 있는 표현'을 모아 봤습니다.

식당에 들어갑니다

어서오세요.
欢迎光临。
환잉꽝린

**김영수로 예약했어요.**

我叫金英洙，已经　预约了。
워찌아오찐잉주 이징위위에러
My name is Kim Youngsu. I have a reservation.

**예약을 안 했는데
자리가 있나요?**

我没有预约，请问有座位吗？
워메이요우위위에 칭원요우쭈워웨이마
I don't have a reservation, but can I get a table?

**2명인데 앉을 자리가
있을까요?**

共两个人，有　空位吗？
꽁리앙거런　요우　콩웨이마
Do you have a table for two?

참고 P.148

**얼마나 기다려야
하나요?**

要等　多长时间？
야오덩　뚜워챵식지엔
How long do we have to wait?

**15분 정도
기다리셔야 해요.**

大约　15分钟。
따위에 쇠우푄종
About fifteen minutes.

참고 P.148

알겠습니다, 기다릴게요.

知道了，我们等。
찍따오러 워먼덩
All right. We'll wait.

다음에 다시 올게요.

我们　以后再来。
워먼　이호우짜이라이
We'll come back again.

**여기 앉아도 되나요?**

能坐在这里吗？
넝쭈워짜이쩌리마
May I sit here?

**메뉴 좀 주시겠어요?**

请给我　看一下　菜单。
칭게이워　칸이시아　차이딴
Can I see a menu?

**한국어로 된 메뉴가
있나요?**

有　韩语菜单吗？
요우　한위차이딴마
Do you have a Korean menu?

**어떤 게 현지
음식인가요?**

招牌菜是哪个？
쨔오파이차이식나거
Which one is the local food?

28

주문해 봅시다

배고파요.
肚子饿了~
뚜즈으어러~

**어떤 걸 추천해 주시겠어요?**
您给 推荐点 什么？
닌게이워 투이찌엔디엔 션머
What do you recommend?

**이 볶음밥 정말 맛있어요.**
这炒饭 特别好吃。
쪄챠오판 트어비에하오츰
I recommend this fried rice.
참고 P.32

**여기서 인기 있는 음식이 뭐예요?**
这里 有名的菜 是什么？
쩌리 요우밍더차이 스션머
Do you have any local food?

**주문해도 될까요?**
可以 点菜了吗？
크어이 디엔차이마
Can I order now?

**딤섬이랑 바바오죽 주세요.**
请给我 小笼包 和八宝粥。
칭게이워 시아오롱바오 흐어빠바오쬬우
I'd like the XiaoLongBao and Ba Bao Zhou.
참고 P.32

**1인분에 몇 개 들어가 있어요?**
一份里面有几个？
이펀리미엔요우지거
How many does it have in one serving?

**1인분만 주문해도 되나요?**
可以点单人份吗？
크어이디엔딴런펀마
Can I order it for one person?

**만두 4접시 주세요.**
请给我 4盘饺子。
칭게이워 쓰판쟈오즈
I'll have four plates of dumplings.
참고 P.32 / P.148

**네, 주세요.**
好, 请给我 一个。
하오 칭게이워 이거
OK, I'll try it.

**이 음식을 나눠서 먹을 거예요.**
这个菜分开吃。
쩌거차이펀카이츰
We'd like to share this.

**한마디 문장 표현**

이거 치워 주세요.
请把这个 撤下去。
칭바쩌거 츠어씨아취

배불러요.
吃饱了。
츠빠오러

맛있어요.
好吃!
하오 츰!

이거 정말 맛있네요.
这个 真好吃。
쩌거 쩐하오츰

잘 먹었습니다.
非常好吃, 谢谢。
페이창하오츰, 쎄쎄

29

# 식당에 들어가면 이런 식으로 진행됩니다.

식사 중에

| | |
|---|---|
| 죄송한데,<br>젓가락 있나요? | **不好意思，有　筷子吗？**<br>뿌하오이쓰　요우　콰이즈마<br>Excuse me, can I have chopsticks? |
| 저 티스푼을<br>떨어트렸어요. | **我把小勺　弄掉了。**<br>워바티아오샤오　농띠아오러<br>I dropped my small spoon. 참고 P.37 |
| 밥을 조금만<br>더 주세요. | **请再给我　来点饭。**<br>칭짜이게이워　라이디엔판<br>I'd like to have more rice, please. 참고 P.32 |
| 주문한 음식이<br>아직 안 왔어요. | **点的菜还没有来。**<br>디엔더차이하이메이요우라이<br>My order hasn't come yet. |
| 이건 뭐예요? | **这是什么？**<br>쪄싀션머<br>What is this? |
| 제가 주문한 음식이<br>아니에요. | **我没点　这个菜。**<br>워메이디엔　쪄거차이<br>This is not what I ordered. |
| 이건 어떻게<br>먹는 거예요? | **这个　怎么吃？**<br>쪄거　쩐머칙<br>Could you tell me how to eat this? |
| 보온병에 뜨거운 물<br>좀 넣어 주세요. | **请往暖瓶里　加点热水。**<br>칭왕누안핑리　지아디엔르어슈이<br>I want more hot water in the pot, please. |
| 이 음식이 잘 안 익은<br>것 같아요. | **这菜好像没熟透。**<br>쪄차이하오시앙메이슈토우<br>This dish is rather raw. |

도움이 되는 단어 WORD

| 맵다 | 辣<br>라 | 달다 | 甜<br>티엔 | 쓰다 | 苦<br>쿠 |
|---|---|---|---|---|---|
| | | 짜다 | 咸<br>시엔 | 휴지통 | 垃圾箱<br>라지시앙 |
| | | 시다 | 酸<br>쑤안 | 영수증 | 发票<br>퐈피아오 |

30

| 여기 좀 닦아 주세요. | **请擦一下 这里。**<br>칭차이시아 쩌리<br>Please wipe here. |
|---|---|
| 테이블 좀<br>치워 주세요. | **请把桌子 收拾一下。**<br>칭바쮸워크 쇼우싀이시아<br>Please clear the table. |
| 고추기름 좀 주세요. | **请给我 辣椒油。**<br>칭게이워 라지아오요우<br>Please pass me the La Jiao You. |
| 새 앞접시로<br>바꿔 주세요. | **请给我 换一个 小碟子。**<br>칭게이워 환이거 시아오디에즈<br>Please bring us new dishes.    참고 P.37 |
| 배불러요. | **吃饱了。**<br>칙바오러<br>I'm full. |
| 아직 다 안 먹었어요. | **还没吃完。**<br>하이메이칙완<br>I haven't finished yet. |

계산합시다

영수증은 제대로 확인하기!
잘못 계산한 부분이 있으면
점원에게 알려요.

| 계산해 주세요. | **结账。**<br>지에쨩<br>Check, please. |
|---|---|
| 계산이 틀린 것<br>같아요. | **好像 算错钱了。**<br>하오시앙 쑤안추워치엔러<br>I think the check is incorrect. |
| 다 해서 얼마예요? | **一共 多少钱？**<br>이꽁 뚜워샤오치엔<br>How much is the total? |
| 신용 카드도 받나요? | **可以 用信用卡吗？**<br>크어이 용씬용카마<br>Do you accept credit cards? |
| 영수증을 주세요. | **请给我 发票。**<br>칭게이워 퐈피아오<br>Receipt, please. |

LOOK

┌─────────────────────┐
│ [___] 주세요.        │
│ **请给我** [___] 。  │
│ 칭게이워 [___]       │
│ [___] , please.      │
└─────────────────────┘

에피타이저
**开胃菜**
카이웨이차이

**九色簪盒**
지우쓰어짠흐어

● 【냉채 9종 모둠】

게
**螃蟹**
팡씨에

**大闸蟹**
따쟈씨에

● 【상하이 게】

**蟹粉菜心**
씨에펀차이씬

● 【게살에 청경채를 곁들인 요리】

**蟹粉扒豆腐**
씨에펀파또우푸

● 【게살 두부죽】

**薯蓉炬蟹斗**
슈롱쥐씨에또우

● 【게살 그라탕】

**蟹粉狮子头**
씨에펀식즈토우

● 【게로 만든 완자】

**清炒蟹粉**
칭챠오씨에펀

● 【게장볶음】

모두 맛보어보어~

새우
**虾**
시아

**干烧虾仁**
깐샤오씨에런

● 【칠리 새우】

**韩酱爆双鲜**
한찌앙빠오슈앙시엔

● 【칠리 오징어 새우】

**生焖大虾**
셩먼따시아

● 【칠리 보리새우】

**清炒河虾仁**
칭챠오 흐어시아인

● 【깐 새우 볶음】

**酱爆大明虾**
찌앙빠오따밍시아

● 【매콤한 보리새우 볶음】

전복
**鲍鱼**
빠오위

**炖干鲍鱼**
뚠깐빠오위

● 【말린 전복찜】

**佛跳墙**
포어티아오치앙

● 【불도장】

생선
**鱼**
위

**炖干鱼翅**
뚠깐위칡

● 【상어 지느러미 무침】

**炸干鱼**
쟈깐위

● 【생선 튀김】

**醋椒桂鱼**
추지아오꾸이위

● 【백초 고추 생선 조림】

**松鼠黄鱼**
쏭슈황위

● 【단 식초 소스를 뿌린 생선튀김】

**渝信水煮鱼**
위씬슈이쮜위

● 【생선튀김이 들어간 국】

**八宝辣酱**
빠바오라찌앙

● 【콩 돼지고기 두반장 볶음】

**豉椒鱼扣卜煲**
칙지아오위코우부빠오

● 【메기 부레 볶음】

**倒笃菜尖椒炒蚬子肉**
따오두차이찌엔지아오챠오시엔즈로우

● 【야채 조개 조림】

오리고기, 닭고기
**鸭肉·鸡肉**
야로우 · 지로우

**北京烤鸭**
베이징카오야

● 【베이징 덕】

**口水鸡**
코우슈이지

● 【매콤 닭 냉채】

**糟熘鸭三白**
짜오리유야산베이

● 【오리와 간 볶음탕】

**酱烧老板鸭**
앙샤오라오반야

● 【오리고기 된장소스 볶음】

**沙姜鸡**
샤지앙지

● 【닭 생강 찜】

**白斩鸡**
바이짠지

● 【삶은 닭요리】

돼지고기
**猪肉**
쮜로우

**烤乳猪**
카오루쮜

● 【아기 돼지 통구이】

**东坡肉**
뚱포어로우

● 【동파육】

**手抓大排**
쇼우쮜아따파이

● 【등갈비 튀김】

**三杯小排**
싼뻬이시아오파이

● 【돼지고기 초장 볶음】

**糖醋茭白**
탕추지아오바이

● 【흑초로 졸인 갈비찜】

다음엔 무엇을
먹어볼까~

**化皮烧肉**
화피샤오로우

● 【돼지고기 튀김】

**外婆红烧肉**
와이포어홍샤오로우

● 【고기 볶음탕】

**叉烧**
챠샤오

● 【차슈】

LOOK

┌─────────┐ 주세요.
请给我 ┌──────┐ 。
칭게이워 ┌──────┐
└─────────┘ , please.

소고기, 양고기
**牛肉・羊肉**
뉘우로우 · 양로우

**蚝油牛肉**
하오요우뉘우로우

● 【굴소스 소고기 볶음】

**牛柳雪茸菇**
뉘우리우쉬에롱꾸

● 【매콤 소고기 버섯 볶음】

**红烧闷窝骨筋**
홍샤오먼워구찐

● 【소 무릎살 간장 조림】

**羊肚仁**
양뚜런

● 【양 위장 볶음】

채소
**蔬菜**
슈차이

**麻婆豆腐**
마포워또우푸

● 【마파두부】

**炒青菜**
챠오칭차이

● 【청경채 볶음】

**鱼香茄子煲**
위시앙치에즈바오

● 【어향가지】

**麻豆腐**
마또우푸
비지를
양기름에
볶은 요리

● 【마더우푸】

**干爆四季豆**
깐빠오 쓰찌또우

● 【강남콩 고추 볶음】

**香菇面筋**
시앙구미엔찐

● 【표고 유부 간장 조림】

**清炒牛肝菌**
칭챠오뉘우깐쥔

● 【버섯 볶음】

| | |
|---|---|
| 컵이 더러워요, 다른 걸로 바꿔 주세요. | **杯子脏了，请给我 换一个。**<br>뻬이즈짱러 칭게이워 환이거<br>My glass is dirty, I'd like another one. 참고 P.37 |
| 죽을 탕으로 바꿔 주세요. | **请把粥 改成汤。**<br>칭바죠우 가이쳥탕<br>I want soup instead of the porridge, please. 참고 P.32 |
| 죄송한데, 주문한 것을 다른 음식으로 바꾸고 싶어요. | **对不起，我想 换一下 点的菜。**<br>뚜이부치 워시앙 환이시아 디엔더차이<br>Excuse me, I'd like to change my order. |
| 포장할 수 있나요? | **可以 打包吗？**<br>크어이 다빠오마<br>Can I take this home? |

| 쇼진 요리<br>**素斋**<br>쑤짜이 | **佛门乳汁肉**<br>포어먼루찌로우<br>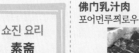<br>●【콩을 이용한 사찰음식】 | **红油明虾**<br>홍요우밍시아<br><br>●【새우로 만든 사찰음식】 | 국물이 섞여서<br>맛있어요~ |
|---|---|---|---|

| 냄비 요리<br>**锅**<br>구워 | **涮羊肉**<br>쓔안양로우<br><br>●【양고기 샤브샤브】 | **特选羊肉麻辣锅**<br>트어쉬엔양로우마라꾸워<br>양고기를<br>두종류의<br>국물에<br>먹을 수 있는<br>전골<br>●【양고기 마라탕】 | **砂锅**<br>샤꾸워<br><br>●【전골】 |

| 탕<br>**汤**<br>탕 | **牛肉汤**<br>뉘우로우탕<br><br>●【소고깃국】 | **谭府浓汤鱼翅**<br>탄푸농탕어츰<br><br>●【상어 지느러미 스프】 | **酸辣汤**<br>쑤안라탕<br>신맛과<br>매운맛이<br>강한 탕<br><br>●【산라탕】 |

| 면, 밥<br>**麵·饭**<br>미엔·판 | **牛肉面**<br>뉘우로우미엔<br><br>●【우육면】 | **刀削面**<br>따오시아오미엔<br><br>●【도삭면】 | **担担面**<br>딴딴미엔<br><br>●【탄탄면】 |

| **酸汤面**<br>쑤안탕미엔<br><br>●【산탕면】 | **炸酱面**<br>쟈찌장미엔<br><br>●【자장면】 | **上海冷面**<br>쌍하이렁미엔<br><br>●【상해냉면】 | **虾仁蟹粉面**<br>시아런씨에펀미엔<br><br>●【새우 게장 볶음면】 |
|---|---|---|---|

| **炒饭**<br>챠오판<br><br>●【볶음밥】 | **粥**<br>쬬우<br><br>●【죽】 | **海南鸡饭**<br>하이난지판<br><br>●【해남지방 닭찜밥】 | **古法糯米鸡翼**<br>구퐈누워미지이<br><br>●【닭날개 요리】 |

| _____ 주세요.<br>**请给我** _____ 。<br>칭게이워 _____<br>_____ , please. | **간식**<br>**点心**<br>디엔씬 | **蟹黄水饺**<br>씨에호앙슈이지아오<br><br>● 【게살 물만두】 |

**LOOK**

---

| **煎饺**<br>찌엔지아오<br><br>● 【군만두】 | **韭菜饺子**<br>지우차이지아오즈<br><br>● 【부추만두】 | **烧卖**<br>샤오마이<br><br>【샤오마이】 | **虾肉烧卖**<br>시아로우샤오마이<br><br>【새우 샤오마이】 |

---

| **馄饨**<br>훈툰<br><br>● 【훈툰】 | **小笼包**<br>시아오롱빠오<br><br>【샤오롱바오】 | **蟹粉小笼包**<br>씨에펀시아오롱빠오<br><br>【게살 샤오롱바오】 | ♪♬ |

---

| **春卷**<br>춘쥐엔<br><br>● 【춘권】 | **肠粉**<br>챵펀<br><br>● 【장펀】 | **腐竹卷**<br>푸쥬쥐엔<br><br>【푸주롤】 | **油条**<br>요우티아오<br><br>● 【기름에 튀긴 빵】 |

---

| **馒头**<br>만토우<br><br>●【만두】 | **肉包子**<br>로우빠오즈<br><br>【고기만두】 | **莲子包**<br>리엔즈빠오<br><br>【팥고물이 들어간 연꽃빵】 | **芋角**<br>위지아오<br><br>● 【타로 감자 고로케】 |

---

| **디저트**<br>**甜品**<br>티엔핀 | **杏仁豆腐**<br>씽런또우푸<br><br>●【살구두부】 | **龟苓膏**<br>꿰이링까오<br><br>【자라젤리】 | **豆花**<br>또우화<br>연두부에<br>마유와 파를<br>얹어 먹는<br>사천 특색<br>요리<br><br>● 【연두부】 |

36

**炸芝麻团子**
쨔즈마투안즈

● 【참깨 경단 튀김】

**奶油小馒头**
나이요우시아오만토우

● 【커스터드가 든 튀김】

**月饼**
위에삥

● 【월병】

**枣泥酥饼**
자오니쑤삥

바삭한
반죽에
대추와 팥이
들어 있다.

● 【대추 치즈 전병】

**蛋挞**
딴타

● 【에그타르트】

**核桃露**
흐어타오루

● 【호두즙】

**红豆沙西米露**
홍또우샤씨미루

● 【팥이 든 음료】

**原汁木瓜炖官燕**
위엔즈무꾜뚠꾸안옌

● 【파파야 디저트】

**八宝饭**
빠바오꽌

여덟 가지
과일을 섞어
지은 찹쌀밥

● 【팔보반】

**芒果神冰**
망구워션삥

● 【망고 빙수】

**花生冰沙**
화셩삥샤

● 【땅콩 빙수】

**果醋**
구워추

● 【과일 주스】

---

( 일반적인 상차림 )

**냅킨**
餐巾
찬진

**컵**
杯子
뻬이즈

**국물용 숟가락**
汤勺
탕샤오

**와인 잔**
红酒杯
홍지우뻬이

**바이주 잔**
白酒杯
바이지우뻬이

**작은 접시**
小碟
시아오디에

**젓가락 받침대**
筷枕
콰이젼

**작은 국그릇**
小汤碗
시아오탕완

**접시**
餐碟
찬디에

**젓가락**
筷子
콰이즈

37

# 베이징 덕, 상하이 게를 먹어 봅시다.

모처럼의 여행에 사치를 부려서 베이징 덕과 상하이 게를 본고장에서 먹어 봅시다.
식도락 천국인 중국에서 사랑받는 요리를 한번 맛볼까요?

베이징 덕과 상하이 게 란?
베이징의 대표적인 요리인 베이징 덕은 고온의 가마에서 노릇노릇하게 구워낸 고소한 껍질과 육즙이 풍부한 고기가 매력입니다. 상하이 게는 몸길이 약 10cm로 작지만, 그 맛은 진합니다.

베이징 덕, 상하이 게를 먹을 때 쓰는 표현

| | |
|---|---|
| 여기 베이징 덕 하나 [상하이 게 두 개] 주세요. | **请来1只北京烤鸭[2只大闸蟹]。**<br>칭라이이즈베이징카오야[리앙즈따쟈씨에]<br>A whole Peking Duck[Two Shanghai Crabs], please. |
| 저 베이징 덕[상하이 게] 처음 먹어 봐요. | **我第一次吃北京烤鸭[大闸蟹]。**<br>워띠이츠츠베이징카오야[따쟈씨에]<br>This is my frist time to have Peking Duck[Shanghai Crab]. |
| 조금만 더 구워[끓여] 주세요. | **请再烤[煮]一下。**<br>칭짜이카오[쥬]이시아<br>Please grill[boil] more. |
| 이거 어떻게 먹는지 알려 주실 수 있나요? | **能告诉我 这个怎么吃吗?**<br>넝까오쑤워 쪄거전머츠마<br>Could you tell me how to eat this? |
| 전병을[소스를] 조금 더 주세요. | **请再来点饼[调料]。**<br>칭짜이라이디안빙[티아오랴오]<br>I want more pancakes[sauce], please. |
| 향이 좋고 맛있어요. | **又香 又好吃。**<br>요우시앙 요우하오츠<br>It is savory and delicious. |
| 뼈를 이용해서 탕을 만들었어요. | **请用骨头 做汤。**<br>칭용구토우 쭈워탕<br>Please make a soup with bones. |

베이징 덕을 1인분이 아닌 절반만 주문하고 싶을 때는
**半只** 빤즈
라고 합니다.

테이블 위는 이런 느낌입니다

전병
**饼**
빙

손 씻는 물
**净手水**
찡쇼우슈이

베이징 덕의 오리 껍질
**北京烤鸭的鸭皮**
베이징카오야더야피

파
**葱**
총

단맛이 나는 된장
**甜面酱**
티엔미엔찌앙

찐 게 요리
**蒸螃蟹**
쩡팡씨에

게를 이용한 조미료
**螃蟹用调料**
팡씨에용티아오리아오

먹는 방법, 도움이 되는 표현

\ 베이징 덕 /

1. 오리의 껍질만 소스에 찍어 먹는다.

2. 얇은 빵에 오리의 껍질, 파, 소스를 넣어 말아 먹는다.

3. 오리 사골국을 시원하게!

\ 상하이 게 /

1. 배 부분을 잡고 등딱지를 연다.

2. 내장을 빼서 몸통을 반으로 나눈다.

3. 간장게장 먹듯이 먹는다.

작은 접시 하나 주세요.
**请再拿一个小碟。**
칭짜이나거시아오디에
I want another plate, please.

숟가락 하나 주세요.
**请拿一个勺子。**
칭나이거샤오즈
I want a spoon, please.

여기 좀 닦아 주세요.
**请擦一下 这里。**
칭차이시아 쩌리
Please wipe here.

물 좀 바꿔 주세요.
**请换水。**
칭환슈이
Please change water.

# 샤오룽바오, 얌차는 이렇게 주문!

육즙이 한가득 담긴 참을 수 없는 맛의 샤오룽바오와 여러 가지 맛이 있는 얌차.
어디서부터 먹어 볼까 고민되는 맛입니다.

**샤오룽바오**
**小笼包**
시아오룽빠오

이것도 먹고 싶어요

**虾仁烧卖**
시아런샤오마이

**叉烧包**
챠샤오빠오

1. 식초와 간장으로 소스를 만들고 생강을 넣는다.

2. 상단부를 빠르게 찍는다.

3. 소스가 묻은 채로 수저에 올린다.

4. 옆에서부터 국물을 마시며 먹는다.

이런 메뉴도...

게

**蟹粉小笼包**
씨에퓐시아오룽빠오

수세미&새우

**丝瓜虾仁小笼包**
쓰꽈시아런시아오룽빠오

타로

**芋泥小笼包**
위니시아오룽·빠오

샤오룽바오, 얌차를 먹을 때 쓰는 표현

| | |
|---|---|
| 어떤 샤오룽바오가 제일 인기가 많아요? | **哪种小笼包好吃受欢迎？**<br>나종시아오룽빠오하오츠쑈우환잉<br>Which soup dumplings do you recommend? |
| 이거 몇 인분이에요? | **这是几人份的？**<br>쩌싀지런퓐더<br>How many servings is this? |
| 안에 뭐가 들어가 있어요? | **里面有什么？**<br>리미엔요우션머<br>What is in it? |

## 여러 가지 종류를 조금씩

**萝卜饼**
루워부삥

**蒸猪排**
졍쮸파이

**蒸虾饺子**
쩡시아지아오즈

**芒果布丁**
망구워뿌딩

얌차
**饮茶**
인챠

**시즙봉조　豉汁凤爪**
츠직펑쥬아
닭발을 토우치소스에 찐 음식으로 콜라겐이 많다.

**수도포　寿桃包**
쑈우타오빠오
팥 앙금을 넣어 찐 만두.
복숭아 모양이 귀엽다.

**나미포　糯米包**
누워미빠오
찰밥으로 겉을 싸서
찐 음식으로 볼륨감이
있다.

**봉미하토사　凤尾虾吐司**
펑웨이시아투스
새우를 통째로 식빵에
끼워 튀긴 음식.

| 다 만드는 데 얼마나 걸려요? | **多长时间能做好？** 뚜워챵식지엔넝쭈워하오 How long does it take? |
|---|---|
| 접시를 정리해 주세요. | **请收拾一下盘子。** 칭쇼우식이시아판즈 Please take this plate away. |
| 단 거 있나요? | **有甜点吗？** 요우티엔디엔마 Do you have any sweet Dim Sums? |

# 포장마차에서 현지 음식에 도전해 보자.

포장마차에서는 간단한 의사소통으로 음식을 살 수 있습니다.
포장마차 주인과 흥정하는 재미도 느껴 볼까요?

간판을 보면

포장마차에 따라 간판의 내용이 조금씩 다르지만 음식 이름을 나열한 간판을 많이 볼 수 있습니다. 사진 속의 간판처럼 가격이 표시되어 있지 않은 경우가 많으므로 직접 포장마차 사람에게 말을 걸어 봅시다.

**臭豆腐**
쵸우또우푸
취두부

**生炒花枝**
셩챠오화즈
생초화지

**야시장은?**

야시장은 현지인들의 삶에 빼놓을 수 없는 거대한 포장마차 거리입니다. 저녁 6시쯤부터 새벽 1시 넘어서까지 영업합니다. 주말의 야시장은 몸을 가눌 수 없을 정도로 북적입니다. 상하이에서는 남경동로, 베이징에서는 왕부정의 노상 샤오치 포장마차가 있습니다.

그럼 주문을 해 봅시다

 아주머니 안녕하세요.

**阿姨 你好。**
아이 니하오

 어서오세요 뭘 드릴까요?

**欢迎光临 来点什么？**
환잉꽝린     라이디엔션머

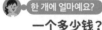 이건 뭐예요?

**这是什么？**
쩌싀션머

그건 지파이에요. 아주 맛있어요.

**那是大鸡排。很好吃啊。**
나싀따지파이     헌하오츨아

 한 개에 얼마예요?

**一个多少钱？**
이거뚜워샤오치엔

50위안이에요.

**50元。**
우싀위엔

 하나 주세요.

**来一个。**
라이이거

네.

**好嘞。**
하오레이

42

LOOK

```
┌─────────┐ 주세요.
│         │
└─────────┘
请给我 ┌─────────┐ 。
칭게이워 └─────────┘
┌─────────┐
│         │ , please.
└─────────┘
```

참고 P.37, 49, 148

**荷叶饭**
흐어예판
【연잎밥】

포장마차(베이징)
**大排档(北京)**
따파이땅(베이징)

**桂花紫米粥**
꾸이화즈미죠우

● 【계화자미죽】

**水饺**
슈이지아오

● 【물만두】

**豆汁和油条**
또우즈흐어요우티아오

● 【콩국과유조】

**水果串**
슈이궈츄안

● 【탕후루】

포장마차(상하이)
**大排档(上海)**
따파이땅(쌍하이)

**生煎**
셩지엔

● 【생전(군만두)】

**汤包**
탕빠오

● 【탕포】

**馅饼**
시엔빙
● 【파이】

포장마차(타이베이)
**大排档(台北)**
따파이땅(타이베이)

**卤肉饭**
루로우판

● 【로육반】

**胡椒饼**
호지아오빙
후추가 들어간
돼지고기 앙금이
채워져 있다.
● 【호초병】

**木瓜牛奶**
무꽈뉘우나이

● 【모과우유】

기본회화
맛집
쇼핑
뷰티
관광
엔터테인먼트
호텔
교통수단
기본정보
단어장

( 그럼 주문을 해 봅시다 )

젓가락[그릇]
좀 주세요.

**请给个筷子[碗]。**
칭게이거콰이즈[완]
Chopsticks[Plates] please.

여기 앉아도 될까요?

**可以坐这里吗?**
크어이쭈워쩌리마
May I sit here?

맥주 하나랑 잔 두 개
주세요.

**请来1瓶啤酒和2个杯子。**
칭라이이핑피지우흐어량거뻬이즈
A bottle of beer and two glasses, please.

43

# 푸드코트에서 스스로 척척,
# 요령있고 능숙하게 이용하는 것을 추천합니다.

시간이 없을 때도, 혼자서 먹을 때도, 여럿이서 먹을 때도 가볍게 방문할 수 있는 푸드코트,
각 지방의 명물 요리가 다양하게 준비되어 있습니다.

좋아하는 메뉴를 골라 봅시다

간단한 음식이나 정식 등 여러 가지 반찬과 국이 있는 음식을 한 번에 맛볼 수 있는 푸드코트! 반찬을 선택할 때 단어를 모르면 손가락으로 가리켜서 메뉴를 골라도 괜찮아요!

**炒芹菜**
챠오친차이
초근채

**鲜贝汤**
시엔뻬이탕
선패탕(신선한 조개탕)

**饭**
판
밥

**炖南瓜**
뚠난꽈
호박조림

**三色蛋**
싼쓰어딴
삼색단

**辣鸡**
라지
매운 닭

점심시간은 푸드코트가 현지 손님들로 붐비니 천천히 먹고 싶을 때는 조금 시간을 늦춰서 가봅시다.

그럼 주문을 해 봅시다

추천해 주실 게 있을까요?

**有什么 可以推荐的吗?**
요우션머 크어이투이찌엔더마

어서오세요.
欢迎光临。
환잉광린

그럼 그거 주세요.

**那就 给我那个吧。**
나찌우 게이워나거바

이 세트 메뉴를 추천해 드릴게요.
向您推荐 这个套餐
씨앙닌투이찌엔 쩌거타오찬

중간으로 주세요.

**要中号。**
야오쫑하오

음료 사이즈는 어떻게 하시겠어요?
饮料 要什么号的?
인리아오 야오션머하오더

여기요.

**给。**
게이

다 해서 150위안입니다.
一共150元。
이꽁 이빠이우슬위엔

LOOK

┌─────────┐ 주세요.
请给我 ┌─────────┐ 。
칭게이워 ┌─────────┐
          └─────────┘, please.

### 간단한 음식
**风味小吃**
펑웨이샤오츠

**凉面**
량미엔

땅콩 양념과
간장 양념장을
비벼 먹는다.

● 【냉면】

---

**牛肉面**
뉴우로우미엔

소고기가
듬뿍 올라간
쫄깃쫄깃한
면요리

● 【우육면】

**排骨饭**
파이구판

● 【배골반】

**水煎包**
슈이지엔빠오

고기나 야채를
껍질로 싸서
만든 찜

● 【수전포】

**排骨饭**
파이구판

● 【갈비 덮밥】

---

**鸡肉饭**
지로우판

● 【계육반(닭고기 밥)】

**粽子**
쫑즈

● 【중국식 주먹밥】

**汤**
탕

● 【탕】

**肉粥**
로우쪼우

육수 베이스에
간장으로 간을
맞춘 심플한 죽

● 【육죽】

---

이 자리에
사람 있어요?

**这座有人吗？**
쪄쭈워요우런마
Is this seat taken?

식기는 어디에
반납하나요?

**餐具放哪儿好？**
찬쥐팡나알하오
Where do I return the dishes?

참고 P.37

---

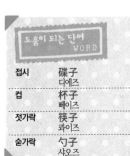
도움이 되는 단어
WORD

| | | | | | | |
|---|---|---|---|---|---|---|
| 접시 | 碟子<br>디에즈 | 포크 | 叉子<br>차즈 | 중국 음식 | 中餐<br>쫑찬 |
| 컵 | 杯子<br>뻬이즈 | 쟁반 | 托盘<br>투워판 | 일본 음식 | 日餐<br>릭찬 |
| 젓가락 | 筷子<br>콰이즈 | 자유 선택 | 自选<br>쯔쉬엔 | 인도 음식 | 印度菜<br>인뚜차이 |
| 숟가락 | 勺子<br>샤오즈 | 메뉴 | 菜单<br>차이딴 | 서양 음식 | 西餐<br>씨찬 |
| | | 단품 | 单品<br>딴핀 | 패스트푸드 | 快餐<br>콰이찬 |
| | | 세트 메뉴 | 套餐<br>타오찬 | 계산기<br>(계산대) | 收款机<br>쇼우쿠안지 |

# 디저트 & 찻집·카페에서 휴식을

잠깐 쉬어가고 싶을 때 가고 싶은 번화가의 카페.
모처럼 중국에 왔으니 본고장에서 중국의 차를 맛보는 것도 좋아요.

식당에 들어설 때

| | |
|---|---|
| 여기에 앉아도 되나요? | **可以 坐这儿吗?**<br>크어이 쭈워쪌마<br>Can I sit here? |
| 재스민차 주세요. | **请给我 茉莉花茶。**<br>칭게이워 모워리화챠<br>Can I have jasmine tea? |
| 이거 두개 주세요. | **给我两个 这个。**<br>게이워량거 쩌거<br>Can I have two of these?     참고 P.148 |
| 어떤 디저트가 있나요? | **有什么 甜点?**<br>요우션머 티엔디엔<br>What kind of desserts do you have? |
| 어떤 것을 추천해 주시겠어요? | **您推荐 哪种?**<br>닌투이찌엔 나종<br>What do you recommend? |
| 세트 메뉴가 있나요? | **有套餐吗?**<br>요우타오찬마<br>Do you have a set meal? |
| 아주 맛있어요. | **非常好吃。**<br>페이창하오칙<br>It's delicious. |
| 포장이 가능한가요? | **可以打包吗?**<br>크어이다빠오마<br>Can I take this home? |
| 숟가락 두개 주세요. | **给两个勺子。**<br>게이량거샤오즈<br>Can I have two spoons?     참고 P.148 |
| 망고로 만든 디저트가 있나요? | **有用芒果做的 甜点吗?**<br>요우 용망궈쭈워더 티엔디엔마<br>Do you have a dessert with mango? |

LOOK

| □ 주세요.<br>**请给我** □ 。<br>칭게이워<br>□ , please. | **중국 차**<br>**中国茶**<br>쫑궈챠 | **黑茶**<br>헤이챠<br><br>●【흑차】 |

**黄茶**
황챠

●【황차】

**红茶**
홍챠
●【홍차】

**蓝茶**
란챠
●【람차】

**绿茶**
뤼챠
●【녹차】

**白茶**
바이챠

●【백차】

**花茶**
화챠

●【꽃차】

**乌龙茶**
오룽차
●【우롱차】

**普洱茶**
푸얼챠
●【보이차】

**茉莉花茶**
모워리화챠
●【재스민차】

**桂花龙井**
꾸이화룽징
●【계화룡정】

| 어떤 디저트가<br>인기 있어요? | **哪个甜点　有人气？**<br>나거티엔디엔　요우 런치<br>What is the famous dessert? |
| 메뉴판 좀<br>다시 주세요. | **再给我　看一遍　菜单。**<br>짜이게이워 칸이삐엔　차이딴<br>I'd like to see the menu again. |
| 우유가 들어간<br>커피 주세요. | **请给我　咖啡用的牛奶。**<br>칭게이워　카페이용더뉘우나이<br>I'd like some milk for my coffee, please. |

**원포인트** 차와 함께 내어놓는 다과도 매력적입니다.

**水果拼盘**
슈이궈핀판
과일병반
(모듬 과일)

**芒果干**
망궈깐
건망고

**核桃**
흐어타오
호두

**炒杏仁**
챠오씽런
초행인

**饼干, 蛋糕**
빙깐 딴까오
과자, 케이크

# 세련된 선술집에서 술자리를

여행지의 밤을 만끽하기 위해 술자리를 가지는 건 어때요?
맛있는 안주와 술은 분명 멋진 추억을 만들어 줄 거예요.

자, 한잔해 봅시다

| 예약을 못 했는데 자리가 있나요? | **我们 没预约，有 空位吗？**<br>워먼　메이위위에 요우 콩웨이마<br>We don't have a reservation, but can we come in? | |
|---|---|---|
| <u>칭다오</u> 맥주 주세요. | **请给我 青岛啤酒。**<br>칭게이워　칭다오피지우<br>Give me Tsingtao beer. | 참고 P.49 |
| 추천해 주실 만한 술이 있을까요? | **有什么 可推荐的酒吗？**<br>요우션머　크어투이찌엔더지우마<br>Could you recommend some drinks? | |
| 이 <u>사오싱주</u>를 추천해 드릴게요. | **我向您 推荐 绍兴酒。**<br>워씨앙닌　투이찌엔　쌰오씽지우<br>I recommend this shaoxing jiu. | 참고 P.49 |
| 네, 한 병 주세요. | **好，请给我 一瓶。**<br>하오 칭게이워 이핑<br>OK, I'll try it. | |
| 어떤 게 단[매운] 거예요? | **哪个是甜的[辣的]？**<br>나거싀티엔더[라더]<br>Which one is the sweet[hot] one? | |
| 이 술 센가요? | **这酒 有劲吗？**<br>쩌지우　요우찐마<br>Is this drink strong? | |
| 무알코올 술이 있나요? | **有不含酒精饮料吗？**<br>요우뿌한지우징인랴오마<br>Do you have non-alcohol drinks? | |
| 물 좀 주세요. | **请给我 杯水。**<br>칭게이워　뻬이슈이<br>I'd like to have some water. | |
| 컵 <u>4</u>개 주세요. | **请给我 四个杯子。**<br>칭게이워　쓰거뻬이즈<br>We want four glasses, please. | 참고 P.37, 148 |

**LOOK**

☐ 주세요.
**请给我** ☐ 。
칭게이워 ☐
☐ , please.

음료(술)
**酒水**
지우슈이

**鸡尾酒**
지웨이지우

● 【칵테일】

---

**啤酒**
피지우

● 【맥주】

**绍兴酒**
샤오씽지우

● 【사오싱주】

**白酒**
바이지우

● 【백주】

**红葡萄酒**
홍푸타오지우

● 【레드 와인】

**酸梅汤**
쑤안메이탕

● 【오애탕】

---

**菊花茶**
쥐화챠

● 【국화차】

**珍珠奶茶**
쪈쥬나이챠

● 【버블티】

**柠檬红茶**
닝멍홍챠

● 【레몬홍차】

**芒果汁**
망궈즤

● 【망고주스】

---

| 음료 메뉴판 주세요. | **请给我　饮料的菜单。**<br>칭게이워　인리아오차이딴<br>Please give me a drink menu. |
|---|---|
| 세트 메뉴가 있나요? | **有套餐吗？**<br>요우타오찬마<br>Do you have a course menu? |
| 이건 어떻게 먹나요? | **这个怎么吃？**<br>쪄거전머츼<br>Can you tell me how to eat this? |

---

**마음에 들 땐<br>이 표현**

똑같은 걸로 하나 더 주세요.

**再给我 拿一杯一样的。**
짜이게이워 나이뻬이이양더
I'd like to have another one.

# 매너를 지키며 중국 4000년 전통의 맛을 느껴 봅시다.

식사를 할 때는 매너를 지킵시다. 한국인이 반드시 지켜야 할 내용은 많지 않지만, 자리에 함께한 사람 모두가 즐겁게 식사할 수 있도록 배려하는 것이 중요합니다.

**중화요리 식당에서는…**

특별한 요리를 주문하거나 단체 예약을 할 때를 제외하고는 보통 어떤 식당이든 예약을 하지 않아도 괜찮습니다.

**드레스 코드는…**

고급 음식점에서도 드레스 코드를 묻는 경우는 그다지 많지 않습니다. 일부 식당에서는 남자의 경우 샌들을 신거나 반바지를 입으면 입장이 어렵지만, 대부분 이 정도만 제한하는 편입니다. 가벼운 옷차림도 괜찮지만 자리에 맞는 모습으로 식당에 가는 편이 좋습니다.

**가게에 들어와서는…**

스태프가 테이블까지 안내해 주는 경우가 많습니다. 자리에 앉으면 메뉴판을 들고 옵니다. 사진이 없는 경우 요리 이름으로 추측하면 어느 정도 주문할 수 있습니다.

중화요리라면 턴 테이블 轉枱 (주안타이) 큰 접시에 나오는 요리가 가장 먼저 생각나지요.

## 또 다른 신경써야 할 것들은?

### ① 큰 접시에 음식이 담겨 나올 때에는?

공용 젓가락이 준비되어 있지 않기 때문에 자신의 젓가락을 사용합니다. 요리는 상석(출입구부터 가장 먼 자리)의 사람부터 순서대로 집습니다. 가장 마지막 사람까지 먹을 수 있도록 배려합니다.

### ② 그릇은 들고 먹지 않습니다.

한국과 마찬가지로 테이블에 그릇을 놓고 먹습니다.

**손가락으로 '탕탕' 치는 의미는?**

누군가에게 술을 받았을 경우, 검지손가락과 중지손가락으로 테이블을 2번 '탕탕' 두드리면 감사의 의미를 전할 수 있습니다.

**생선요리를 먹을 때에는…**

생선을 뒤집지 않도록 합니다. 이것은 '배가 뒤집힌다'라는 의미를 가지고 있으므로 특히 해안가에 살고 있는 사람이나 어부는 불길하게 생각합니다.

**술을 마실 때에는… ❶**

상대에게 먼저 다가갑니다. 술을 한 사람하고만 마시는 것은 예의에 어긋납니다. 식사는 여러 명이서 활기차게 즐겨야 합니다. 또 취했을 경우에는 술주정을 부리거나 큰 소리로 소리를 지르는 등 실수를 하지 않도록 주의합시다.

**술을 마실 때에는… ❷**

연회 자리에서는 도중에 여러 번 건배를 할 수 있습니다. 그럴 때는 꼭 술을 마셔야 하므로 술을 잘 못하는 사람은 사전에 주변 사람에게 알립시다. 건배를 할 때는 상대방의 잔보다 조금 낮은 위치에서 술잔을 부딪히는 게 매너입니다.

**최근에는 그다지 보이지 않지만…**

지저분하게 먹거나, 먹다 남은 찌꺼기를 테이블 위 또는 테이블 아래에 버리는 등의 행위를 따라 하지 마세요.

**③ 젓가락을 올려 둘 때는?**

오른쪽에 세로로 올려놓습니다.

**④ 흡연할 때는?**

먼저 상대방에게 동의를 구하는 것이 매너입니다. 또 상대방이 권하는 담배를 거절하고 자신의 담배를 피우는 것은 호의를 거절하는 의미로 해석될 수 있습니다.

# 즐겁게 자신만의 패션스타일을 찾아봅시다.

중국 구두와 가방, 차이나드레스 등 길거리에는 귀여운 패션 아이템이 한가득.
능숙하게 말하며 마음에 드는 아이템을 찾아봅시다.

먼저 가게를 찾아봅시다

| | |
|---|---|
| 백화점은 어디에 있어요? | **百货商店在哪里?** 바이훠샹띠엔짜이나리 Where is the department store? 참고 P.53 |
| 이거 어디에서 살 수 있어요? | **在哪里能买到这个?** 짜이나리넝마이따오쩌거 Where can I buy that? |

가게에 대해 물어봅시다

| | |
|---|---|
| 영업시간이 어떻게 되나요? | **请告诉我营业时间?** 칭까오쑤워잉예싀지엔 What are the business hours? |
| 쉬는 날이 언제예요? | **哪天是休息日?** 나티엔싀시우시릐 What day do you close? |
| 백화점 지도가 있나요? | **有商场的地图吗?** 요우샹챵더띠투마 Do you have a floor map? |
| 좋은 화장품 가게가 있나요? | **有比较好的化妆品店吗?** 요우비찌아오하오더화쮸앙핀띠엔마 Are there any good cosmetics shops? 참고 P.66 |
| 화장품을 사려면 어디로 가는 게 좋나요? | **买化妆品去哪里好呢?** 마이화쮸앙핀취나리하오너 Where do I have to go to buy cosmetics? 참고 P.66 |
| 엘리베이터[에스컬레이터]는 어디에 있어요? | **直梯[滚梯] 在哪里?** 즤티[군티] 짜이나리 Where is the elevator[escalator]? |
| 가방을 보관하는 곳이 있나요? | **有存包处吗?** 요우춘빠오츄마 Where is the cloak room? |

한국어 할 줄 아는 사람 있나요?

**有能说韩语的人吗？**
요우넝슈워리위더런마
Is there anyone who speaks Korean?

여기 ATM기가 있나요?

**店里有　自动取款机吗？**
띠엔리요우 쯔똥취쿠안지마
Do you have an ATM in here?

서비스 카운터가 어디에 있나요?

**服务台在哪里？**
푸우타이짜이나리
Where is the customer service?

# LOOK

```
┌────────┐
│        │ 은(는) 어디에 있나요?
└────────┘
┌────────┐
│        │ 在哪里？
└────────┘
┌┈┈┈┈┈┈┈┈┐
┊        ┊ 짜이나리
└┈┈┈┈┈┈┈┈┘
Where is ┊        ┊ ?
```

**百货商店**
바이휘샹띠엔

● 【백화점】

**多品牌店**
뚜워핀파이띠엔

● 【브랜드 상점】

**购物中心**
꼬우 우종씬

● 【쇼핑센터】

**杂货店**
자후워띠엔

● 【잡화점】

**服装店**
푸쮸앙띠엔
● 【의류 상점】

**包店**
빠오띠엔
● 【가방 상점】

**鞋店**
시에띠엔
● 【신발 상점】

**免税店**
미엔쓔이띠엔
● 【면세점】

**便利店**
삐엔리띠엔
● 【편의점】

**化妆品商店**
화쮸앙핀샹띠엔
● 【화장품 상점】

**香奈儿**
시앙날
● 【샤넬】

**兰蔻**
란코우
● 【랑콤】

**迪奥**
디아오
● 【디올】

**娇韵诗**
지아오윈싀
● 【클라란스】

**纪梵希**
찌퐌씨
● 【지방시】

**娇兰**
지아오란
● 【겔랑】

**欧舒丹**
오우슈딴
● 【록시땅】

**倩碧**
치엔삐
● 【크리니크】

**宝格丽**
바오그어리
● 【불가리】

**古奇**
구치
● 【구찌】

**路易·威登**
루이웨이떵
● 【루이비통】

**爱马仕**
아이마싀
● 【에르메스】

**卡地亚**
카띠야
● 【까르띠에】

**普拉达**
푸라다
● 【프라다】

**芬迪**
풘디
● 【펜디】

**寇驰**
코우칟
● 【코치】

**巴宝莉**
빠바오리
● 【버버리】

**蒂凡尼**
띠퐌니
● 【티파니】

# 즐겁게 자신만의 패션스타일을 찾아봅시다.

가게에서 쇼핑

| | |
|---|---|
| 무엇을 찾으시나요? | **您找什么?**<br>닌쟈오션머<br>What are you looking for? |
| 그냥 보는 거예요. | **只是看看。**<br>즈스칸칸<br>Just looking. |
| 죄송한데, 다음에<br>다시 올게요. | **不好意思，下次再来。**<br>뿌하오이쓰 씨아츠짜이라이<br>I'm sorry, I'll come back later. |
| 실례합니다만, 뭐 좀<br>물어봐도 될까요? | **不好意思，能问一下吗?**<br>뿌하오이쓰 넝원이시아마<br>Excuse me, can you help me? |
| 이거 주세요. | **请给我 这个。**<br>칭게이워 쩌거<br>Can I have this? |
| 저 이거 갖고 싶어요. | **我想要 这个。**<br>워시앙야오 쩌거<br>I want this one. |
| 저 스웨터를<br>보여 주세요. | **请让我看看那个毛衣。**<br>칭랑워칸칸나거마오이<br>Can I see that sweater? |
| 조금만 더<br>생각해 볼게요. | **让我 再考虑一下。**<br>랑워 짜이카오뤼이시아<br>Let me think about it for a while. |
| 얼마예요? | **多少钱?**<br>뚜워샤오치엔<br>How much is it? |
| 신용 카드도<br>가능한가요? | **能用 信用卡吗?**<br>넝용 씬용카마<br>Do you accept this credit card? |
| 한국 원화로<br>가능한가요? | **能使用韩币吗?**<br>넝스용한삐마<br>Can I use Korean won? |

환영합니다.
**欢迎光临。**
환잉꽝린

참고 P.59

**물건의 가격에 대해**
백화점이나 국영상점 이외의 가게에서는 상품의 가격은 점원과의 흥정으로 결정됩니다. 처음에 제시한 금액이 다른 가게의 2-3배 이상의 가격인 경우도 있어요! 꼭 먼저 가격을 깎는 흥정을 합시다.

| 면세 가격으로 살 수 있나요? | **能按免税价格 买吗？**<br>넝안미엔슈이찌아그어 마이마<br>Can I buy it tax-free? |
|---|---|
| 세금 환급서를 만들어 주세요. | **请做一下免税手续。**<br>칭쭈워이시아미엔슈이쇼우쉬<br>Please make me a tax refund form. |
| 계산이 잘못된 것 같아요. | **好像 算错钱了。**<br>하오씨앙 쑤안추워치엔러<br>I think there is a mistake in this bill. |
| 잘못 거슬러 줬어요. | **找错钱了。**<br>쟈오추워치엔러<br>You gave me the wrong change. |
| 좀 더 저렴한[비싼] 것이 있나요? | **有更便宜[贵] 点的吗？**<br>요우껑피엔이[꾸이]디엔더마<br>Do you have a cheaper[more expensive] one? |
| 조금만 더 생각해 볼게요. | **让我 再考虑一下。**<br>랑워 짜이카오뤼이시아<br>Let me think about it for a moment. |
| 어떤 재료로 만든 거예요? | **什么材料？**<br>션머차이리아오<br>What is this made of? |
| 할인하는 상품이 있나요? | **有折扣商品吗？**<br>요우즤어코우샹핀마<br>Do you have anything on sale? |

| 도움이 되는 단어 WORD | | | | | |
|---|---|---|---|---|---|
| | | 마 | 麻<br>마 | 폴리에스테르 | 聚酯<br>쥐즤 |
| | | 털 | 毛<br>마오 | 가죽 | 皮革<br>피그어 |
| 비단 | 丝绸<br>쓰쵸우 | 캐시미어 | 羊绒<br>양롱 | 인조 가죽 | 人造皮革<br>런짜오피그어 |
| 면 | 棉<br>미엔 | 나일론 | 尼龙<br>니롱 | 스웨이드 | 绒面革<br>롱미엔그어 |

55

# 즐겁게 자신만의 패션스타일을 찾아봅시다.

마음에 드는 것을 찾아봅시다

| 원피스는<br>어디에 있어요? | 连衣裙 在哪里？<br>리엔이췬 짜이나리<br>Where can I see a dress? | 참고 P.59 |
|---|---|---|
| 여성복[남성복]이<br>있나요? | 有女士[男士] 服装吗？<br>요우뉘스[난스]　푸쥬앙마<br>I'm looking for the women's[men's] wear section. | |
| 다른 색깔 있어요? | 有 别的颜色吗？<br>요우 비에더옌써마<br>Do you have it in different color? | |
| 이거 분홍색 있어요? | 这个有粉色的吗？<br>쩌거요우풘써더마<br>Do you have a pink one? | 참고 P.63 |
| 저는 4사이즈예요. | 我的尺码是4号。<br>워더칙마스쓰하오<br>My size is 4. | 참고 P.59 |
| 이거 4사이즈<br>있어요? | 这个有4号的吗？<br>쩌거요우쓰하오더마<br>Do you have this in 4? | 참고 P.59 |
| 제가 집어서 봐도<br>될까요? | 我能 拿一下吗？<br>워넝　나이시아마<br>Can I pick this up? | |
| 어떤 게 가장 최신<br>스타일이에요? | 哪种是 最新款式？<br>나종스　쭈이씬쿠안스<br>Which one is the newest model? | |
| 거울은 어디에<br>있어요? | 镜子 在哪里？<br>찡즈　짜이나리<br>Where is the mirror? | |
| 입어 봐도 되나요? | 可以 试一下吗？<br>크어이 스이시아마<br>May I try this on? | |
| 좀 깎아 주세요. | 再便宜点。<br>짜이피엔이디엔<br>Please give me a discount | |

귀여워요!
**真可爱!**
쩐크어아이

딱 맞아요!
**正合适!**
쩡하오슬

**국영 상점이나 백화점에서의 지불 방법**
중국의 국영 상점이나 백화점에서는 살 물건이
정해지면 전표를 달라고 해서 그것을 계산대에
내고 결제한 후에 상품과 바꾸는 방식입니다.

| 좀 커요[작아요]. | **有点大[小]。**<br>요우디엔따[시아오]<br>This is a little big[small]. |
| --- | --- |
| 한 사이즈 큰[작은]<br>거 있어요? | **有 大[小] 一号的吗?**<br>요우 따[시아오]이하오더마<br>Do you have a bigger[smaller] one? |
| 좀 끼는[헐렁한] 거<br>같아요. | **好像 有点瘦[肥]。**<br>하오씨앙 요우디엔쑈우[풰이]<br>This is a little tight[loose]. |
| 너무 길어요[짧아요]. | **太长[短] 了。**<br>타이창[두안]러<br>This is too long[short]. |
| 저에게 맞지 않아요. | **大小 不合适。**<br>따시아오 뿌흐어슥<br>It doesn't fit me. |

유행하는
상품을 찾고
싶다면

요즘 유행하는 건 어떤 거예요?

**现在流行的是哪个?**
시엔짜이리우싱더식나거
Which one is in fashion now?

| 도움이 되는 단어<br>WORD | | 끼다 | 瘦<br>쑈우 | 부드럽다 | 软<br>루안 |
| --- | --- | --- | --- | --- | --- |
| | | 길다 | 长<br>챵 | 딱딱하다 | 硬<br>잉 |
| 크다 | 大<br>따 | 짧다 | 短<br>두안 | 짧은 소매 | 短袖<br>두안씨우 |
| 작다 | 小<br>시아오 | 두껍다 | 厚<br>호우 | 긴 소매 | 长袖<br>챵씨우 |
| 헐렁하다 | 肥<br>풰이 | 얇다 | 薄<br>바오 | 민소매 | 无袖<br>우씨우 |

# 즐겁게 자신만의 패션스타일을 찾아봅시다.

점원에게 물어봅시다

| 사이즈를 바꿀 수 있나요? | **能换个尺码吗？**<br>넝환거츠마마<br>Can you adjust the size? |
|---|---|
| 길이를 조절할 수 있나요? | **能调节尺寸吗？**<br>넝티아오지어츠춘마<br>Can you adjust the length? |
| 얼마나 걸려요? | **需要 多长时间？**<br>쉬야오뚜워챵스지엔<br>How long does it take? |
| 비용이 드나요 [무료인가요]? | **收费[免费]吗？**<br>쇼우페이[미엔페이]마<br>Is there a charge [Is this for free] ? |
| 내일까지 이거 남겨 주실 수 있나요? | **能把这个 给我留到明天吗？**<br>넝바쩌거 게이워리우따오밍티엔마<br>Could you keep this until tomorrow? |
| 이거 색이 바래나요? | **这个褪色吗？**<br>쩌거투이샤이마<br>Will the color run? |
| 물세탁해도 되나요? | **可以水洗吗？**<br>크어이 슈이시마<br>Is this washable? |

반품, 교환, 클레임이 있을때는...

| 저는 이걸 환불하고 싶어요. | **我想 退掉这个。**<br>워시앙투이띠아오쩌거<br>I'd like a refund of this. |
|---|---|
| 이거 사이즈가 안 맞아서 바꾸고 싶어요. | **尺码错了想换一件。**<br>츠마추워러시앙환이찌엔<br>I'd like to change this because I had a wrong size. |
| 얼룩져서[훼손돼서] 반품[교환]하고 싶어요. | **因为有污垢[损坏] 请帮我退货[换一件] 。**<br>인웨이요우우꼬우[순화이]칭빵워투이훠[환이찌엔]<br>I'd like to return[exchange] this because it has a stain[scratch]. |

58

# LOOK

| ☐☐☐☐ 있어요? |
|---|
| **有 ☐☐☐☐ 吗?** |
| 요우 ☐☐☐☐ 마 |
| Do you have ☐☐☐☐ ? |

옷(복장)
**服装**
푸쥬앙

**大衣**
따이

● 【외투】

**夹克**
지아크어

● 【재킷】

**女衫**
뉘샨

● 【블라우스】

**衬衫**
천샨

● 【와이셔츠】

**T恤衫**
티쒸샨

● 【티셔츠】

**吊带背心**
띠아오따이뻬이씬

● 【민소매】

**毛衣**
마오이

● 【스웨터】

**开衫**
카이샨

● 【카디건】

**连衣裙**
리엔이췬

● 【원피스】

**裙子**
췬즈
● 【치마】

**裤子**
쿠즈
● 【바지】

**短裤**
두안쿠
● 【반바지】

**牛仔裤**
뉘우자이쿠
● 【청바지】

**礼服**
리푸
● 【예복】

**马甲背心**
마지아뻬이씬
● 【조끼】

**防风衣**
팡펑이
● 【바람막이 옷】

**保罗衫**
바오루워샨
● 【셔츠】

**卫衣**
웨이이
● 【후드티】

**背心**
뻬이씬
● 【조끼】

---

**원포인트** 양복 사이즈에 대해

중국, 대만의 양복 사이즈 표시는 한국과는 다릅니다. 양복을 고를 때에는 이쪽의 사이즈표를 참고해 주세요.

| 한국 | XS | S | | M | | L | | LL | |
|---|---|---|---|---|---|---|---|---|---|
| 중국 | 2 | 4 | 6 | 8 | 10 | 12 | 14 | 16 | 18 |
| 대만 | — | 2호 | 4호 | 6호 | 8호 | 10호 | 12호 | 14호 | 16호 |

# 마음에 드는 구두&가방을 찾고 싶어요.

구두나 가방은 색깔이나 종류가 다양하므로 보는 것만으로도 즐겁습니다.
점원에게 확실하게 취향을 말하면, 원하는 아이템을 얻을 수 있어요!

구두 가게에서

| 이거 36사이즈 있어요? | **这个有36号的吗？**<br>쩌거요우싼싀리우하오더마<br>Do you have this in 36? |
|---|---|

참고 P.61

| 좀 작아[커]요. | **稍微有点小[大]。**<br>샤오웨이요우디엔시아오[따]<br>I think this is a little tight[loose]. |
|---|---|

| 발가락 끝이 닿아요. | **顶到脚趾了。**<br>딩따오지아오즤러<br>These shoes are pinching my toes. |
|---|---|

| 반 사이즈 큰[작은] 거 있어요? | **有没有大[小] 半号的？**<br>요우메이요우따[시아오]빤하오더?<br>Do you have half-size bigger[smaller] than this? |
|---|---|

| 딱 좋아요. | **正好。**<br>쩡하오<br>It's perfect. |
|---|---|

주문제작도 인기!
(주문제작 → p.74로)

| 굽이 너무 높[낮]아요. | **好像 跟太高[矮] 了。**<br>하오씨앙 껀타이까오[아이]러<br>I think the heels are too high[low]. |
|---|---|

| 이거랑 잘 어울리는 신발이 있나요? | **有 能和这个 搭配的鞋吗？**<br>요우 넝흐어쩌거 다페이더시에마<br>Do you have any shoes that go well with this? |
|---|---|

| 스웨이드 부츠를 찾고 있어요. | **在找麂皮绒靴子。**<br>짜이쟈오지피롱쉬에즈<br>I'm looking for swede boots. |
|---|---|

### 도움이 되는 단어 WORD

| | | | | | |
|---|---|---|---|---|---|
| | | 여성용 샌들 | 女式凉鞋<br>뉘싀리앙시에 | 부츠(장화) | 靴子<br>쉬에즈 |
| | | 발레 슈즈 | 芭蕾舞鞋<br>빠레이우시에 | 앵클부츠 | 短筒靴<br>두안통쉬에 |
| 플랫슈즈 | 瓢鞋<br>피아오시에 | 하이힐 | 高跟鞋<br>까오껀시에 | 미들부츠 | 中筒靴<br>쫑통쉬에 |
| 샌들 | 凉鞋<br>리앙시에 | 로퍼 | 路夫鞋<br>루푸시에 | 롱부츠 | 高筒靴<br>까오통쉬에 |

**구두의 사이즈 표시는?**
한국과는 다르니 주의하세요.

| 한국 | 225 | 230 | 235 | 240 | 245 | 250 |
|------|-----|-----|-----|-----|-----|-----|
| 중국 | 35 | 36 | 37 | 38 | 39 | 40 |

가방 가게에서

| | | |
|---|---|---|
| 검정색 가방이 필요해요. | **想要一个黑包。**<br>시앙야오이거헤이빠오<br>I want a black bag. | 참고 P.63 |
| 단추[지퍼]로 잠그는 게 필요해요. | **要能用扣子[拉锁] 关上的。**<br>야오넝용코우 [라수워] 꾸안샹더<br>I want one with buttons[zippers]. | |
| 다른 색[디자인]이 있나요? | **有别的颜色[花样] 吗?**<br>요우 비에더옌써[화양] 마<br>Do you have a different color[design]? | |
| 신상이 있나요? | **有新的吗?**<br>요우씬더마<br>Do you have a new one? | |
| 방수가 되나요? | **经过 防水加工吗?**<br>징궈 팡수이지아꽁마<br>Is this waterproof? | |
| 이거 진짜 가죽이에요? | **这是 真皮的吗?**<br>쩌식 쩐피더마<br>Is this real leather? | |
| 토트백을 보여 주세요. | **请给我看看大手提包。**<br>칭게이워칸칸따쇼우티빠오<br>I'd like to see a tote bag. | |

도움이 되는 단어 WORD

| | | 끈 있는(없는) 배낭 | 带[不带] 背包带<br>따이[부따이] 뻬이빠오따이 | 숄더백 | 挎包<br>콰빠오 |
|---|---|---|---|---|---|
| | | 호주머니 | 口袋<br>코우따이 | 캐리어 가방 | 旅行箱<br>뤼싱시앙 |
| 여행용 | 旅行用<br>뤼싱용 | 가죽 | 皮质<br>피쯰 | 지퍼 | 拉锁<br>라수워 |
| 작업용 | 工作用<br>꽁쭈워용 | 천 | 布制<br>뿌쯰 | 단추 | 扣子<br>코우즈 |
| 일상용 | 平时用<br>핑식용 | 핸드백 | 手提包<br>쇼우티빠오 | | |

61

LOOK

| 있어요?<br>有 吗?<br>요우 마<br>Do you have ? | | 유행 잡화<br>**流行杂志**<br>리유씽자즐 | **项链**<br>씨앙리엔<br><br>● 【목걸이】 |
|---|---|---|---|
| **戒指**<br>찌에즈<br><br>● 【반지】 | **胸针**<br>시옹젼<br><br>● 【브로치】 | **耳环**<br>얼환<br><br>● 【귀걸이】 | **手镯**<br>쇼우쥬워<br><br>● 【팔찌】 |
| **帽子**<br>마오즈<br><br>● 【모자】 | **包**<br>빠오<br><br>● 【가방】 | **钱包**<br>치엔바오<br><br>● 【지갑】 | **眼镜**<br>옌찡<br><br>● 【안경】 |
| **鞋**<br>시에<br><br><br>● 【신발】 | **运动鞋**<br>윈똥시에<br><br><br>● 【운동화】 | **零钱包**<br>링치엔빠오<br>● 【동전 지갑】<br><br>**腰带**<br>야오따이<br>● 【벨트】 | **墨镜**<br>모워찡<br>● 【선글라스】<br><br>**手表**<br>쇼우비아오<br>● 【손목시계】 |
| **扇子**<br>쌴즈<br>● 【부채】 | **项坠**<br>씨앙쮀이<br>● 【펜던트】 | **小装饰品**<br>시아오쮸앙식핀<br>● 【작은 장식품】 | **披肩**<br>피찌엔<br>● 【스카프】 |
| **披肩**<br>피찌엔<br>● 【숄 카디건】 | **围巾**<br>웨이찐<br>● 【목도리】 | **手套**<br>쇼우타오<br>● 【장갑】 | **领带**<br>링따이<br>● 【넥타이】 |
| **领带夹**<br>링따이지아<br>● 【넥타이핀】 | **袖扣**<br>씨우코우<br>● 【소매】 | **泳衣**<br>융이<br>● 【수영복】 | **袜子**<br>와즈<br>● 【양말】 |
| **丝袜**<br>쓰와<br>● 【스타킹】 | **胸罩**<br>시옹짜오<br>● 【브래지어】 | **内裤**<br>네이쿠<br>● 【팬티】 | |

| □□□□□ 주세요. |
| 请给我 □□□□□ 。 |
| 칭게이워 □□□□□ |
| □□□□□, please. |

컬러(색)
**颜色**
옌써

**黑的**
헤이더

● 【검은색】

**白的**
바이더

● 【흰색】

**红的**
홍더

● 【빨간색】

**蓝的**
란더

【파란색】

**黄的**
황더

● 【노란색】

**绿的**
뤼더

● 【초록색】

**粉红的**
펀훙더

● 【분홍색】

**橘黄色的**
쥐황써더

【주황색】

**紫的**
즈더

● 【보라색】

**乳白色的**
루바이써더

● 【아이보리색】

**米黄色的**
미황써더

● 【베이지색】

**茶色的**
챠써더

【짙은 갈색】

**金的**
찐더

● 【금색】

**银的**
인더

● 【은색】

디자인
**花样**
화양

**条纹的**
티아오원더

● 【줄무늬】

**格子的**
그어즈더

● 【체크무늬】

**花的**
화더

● 【꽃무늬】

**带点的**
따이디엔더

● 【물방울무늬】

**单色的**
딴써더

● 【민무늬】

**流行的**
리우싱더

● 【유행하는】

63

# 중국 화장품을 능숙하게 사는 법

매끈한 피부의 여성들은 어떤 화장품을 쓰고 있을까?
마음에 드는 화장품을 골라 봅시다.

> **중국에서 구하고 싶은 화장품은?**
> 한방 화장품을 추천합니다. 다양한 종류의 천연 생약 엑기스를 주성분으로 배합해 피부의 표면부터 정리해 줍니다. 영양 크림, 미백 팩, 아이 크림 등 종류도 다양하게 있어 점원에게 물어보면 자신에게 맞는 화장품을 찾을 수 있습니다.

**화장품을 찾아봅시다**

| | |
|---|---|
| 저는 인삼 크림을 찾고 있어요. | 我在找　人参护肤霜。<br>워쟈오　런찬호푸슈앙<br>I'm looking for ginseng cream. |

참고 P.66

| | |
|---|---|
| 민감한 피부에 써도 되나요? | 敏感性皮肤　也能用吗?<br>민간씽피푸　예녕용마<br>Can this be used on sensitive skin? |

참고 P.64

| | |
|---|---|
| 데이 크림[나이트 크림]이에요? | 是日霜[晚霜]吗?<br>싀릐슈앙[완슈앙] 마<br>Is it for daytime-use[night time-use]? |

| | |
|---|---|
| 이건 뭐예요? | 这是什么?<br>쪄싀션머<br>What is this? |

**화장품을 찾는 표현은 여기**

얼굴이 좀 건조해요.

**脸上有点干燥。**
리엔샹요우디엔깐짜오
I'm concerned about dry skin.

**도움이 되는 단어 WORD**

| | | | | | |
|---|---|---|---|---|---|
| | | 다크서클 | 黑眼袋<br>헤이옌따이 | 민감성 피부 | 敏感性皮肤<br>민간씽피푸 |
| | | 건조하다 | 干燥<br>깐짜오 | 건성 피부 | 干性皮肤<br>깐씽피푸 |
| 검은 반점 | 黑斑<br>헤이빤 | 보습 | 保湿<br>바오싀 | 보통 피부 | 普通皮肤<br>푸퉁피푸 |
| 주름 | 皱纹<br>쪼우원 | 지성 피부 | 油性皮肤<br>요우씽피푸 | 노화 방지 | 抗衰老<br>캉슈아이라오 |

대만의 드러그스토어에서 화장품을
대만의 드러그스토어에는 화장품이 한가득.
유명 브랜드부터 지역 브랜드, 자사 브랜드
의 제품들도 있습니다. 여행 기념품으로도
최고!

| 이 색상과 비슷한 립스틱이 있나요? | **有接近 这个颜色的口红吗?**<br>요우지에찐 쩌거옌써더코우훙마<br>Do you have lipsticks close to this color?　참고 P.66 |
| 다른 색을 보여 주실 수 있나요? | **能给看看别的颜色吗?**<br>넝게이칸칸비에더옌써마<br>Can I see the other colors? |
| 어떤 게 최신 컬러예요? | **哪个是新的颜色?**<br>나거식씬더옌써<br>Which color is the new one? |
| 좀 더 밝은[어두운] 파운데이션이 있나요? | **有颜色浅一点[深一点]的粉底吗?**<br>요우옌써치엔이디엔[션이디엔]더펀디마<br>Do you have a foundation in lighter[darker] color?　참고 P.66 |
| 써 봐도 되나요? | **可以 试用一下吗?**<br>크어이 식용이시아마<br>Can I try this? |
| 자외선 차단 기능이 있나요? | **有 防晒作用吗?**<br>요우 꽝샤이쭈워용마<br>Does it block UV rays?　참고 P.67 |
| 이거랑 같은 걸로 5개 주세요. | **给拿5个 和这个一样的。**<br>게이나우거 흐어쩌거이양더<br>I'd like five of these.　참고 P.148 |
| 모두 다 해서 얼마예요? | **一共 多少钱?**<br>이꽁 뚜워샤오치엔<br>How much is the total? |

점원에게 물어봅시다

이거는 어떻게 쓰는 거예요?

**这怎么用?**
쩌전머용
How can I use this?

| 주세요. | **LOOK** | 화장품 | **化妆水** |
| **请给我** □。 | | **化妆品** | 화쮜앙슈이 |
| 칭게이워 □ | | 화쮜앙핀 | ● 【스킨】 |
| □, please. | | | |

**丝瓜水**
쓰꽈슈이

● 【수세미 물】

**乳液**
루예

● 【로션】

**面霜**
미엔슈앙

● 【크림】

**眼霜**
옌슈앙

● 【아이 크림】

**面膜**
미엔모어

● 【마스크 팩】

**美白面膜**
메이바이미엔모어

● 【이백 마스크 팩】

**泥面膜**
니미엔모어

● 【머드 팩】

**去角质凝胶**
취지아오찌
닝지아오
● 【필링 젤】

**洗面奶**
시미엔나이
● 【클렌징 크림】

**卸妆油**
씨에쮜앙요우
● 【클렌징 오일】

**唇膏**
춘까오

● 【립 크림】

**唇油**
춘요우

● 【립밤】

**精华液**
징화예
● 【에센스】

**面膜纸**
미엔모워즤
● 【마스크 시트】

**唇彩**
춘차이
● 【립글로스】

**睫毛膏**
지에마오까오
● 【마스카라】

**指甲油**
즤지아요우

● 【매니큐어】

**口红**
코우훙
● 【립스틱】

**眼影**
옌잉
● 【아이섀도】

**粉底**
펀디
● 【파운데이션】

**粉**
펀
● 【분】

**腮红**
사이훙
● 【볼터치】

**眉粉**
메이펀
● 【아이 브로우】

**遮瑕膏**
쯰어시아까오
● 【컨실러】

**液体**
예티
● 【액체】

# LOOK

어떤 [          ]을(를) 추천하시나요?

[          ] 的里面　推荐　哪个?

[          ] 더리미엔　투이지엔　나거

Which [          ] do you recommend?

| | | | |
|---|---|---|---|
| **머리, 바디 케어** <br> **头发 身体护理** <br> 토우파 션티후리 | | | **护肤液** <br> 호푸예 <br> ● 【바디로션】 |
| **护肤油** <br> 후푸요우 <br> ● 【스킨 컨디셔너】 | **身体喷雾剂** <br> 션티펀우찌 <br> ● 【바디미스트】 | **爽身粉** <br> 슈앙션펀 <br> 【땀띠약】 | **芦荟水** <br> 루호이슈이 <br> ● 【알로에 물】 |
| **沐浴露** <br> 무위루 <br> ● 【바디 클렌저】 | **磨砂膏** <br> 모워샤까오 <br> 【스크럽】 | **风油精** <br> 펑요우징 <br> ● 【풍유정(에센셜 밤)】 | **浴盐** <br> 위옌 <br> ● 【목욕용 소금】 |
| **香皂** <br> 시앙짜오 <br> ● 【비누】 | **洗发液** <br> 시퐈예 <br> ● 【샴푸】 | **각종 성분** <br> **各种成分** <br> 끄어종청펀 | **中药** <br> 쫑야오 <br> ● 【한약】 |
| **护发素** <br> 후퐈쑤 <br> 【린스】 | **营养护理** <br> 잉양호리 <br> 【컨디셔너】 | | **天然药材** <br> 티엔란야오차이 <br> 【천연 약재】 |
| **胶原蛋白** <br> 지아오위엔딴바이 <br> ● 【콜라겐】 | **无香料** <br> 우시앙리아오 <br> ● 【무향료】 | **天然成分** <br> 티엔란청펀 <br> ● 【천연 성분】 | **증상 · 효과** <br> **症状·效果** <br> 쩡쮸앙 · 시아오구워 |
| **维他命** <br> 웨이타밍 <br> ● 【비타민】 | **无着色** <br> 우쥬워써 <br> ● 【무색】 | **酒精 (无酒精)** <br> 지우징(우지우징) <br> ● 【알코올(무알코올)】 | |
| **粉刺** <br> 퓐츠 <br> ● 【여드름】 | **暗斑** <br> 안빤 <br> 【기미】 | **毛孔** <br> 마오콩 <br> ● 【모공】 | **干燥** <br> 깐짜오 <br> ● 【건조】 |
| **过敏** <br> 꿔민 <br> ● 【과민】 | **美白** <br> 메이바이 <br> 【미백】 | **抗衰老** <br> 캉슈아이라오 <br> 【안티에이징】 | **保湿** <br> 바오싀 <br> ● 【보습】 |

67

# 전통적인 잡화를 사고 싶어요.

파워스톤을 사용한 인감이나 실크로 만들어진 제품 등
장인이 만들어 낸 예술품은 몇 년을 사용해도 끄떡없습니다.

꼭 사고 싶은 잡화

**비단 제품**
**丝绸产品**
스쵸우챤핀

실크로 만들어진 차이나 드레스나 가방 등의 제품.
화려한 자수의 아름다움을 눈으로 느낄 수 있어요.

**차 세트**
**茶具**
챠쥐

나도 모르게 마음을 빼앗겨 버리는 고급 다기 세트.
천천히 시간 여유를 두고 마음에 드는 물건을 골라보
세요.

**중국 신발**
**中国鞋**
쫑궈시에

화려한 색이 귀여운 중국 신발. 주문제작한 차이나
드레스와 결을 맞추면 좋아요.

**도장**
**印章**
인쨩

비취나 백수정, 자수정 등 좋아하는 파워스톤을 골라
인감도장으로 딱!

이걸로 하고 싶어요.

**我想要 这个。**
워시앙야오 쩌거
I'd like this.

몇 개 필요하세요?

**请问 要几个？**
칭원 야오지거
How many would you like?

2개 주세요.

**请 给我两个。**
칭 게이워량거
Two, please.

참고 P.148

가족들에게 선물할
것을 찾고 있어요.

**我想 给家里人 买点什么。**
워시앙 게이지아리런 마이디엔션머
I'm looking for something for my family.

추천해 주실 수
있을까요?

**有什么 好的建议吗？**
요우션머 하오더찌엔이마
Could you recommend something good for a souvenir?

오른쪽에서 3번째
것을 주세요.

**请给我 从右边数第三个。**
칭게이워 총요우비엔쓔띠싼거
Please show me the third one from the right.

참고 P.148

이거 진짜예요?

**这是真的吗？**
쩌싀쪈더마
Is this real?

제가 들어 봐도
될까요?

**我能 拿一下吗？**
워넝 나이시아마
Can I pick this up?

당연히 되죠. /
죄송하지만, 안 됩니다.

**当然可以。/对不起, 不可以。**
땅란크어이 / 뚜이부치 뿌크어이
Of course you can. / Sorry, you can't.

이건 무슨 돌이에요?

**这是 什么石头？**
쩌싀 션머싀토우
What stone is this?

거울 좀 보여 주세요.

**请给我 看一下镜子。**
칭게이워 칸이시아찡즈
Please show me the mirror.

어떤 게 인기 있어요?

**哪个 有人气？**
나거 요우런치
Which one is popular?

# 활기 넘치는 시장에서 커뮤니케이션

지역 사람들의 생활을 만나 볼 수 있는 시장 탐색을 떠나 봅시다.
열정과 활기가 넘치는 시장에는 쇼핑 이외의 즐거움도 한가득입니다.

**시장은 이렇게 공략합시다.**
시장에서는 가격 표시가 되어 있지 않은 곳이 대부분입니다. 어느 점포를 불문하고 반드시 가격을 물어보고 살 것! 특히 음식물은 유통 기한을 체크하는 것을 잊지 마세요!

할인됩니다.
**有优惠哦。**
요우요우호이워

환영합니다.
**欢迎光临。**
환잉꽝린

3개를 살 테니 좀 할인해 주세요.
**买3个便宜些吧！**
마이싼거피엔이시에바

할인해 드릴 수 있어요.
**可以打折的。**
크어이다죠어터

먹어 봐도 되나요?
**可以试吃吗？**
크어이식츠마

이거 얼마예요?
**这个多少钱？**
쩌거뚜워샤오치엔

방금 완성된 성젠바오 드실래요?
**刚出锅的生煎包吃不吃？**
깡츄궈더셩지엔바오츠부츠

드셔 보세요.
**请试吃一下。**
칭식츠이시아

망고 주세요.
**请给我芒果。**
칭게이워망궈

정말 맛있어요!
**真好吃！**
쩐하오츠

좋아요.
**好嘞。**
하오레이

**중국 시장 모습** 사람들의 생활에 밀접한 시장은 그 지역의 맛이 살아 있습니다.

상하이의 시장
비단 시장에서는 옷감이나 부속품을 살 수 있을 뿐만 아니라 옷의 주문 제작도 가능

타이베이의 시장
일제강점기에 정비된 시장이 많아 당시의 건물도 많이 남아 있습니다.

시장에서 도전!

## 가격 흥정을 해 봅시다.

**1** | 물건을 보여 달라고 합시다.
원하는 물건을 발견하면 먼저 상태 체크를 합니다. 손으로 직접 만져 보고 확인해요.

**2** | 가격 흥정
사기로 마음먹었다면 점원에게 말합시다. 계산기를 한 손으로 들고 가격 흥정 시작!

**3** | 계산기 디스카운트
희망 가격을 계산기로 보여 줍니다. 가격이 많이 차이난다면 정리해서 다시 흥정!

**4** | 물건 획득!
5개 이상 사면 도매가격이 되는 경우가 많습니다.

현지 사람들이 이용하는 시장은 대부분 저렴하기 때문에 가격 흥정이 어렵지만 관광지의 시장이나 쇼핑몰 안의 개인 상점의 경우는 말하는 가격이나 정찰표의 가격에서 20~30% 정도까지 할인이 가능합니다. 먼저 40% 정도의 할인가를 부르고 20~30%의 가격대에서 흥정해 봅시다. 먼저 가장 저렴한 가격대를 부르고 조금씩 간격을 좁혀 나가는 것이 포인트입니다.

유효기간이 긴가요?

**保质期长吗？**
바오쯔치챵마
Does it keep long?

1달 보관할 수 있어요.

**能保存一个月。**
넝바오춘이거위에
It keeps for a month.

참고 P.148

| 도움이 되는 단어 WORD | | 생산일자 | 生产日期 성찬릐치 | 알젓 | 鱼子酱 위즈찌앙 |
|---|---|---|---|---|---|
| | | 유효 기간 | 保质期 바오쯔치 | 굴 기름 | 蚝油 하오 요우 |
| 시장 | 市场 식챵 | 계산기 | 计算器 찌쑤안치 | 고추기름 | 辣椒油 라지아오 요우 |

기본 회화

맛집

쇼핑

뷰티

관광

엔터테인먼트

호텔

교통수단

기본 정보

단어장

71

# 슈퍼마켓, 시장에서 기념품을 즐겁게 찾아봅시다.

한국의 슈퍼마켓에도 익숙한 중국 식재료는 기념품으로도 OK!
중국어로 된 포장지를 해독하며 쇼핑해 봅시다.

**五香粉**
우시앙펀
↓
오향분

시나몬, 클로버, 산초, 회향,
팔각 등의 분말을 섞은 향신
료입니다.

**甜酒香豆腐乳**
티엔지우티안또우푸루
↓
감주향 두부유

두유를 발효시킨 것으로 타오
위안의 특산품입니다. 볶음 요
리나 찜요리에 딱.

**食用辣椒油**
식용라지아오 요우
↓
식용 고추 기름

한국에서도 대인기. 이것 외
에도 종류가 다양합니다.

**沙茶酱**
샤챠찌앙
↓
사차장

대만을 대표하는 조미료. 볶
음 요리에는 물론 전골 요리
에도 어울립니다.

**中药汤包**
종야오탕바오
↓
중약탕포

따로 사면 귀찮은 한방 식재료를
쓰임새별로 묶어놨습니다. 뜨거
운 물에 담그기만 하면 OK!

**芒果布丁**
망궈뿌딩
↓
망고 푸딩

한입 사이즈의 식감 좋은 망
고 푸딩. 기념품으로 나누어
주어도 딱!

'**買一送一**'이라는 표시는 1개 구입했을 때 1
개 더 주는 1+1 상품을 말합니다. 식품이나 잡
화 등 다양한 상품에서 찾아볼 수 있습니다.

## 한마디 표현

| | |
|---|---|
| **얼마예요?**<br>**多少钱？**<br>뚜워샤오치엔 | |

**~주세요.**
**请给我~。**
칭게이워

**이거 주세요.**
**请给我这个。**
칭게이워쩌거

**5개 주세요.**
**请给我5个。**
칭게이워우거

**무게 좀 덜어 주세요.**
**请减少些分量。**
칭지엔샤오시에뿐리앙

## 편의점 기념품도 체크

기념품을 사기에 뭔가 부족하다면 재빨리 24시간, 연중무휴의 편의점을 가 봅시다! 지역 특색이 넘치는 기념품도 있습니다.

식품종류
• 지역 특산 과자류
• 튜브형 굴소스
• 인스턴트 면

잡화종류
• 한방 핸드 크림
• 저렴한 화장품
• 지역 특색이 담긴 키티 굿즈

**龟苓膏**
꾸이링까오
↓
자라 젤리

캔에 들어 있는 간식은 홍콩 여자들에게 인기입니다. 먹으면 피부가 좋아집니다.

**百醇**
바이춘
↓
페조이

글리코의 중국 한정 브랜드. 사진은 와인 맛입니다.

**黑芝麻酥**
헤이즈마수
↓
흑지마수

검은 깨를 설탕으로 굳힌 것으로 농후한 향과 맛이 입에 퍼집니다.

**橡皮糖**
씨앙피탕
↓
젤리

여러 가지 과일 맛의 젤리. 형형색색의 모양도 유니크.

**栗子羊羹**
리즈양껑
↓
밤 양갱

작은 밤 조각이 가득 들어있는 달달한 맛의 깔끔한 밤 양갱입니다.

**芙蓉茶**
푸롱차
↓
연꽃차

달고 신맛이 있기 때문에 꿀이나 설탕을 넣어 먹어도 좋습니다.

포장을 부탁합시다

| 따로따로<br>포장해 주세요. | **请单独包装起来。**<br>칭딴두빠오쮸앙치라이<br>Please wrap these individually. |
|---|---|
| 선물 포장해 주세요. | **请给我 礼品包装。**<br>칭게이워 리핀빠오쮸앙<br>Please wrap this as a gift. |
| 큰 봉투에<br>넣어 주세요. | **请放在大袋子里。**<br>칭팡짜이따따이즈리<br>Please put it in a large bag. |

73

# 주문 제작에 도전해 봅시다.

진입 장벽이 조금 높지만 주문 제작에 도전해 볼까요?
한국보다도 저렴하고 자신의 스타일대로 주문할 수 있는 점이 매력적입니다.

**주문 제작에
도전하면
좋을 물건**

### 신발
### 鞋
시에

형태나 리본, 높이 등
자신에게 맞는 구두를
주문할 수 있어요.

### 천(옷감)
### 布料
뿌리아오

먼저 옷감을 사고 그 후에
재봉해 달라고 해 보세요.
차이나 드레스도 인기.

### 외투
### 大衣
따이

가죽이나 무스탕 코트가
인기 있어요. 한국보다 몇 배 저렴
하게 구입 가능해요.

### 액세서리
### 饰品
싀핀

은이나 비즈 등
자신이 좋아하는 부속품을
골라 원하는 모양으로.

사이즈 오류나 배송 착
오 등도 자주 일어나므
로 주문할 때는 확실하
게 확인합시다. 발송할
때에는 문의처에 꼼꼼히
물어보세요.

## 주문표를 활용합시다.

| 상품명<br>**商品名称**<br>샹핀밍청 | 수량<br>**数量**<br>쑤리앙 | 사이즈<br>**尺寸**<br>칙춘 | 상품명<br>**商品名称**<br>샹핀밍청 | 수량<br>**数量**<br>쑤리앙 | 사이즈<br>**尺寸**<br>칙춘 |
|---|---|---|---|---|---|
| 플랫슈즈<br>**平底鞋**<br>핑디시에 | 켤레 | _____<br>(\_cm) | 테이블 보<br>**桌布**<br>쥬워뿌 | 매 | \_\_cm×\_\_cm |
| 굽이 조금 있는 신발<br>**瓢鞋**<br>피아오시에 | 켤레 | _____<br>(\_cm) | 베개 커버<br>**枕套**<br>전타오 | 매 | \_\_cm×\_\_cm |
| 장화, 부츠<br>**靴子**<br>쉬에즈 | 켤레 | _____<br>(\_cm) | 침대 커버<br>**床罩**<br>츄앙쨔오 | 매 | 침대 사이즈<br>\_\_cm×\_\_cm |
| 외투<br>**大衣**<br>따이 | 벌 | _____<br>(\_号) | 소파 커버<br>**沙发套**<br>샤퐈타오 | 매 | \_\_cm×\_\_cm |
| 목걸이<br>**项链**<br>씨앙리엔 | 개 | _____<br>(\_cm) | 창문 커튼(블라인드)<br>**窗帘**<br>츄앙리엔 | 매 | \_\_cm×\_\_cm |
| 가방<br>**包**<br>바오 | 개 | \_\_cm×\_\_cm<br>×\_\_cm | 치파오<br>**旗袍**<br>치파오 | 벌 | _____<br>(\_호) |

**1** | 디자인, 색, 소재 고르기
가게에 있는 샘플을 참고해 자신이 좋아하는 것을 고릅니다. 잡지 등을 가지고 가는 것도 좋아요.

**2** | 치수 재기
사이즈를 잽니다. 혹시 틀릴 수도 있기 때문에 끝난 후에 사이즈를 반드시 확인하세요.

**3** | 완성
상품은 하루에서 한 달 정도 걸립니다. 배송 받는 경우는 문의처에 언제쯤 도착하는지 확실하게 확인하세요.

[          ] 해 주세요.  Please make it [          ].

请给我做 [          ]。 칭게이워쭈워 [          ]

| 신발 | 鞋 시에 |
| --- | --- |
| 리본 | 蝴蝶结 호디에지에 |
| 체크무늬 | 格子 그어즈 |
| 물방울무늬 | 带点的 따이디엔더 |
| 호피 무늬 | 豹纹 빠오원 |
| 단추 | 纽扣 니우코우 |
| 밑창 | 鞋底 시에디 |
| 광이 나는 | 带亮光的 따이리앙꽝더 |
| 하이힐 | 高跟 까오껀 |
| 샌들 | 凉鞋 리앙시에 |
| 동물 문양 | 动物花纹 똥우화원 |
| 방수 | 防水 팡슈이 |
| 쐐기 | 楔 시에 |
| 캐주얼 | 休闲 시우시엔 |
| 가죽 | 皮革 피그어 |
| 평평하다 | 平 핑 |

| 액세서리 | 饰品 슬핀 |
| --- | --- |
| 목걸이 | 项链 씨앙리엔 |
| 귀걸이 | 耳环 얼환 |
| 팔찌 | 手镯 쇼우쥬워 |
| 체인 | 链 리엔 |
| 돌 | 石头 싀토우 |
| 진주 | 珠 쮸 |
| 띠 | 带 따이 |

| 외투 | 大衣 따이 |
| --- | --- |
| 소가죽 | 牛皮 니우피 |
| 양가죽 | 羊皮 양피 |
| 토끼 털가죽 | 兔毛皮 투마오피 |
| 양털가죽 | 羊毛皮 양마오피 |
| 인조 가죽 | 人造皮 런짜오피 |
| 악어 | 鳄鱼 으어위 |

| 천(옷감) | 布料 부리야오 |
| --- | --- |
| 탄력 | 弹力 탄리 |
| 주름 장식 | 褶边 직어비엔 |
| 벨벳 | 丝绒 스롱 |
| 단자(새틴) | 缎子 뚜안즈 |
| 폴리에스테르 섬유 | 聚酯纤维 쮜직시안웨이 |
| 줄무늬 | 条纹 티아오원 |
| 스웨이드 | 鹿皮绒 루피롱 |
| (옷, 이불을) 짓다 | 缝制 펑찌 |
| 불연성 처리 | 不燃处理 뿌란츄리 |
| 빛을 차단하다 | 遮光 직어꽝 |

이런 단어는 보통 쇼핑할 때도 도움이 되지요.

75

# 마사지를 받으면서 푹 쉬어 보아요.

해외에서 재충전을 위해서는 마사지나 에스테틱을 빼놓을 수 없겠죠.
의사를 확실하게 전달한다면 평소보다 더 편안하게 쉴 수 있어요.

### 먼저 예약을 합시다

| 예약하고 싶어요. | **我想 预约。**<br>워시앙위위에<br>I'd like to make an appointment. |
|---|---|
| 내일 오전 10시,<br>2명이요. | **明天上午10点，两个人。**<br>밍티엔쌍우식디엔　리앙거런<br>For two people, tomorrow at ten o'clock in the morning.   참고 P.150<br>참고 P.148 |
| 오늘 밤 7시, 2명<br>예약해 주세요. | **今晚7点， 预约两个人。**<br>찐완치디엔　위위엔리앙거런<br>For two people, tonight at 7 o'clock, please.   참고 P.150<br>참고 P.148 |
| 60분짜리 전신<br>마사지를 해 주세요. | **做 60分全身按摩。**<br>쭈워 리우식펀췐엔셴안모워<br>I'd like to have a full-body massage for sixty minutes.   참고 P.148 |

### 취소, 변경은 이쪽

| 예약 변경을<br>하고 싶어요. | **我想更改预约。**<br>워시앙껑가이위위에<br>I'd like to change the appointment. |
|---|---|
| 오후 4시에 김영수로 예약했<br>는데 취소하고 싶어서요. | **我是预约了下午4点的金英洙。想取消预约。**<br>워식위위에러씨아우쓰디엔더찐잉주 시앙취시아오위위에<br>I'm Kim Youngsu that made a four o'clock appointment, but I'd like to cancel it.<br>참고 P.150 |

### 숍에 도착하면

| 김영수로<br>예약했어요. | **我是 预约好的 金英洙。**<br>워식 위위에하오더 찐잉주<br>I'm Kim Youngsu. I have an appointment. |
|---|---|
| 예약을 못 했는데 2명<br>가능한가요? | **我没有预约，两个人可以吗？**<br>워메이요우위위에 리앙거런크어이마<br>We didn't make an appointment, but can two of us have it?   참고 P.148 |

## 스파를 하는 방법을 알아 둡시다

**1** 예약을 합시다
시간을 탄력있게 활용하기 위해서는 예약이 필수. 웹 사이트 이용 시 할인도 있답니다.

**2** 샵에는 여유를 가지고 도착
지각을 하면 시술 시간이 줄어들 수도 있어요. 예약 10분 전에는 도착하기

**3** 카운슬링
접수 후에 카운슬링을 받습니다. 당일의 몸상태나 시술 내용을 확인합니다.

**4** 옷을 갈아입고 시술
시술복으로 갈아입고 샤워 등으로 몸을 따뜻하게 한 후 시술을 받습니다.

【주의】 귀중품이나 고액의 현금을 가지고 있는 경우 카운터에 맡기기. 그리고 시술 전후의 음주는 금물.

---

**어떤 서비스가 있나요?**
### 有 什么样的 服务项目?
요우 션머양더 푸우씨앙무
What kind of courses do you have?

---

**계산서 좀 보여 주시겠어요?**
### 请给我 看一下 价格表。
칭게이워 칸이시아 지아그어비아오
Please show me the price list.

---

**얼마나 걸리나요?**
### 需要 多长时间?
쉬야오 뚜워챵식지엔
How long will it take?

---

**한국어로 된 메뉴판이 있나요?**
### 有 韩国的 服务项目表吗?
요우 한구어더 푸우씨앙무비아오마
Do you have Korean menu?

---

**전신 마사지가 있나요?**
### 有 全身按摩吗?
요우 취엔션안모워마
Do you have a full-body massage service?
참고 P.82

---

**30분이요.**
### 30分钟。
싼식펀종
Thirty minutes, please.
참고 P.148

---

**어떤 효과가 있나요?**
### 有什么样的 效果?
요우션머양더 씨아오궈
What kind of effects does it have?

---

**여자 직원이 있나요?**
### 有 女工作人员吗?
요우 뉘꽁쭈워런위엔마
Is there a female therapist?

---

**같은 방에서 할 수 있나요?**
### 能在 同一间屋子做吗?
넝짜이 통이지엔우즈쭈워마
Can we have it in the same room?

---

**보관함은 어디에 있나요?**
### 保管箱 在哪里?
바오구안시앙 짜이나리
Where is the locker?
참고 P.83

---

# 마사지를 받으면서 푹 쉬어 보아요.

시술 중에

| 알레르기가 있어요. | **我有 过敏。**<br>워요우 꿔민<br>I have an allergy. | 참고 P.83 |
| 화장실 사용할 수 있나요? | **能用 卫生间吗?**<br>녕용 웨이셩지엔마<br>May I use the restroom? | 참고 P.83 |
| 콘택트렌즈는 빼는 게 나을까요? | **取下隐形眼镜比较好吗?**<br>취시아인싱엔찡비찌아오하오마<br>Should I take off contact lenses? | |
| 한국어를 할 수 있는 종업원이 있나요? | **有会韩语的 工作人员吗?**<br>요우호이한위더 꽁쭈워런위엔마<br>Is there anyone who speaks Korean? | |
| 이건 무슨 향이예요? | **这是 什么香味?**<br>쩌싀 션머시앙웨이<br>What is this scent? | |

카운슬링(사전문진표)에 대한 간단한 해설

시술 전에는 사전 문진표를 작성해야 한다. 이때 당일의 몸 상태와 받고 싶은 코스 등을 확인한다. 임신 중이거나 알레르기가 있는 경우는 미리 이야기해 두자.

**알레르기**
구체적으로 어떤 반응이 나오는지, 증상이 일어났을 때 어떤 부위에서 일어나는지 등을 자세하게 적는다.

**피부 타입**
본인 피부 타입을 적는다(지성, 건성 등). 밑의 표를 참고!

미리 말해 둡시다

| 생리 중이예요. | **我现在正例假。**<br>워씨엔짜이셩리치 |
| 어깨가 뻐근해요. | **我肩酸。**<br>워찌엔쑤안 |
| 임신 중이예요. | **我现在正怀孕。**<br>워씨엔짜이쳥화이윈 |

### 사전문진표

姓名(이름) : _____

出生年月日(생년월일) :
_____. .

年龄(나이) : _____

过敏(알레르기) :
有(유) / 没有(무)

身体状况(몸 상태) :
良好(좋다) / 不适(불편하다)

皮肤(피부) : _____

皮肤的烦恼(피부 고민) : _____

| | 민감성 피부 | **敏感性皮肤**<br>꿘민씽피푸 | 지성 피부 | **油性皮肤**<br>요우씽피푸 |
| 도움이 되는 단어 WORD | 건성 피부 | **干性皮肤**<br>깐씽피푸 | 일반 피부 | **普通皮肤**<br>푸통피푸 |

기분이 좋아지기 위해 외워 두면 좋을 표현

| | |
|---|---|
| 아주 편안해요. | **非常舒服。**<br>페이챵슈푸<br>It feels very good. |
| 아파요! | **疼!**<br>텅<br>It hurts! |
| 너무 세요. | **劲太大了。**<br>찐타이따러<br>It's too strong. |
| 좀 살살[세게]<br>해 주세요. | **请再轻[强] 点。**<br>칭짜이칭[치앙] 디엔<br>Could you make it weaker [stronger]? |
| 이쪽은 하지<br>말아 주세요. | **别碰这里。**<br>비에펑쩌리<br>Please don't touch here. |
| 좀 불편해요. | **有点不舒服。**<br>요우디엔뿌슈푸<br>I feel a little ill. |
| 물 좀 주세요. | **请给我 杯水。**<br>칭게이워 뻬이슈이<br>I'd like some water. |

끝나고 나서 한마디

| | |
|---|---|
| 아주 편해요. | **非常舒服。**<br>페이챵슈푸<br>It was very nice. |
| 이 화장품은<br>판매하는 것인가요? | **这些化妆品 卖吗?**<br>쩌시에화쭈앙핀 마이마<br>Are these cosmetics for sale? |
| 신용 카드로<br>해도 되나요? | **能用 信用卡吗?**<br>넝용 씬용카마<br>Can I use the credit card? |

79

# 발 마사지에 도전!

길거리를 걷다 피곤해지면 꼭 발 마사지를 받아 보세요.
피곤함도 욱신거림도 싹 없어지고 다시 여행에 집중할 수 있어요!

숍에서는 이런 순서로 진행됩니다

① 숍에 들어간다
먼저 접수를 합니다. 예약을 했다면 이름을 말하세요. 대부분 숍은 당일 방문도 괜찮지만 인기있는 숍의 경우에 혼잡한 주말은 예약을 미리 해 두는 것이 좋습니다.

②코스 선택
발 마사지 외에 오일 마사지나 패디큐어 등 숍에 따라 다양한 코스가 준비되어 있으니 코스와 시간을 선택해 봅시다.

**예약을 안 했는데 괜찮나요?**
**我没有预定 可以吗?**
워메이요우위띵 크어이마
I didn't make an appointment but is it OK?

**40분짜리 발 마사지를 해 주세요.**
**请进行40分钟的足底按摩。**
칭찐싱쓰싀펀쫑더주디안모워
I'd like to have a forty-minute foot massage.

참고 P.148

③ 마사지
먼저 족욕을 통해 발을 따뜻하게 하고 마사지에 들어갑니다. 악력 등 원하는 것이 있으면 말합니다. 끝난 후에는 수분을 충분히 보충해 노폐물을 씻어냅시다.

**좀 간지러워요.**
**有点痒痒。**
요우디엔양양
It tickles.

**아주 편안해요.**
**很舒服。**
헌슈푸
It feels good.

**좀 살살[세게] 해 주세요.**
**请再轻[强] 点。**
칭짜이칭[치앙] 디엔
Could you make it weaker [stronger]?

**좀 아파요!**
**有点疼!**
요우디엔텅
It hurts.

발로 보는 우리 몸의 건강

발은 우리 몸의 축소판입니다. 발이 아프다면 우리 몸이 보내는 적색 신호일지도 몰라요. 다음 그림을 참고하여 마사지사에게 안 좋은 부위를 알려 달라고 합시다.

❶ 머리
头
토우

❷ 코
鼻子
비즈

❸ 목
颈部
징뿌

❹ 눈
眼睛
옌징

❺ 귀
耳朵
얼두워

❻ 어깨
肩膀
지엔방

❼ 폐 · 기관지
肺 · 支气管
페이 · 즤치구안

❽ 위 · 식도
胃 · 食道
웨이 · 싀따오

❾ 십이지장
十二指肠
싀얼즤챵

❿ 췌장
胰脏
이짱

⓫ 간장
肝脏
깐짱

⓬ 신장(콩팥)
肾脏
션짱

⓭ 소장
小肠
시아오챵

⓮ 생식기
生殖器
셩즤치

⓯ 심장
心脏
씬짱

⓰ 비장
脾脏
피짱

⓱ 갑상선
甲状腺
지아쭈앙씨엔

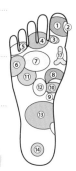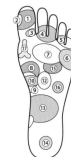

| 몸이 안 좋아요. | 身体不舒服了。<br>션티뿌슈푸러<br>I feel a little sick. |
| --- | --- |
| 추가로 각질 제거도 받을 수 있나요? | 额外加一个去角质可以吗？<br>으어와이지아이거취지아오쯰크어이마<br>Can I have an optional horny removal? |

참고 P.82

하고 싶어요. LOOK

我想 _____ 。

워시앙 _____

I want _____ .

시술
做
쭈워

**推油按摩**
투이요우안모워
● 【오일 마사지】

**热石按摩**
르어쓱안모워
● 【핫스톤 마사지】

| **草药球按摩**<br>차오야오치우안모워<br>● 【약초볼 마사지】 | **反射疗法**<br>퐌씌어리아오퐈<br>● 【반사 요법】 | **海水浴疗法**<br>하이슈이위리아오퐈<br>● 【해수욕 치료법】 | **头部SPA**<br>토우뿌스파<br>● 【머리 스파】 |
| --- | --- | --- | --- |
| **脸部按摩**<br>리엔뿌안모워<br>● 【얼굴 마사지】 | **排毒**<br>파이두<br>● 【독소 배출】 | **植物疗法**<br>즤우리아오퐈<br>● 【식물 치료법】 | **去死皮**<br>취스피<br>● 【필링】 |
| **美白**<br>메이바이<br>● 【미백】 | **全身按摩**<br>취엔션안모워<br>● 【전신 안마】 | **足部按摩**<br>주뿌안모워<br>● 【발 마사지】 | **淋巴按摩**<br>린바안모워<br>● 【림프 마사지】 |
| **肩部按摩**<br>지엔뿌안모워<br>● 【어깨 마사지】 | **手部按摩**<br>쇼우뿌안모워<br>● 【손 마사지】 | **精油按摩**<br>징요우안모워<br>● 【아로마 마사지】 | **洗肠疗法**<br>시챵리아오퐈<br>● 【세장 치료법】 |
| **骨盆矫正**<br>구판지아오졍<br>● 【골반 교정】 | **拔罐**<br>바꾸안<br>● 【부항】 | **拉皮**<br>라피<br>● 【주름 제거 수술(리프팅)】 | **腹部按摩**<br>푸뿌안모워<br>● 【복부 안마】 |
| **脱汗毛**<br>투워한마오<br>● 【솜털 제거】 | **小脸按摩**<br>시아오리엔안모워<br>● 【소두 마사지】 | **空气按摩**<br>콩치안모워<br>● 【공기 마사지】 | **肩部按摩**<br>찌엔뿌안모워<br>● 【어깨 안마】 |
| **中药面膜**<br>쫑야오미엔모워<br>● 【한방 팩】 | **黄金面膜**<br>황찐미엔모워<br>● 【황금 팩】 | **海藻面膜**<br>하이자오미엔모워<br>● 【해초 팩】 | **毛孔护理**<br>마오콩호리<br>● 【모공 케어】 |
| **刮痧**<br>꽈샤<br>● 【괄사】 기구로 경혈을<br>자극해 노폐물을<br>배출한다. | **珍珠面膜**<br>젼쮸미엔모워<br>● 【진주 팩】 | **泥面膜**<br>니미엔모워<br>● 【머드 팩】 | **蒸汽护理**<br>쪙치호리<br>● 【스팀 케어】 |
| **洁肤**<br>지에푸<br>● 【피부 클렌징】 | **洗发**<br>시퐈<br>● 【머리를 감다】 | **足疗**<br>주리아오<br>● 【발 마사지】 | |
| **指压**<br>즤야<br>● 【지압】 | **灸疗**<br>지우리아오<br>● 【뜸 치료】 | **脚踩按摩**<br>지아오차이안모워<br>● 【족타 마사지】 | ♪♫ |

| | | | |
|---|---|---|---|
| 증상 등등<br>**症状等等**<br>쪙쮸앙덩덩 | **皱纹**<br>쪼우원<br>● 【주름살】 | **瘦身**<br>쏘우션<br>● 【살을 빼다】 | **放松**<br>팡쏭<br>● 【릴렉스】 |
| | **浮肿**<br>푸종<br>● 【부종】 | **睡眠不足**<br>쑤이미엔뿌주<br>● 【수면 부족】 | **疲劳**<br>피라오<br>● 【피로】 |
| **紧张状态**<br>진쨩쮸앙타이<br>● 【긴장 상태】 | **粉刺**<br>펀츠<br>● 【여드름】 | **暗斑**<br>안빤<br>● 【기미】 | **下垂**<br>씨아츄이<br>● 【아래로 처지다】 |
| **过敏**<br>꿔민<br>● 【예민(과민)】 | **干燥**<br>깐짜오<br>● 【건조】 | **头痛**<br>토우통<br>● 【두통】 | **敏感性皮肤**<br>민간씽피푸<br>● 【민감성 피부】 |

LOOK

⬜ 은 어디에 있어요?<br>⬜ 在哪里？<br>⬜ 짜이 나리<br>Where is ⬜ ?

| 시설<br>**设施**<br>식어슬 | **前台**<br>치엔타이<br><br>● 【프런트】 |

| **更衣室**<br>껑이식<br>● 【탈의실】 | **橱柜**<br>츄꾸이<br>● 【로커】 | **治疗室**<br>쯰리아오식<br>● 【치료실】 | **床**<br>츄앙<br>● 【침대】 |
|---|---|---|---|
| | | | **按摩椅**<br>안모워이<br>● 【안마 의자】 |
| **厕所**<br>츠어수워<br>● 【화장실】 | **盆浴**<br>펀위<br>● 【욕조】 | **按摩浴池**<br>안모워위츼<br>● 【마사지 욕조】 | **桑拿**<br>쌍나<br>● 【사우나】 |
| **淋浴**<br>린위<br>● 【샤워】 | **休息室**<br>시우시식<br>● 【휴게실】 | **睡眠室**<br>쑤이미엔식<br>● 【수면실】 | |
| **化妆室**<br>화쮸앙식<br>● 【화장실】 | **等候室**<br>덩호우식<br>● 【대합실】 | **吸烟室**<br>시옌식<br>● 【흡연실】 | |

# 네일숍에서 힐링해 보아요.

한국보다도 합리적인 가격으로 손톱까지 예뻐질 수 있어요!

Gorgeous!

Cool!

Cute!

해외에서 네일 아트를 할 때는
중화권의 네일숍은 한국보다 저렴
합니다. 이 기회에 생각해 두었던
반짝반짝 네일 아트를 해 보는 것
도 좋아요!

**먼저 예약을 합시다**

| | |
|---|---|
| 네일 아트를 예약하려고요. | **我想预约指甲美容。**<br>워시앙위위에즤지아메이롱<br>I'd like to make a nail appointment. |
| 어떤 모양들이 있어요? | **有什么样的项目？**<br>요우 션머양더씨앙무<br>What kind of courses do you have? |
| 젤 네일로 하고 싶어요. | **我想做凝胶指甲。**<br>워시앙쭈 워닝지아오즤지아<br>I'd like to have gel nails done. |
| 젤 제거부터 시작할 수 있나요? | **可以从卸凝胶指甲开始吗？**<br>크어이총씨에닝지아오즤지아카이싀마<br>Can I get my gel nails removed, too? |

**네일 개시!**

| | |
|---|---|
| 매니큐어랑 패디큐어 를 하려고요. | **我想做手指和脚趾的。**<br>워시앙쭈 워쇼우즤허어지아오즤더<br>I'd like a manicure and pedicure. |
| 디자인 샘플 좀 보여 주세요. | **请让我看看样本。**<br>칭랑워칸칸양번<br>I'd like to see the design samples. |
| 컬러 종류 좀 보여 주세요. | **请让我看看颜色的种类。**<br>칭랑워칸칸 옌써더종레이<br>I'd like to see the color variations. |

| | |
|---|---|
| 저 이 디자인으로 [컬러로] 할게요. | **我要这个样本[颜色]的。**<br>워야오쩌거양번[옌써]더<br>This design[color], please. |
| 손톱을 짧게 하지 말아 주세요. | **请不要把指甲修短。**<br>칭부야오바즈지아시우두안<br>Don't make the nails shorter. |
| 손톱을 짧게해주세요. | **请把指甲修短些。**<br>칭바즈지아시우두안시에<br>Cut my nails short, please. |
| 손톱을 둥글게 해 주세요. | **请把指甲修成圆形。**<br>칭바즈지아시우청위엔싱<br>Please round my nails out. |
| 제 손톱이 잘 갈라지니 조심해 주세요. | **我指甲容易劈请小心。**<br>워즈지아롱이피칭시아오씬<br>Please be careful because my nails are fragile. |
| 손톱 위에 라인스톤을 올려 주세요. | **请在这个手指上使用莱茵石。**<br>칭짜이쩌거쇼우즈샹쓰융라이인식<br>Please apply rhinestones to this nail. |
| 이 손톱을 다시 해 주세요. | **请重新做一下这个手指。**<br>칭총씬쮸워이시아쩌거쇼우즈<br>Please do this nail again. |
| 매니큐어는 몇 분이면 말라요? | **指甲油几分钟能干？**<br>즈지아요우지펀쫑넝깐<br>How long does it take for the manicure to dry? |

| 도움이 되는 단어 WORD | | 그러데이션 | 渐变色<br>찌엔삐엔써 | 타원형 | 椭圆形<br>투워위엔싱 |
|---|---|---|---|---|---|
| | | 선 | 线<br>씨엔 | 아치형 | 尖形<br>찌엔싱 |
| 손톱을 손질하다 | 修手指甲<br>시우쇼우즈지아 | 펄 | 亮粉<br>리앙펀 | 큐티클 제거 | 嫩皮处理<br>넌피츄리 |
| 발톱을 손질하다 | 修脚指甲<br>시우지아오즈지아 | 라인스톤 | 莱茵石<br>라이인식 | 각질 제거 | 去角质<br>취지아오피 |
| 젤 네일 | 凝胶指甲<br>닝지아오즈지아 | 네일 펀치 | 指甲穿孔<br>즈지아츄안콩 | 안마 | 按摩<br>안모워 |
| 네일 아트 | 指甲彩绘<br>즈지아차이호이 | 모양을 다듬다 | 修型<br>시우싱 | 파라핀 팩 | 石蜡面膜<br>스라미엔모워 |
| 프렌치 네일 | 法式指甲<br>퐈식즈지아 | 사각형 | 方形<br>퐝싱 | 족욕 | 足浴<br>주위 |

85

# 먼저 길거리를 거닐어 볼까요?

역사적 유적지나 문화시설, 자연경관 등 볼거리가 한가득이에요.
먼저 거리를 걸으며 그 매력을 피부로 느껴 봅시다.

길을 묻는 표현은 이쪽

| | |
|---|---|
| 실례합니다. | **打听一下。**<br>다팅이시아<br>Excuse me. |
| 경산공원에 가고<br>싶어요. | **我想去 景山公园。**<br>워시앙취징샨꽁위엔<br>I want to go to Jingshan Park.　　참고 P.94 |
| 우회전하면, 바로<br>왼쪽에 있어요. | **往右拐， 就在左边。**<br>와요우구아이 찌우짜이주워비엔<br>Turn right and it's on your left. |
| 저를 따라 오세요. | **请跟我来。**<br>칭껀워라이<br>Follow me, please. |
| 이 주소로 가고 싶어요. | **想去这个地址。**<br>시앙취쩌거띠즈<br>I'd like to go to this address. |
| 여기는 이 지도에서<br>어디예요? | **在这地图哪儿呀？**<br>짜이쩌띠투나알야<br>Where is it on this map? |
| 저 길을 잃었어요. | **我迷路了。**<br>워미루러<br>I'm lost. |
| 여기는 어디예요? | **这是哪儿呀？**<br>쩌식나알야<br>Where am I? |
| 여기는 어떤 길이에요? | **这是 什么街？**<br>쩌식 션머지에<br>What street is this? |
| 가장 가까운 정류장은<br>어디에 있어요? | **最近的车站在哪？**<br>쭈이찐더처짠짜이나<br>Where is the nearest station?　　참고 P.97 |

안녕하세요.
**您好。**
니하오

감사합니다.
**谢谢。**
씨에씨에

길을 물을 때 쓸 수 있는 표현

직진
**直**
즈

길
**路**
루

모퉁이
**角**
지아오

건축물
**建筑物**
찌엔쥬우

왼쪽
**左**
주워

오른쪽
**右**
요우

표지
**标识**
삐아오쯰

주차장
**停车场**
팅츠어창

사거리
**十字路口**
싀쯔루코우

간판
**招牌**
쨔오파이

신호등
**红绿灯**
홍뤼떵

자동차
**汽车**
치츠어

횡단보도
**斑马线**
빤마씨엔

구역
**街区**
지에취

인도
**人行道**
런싱따오

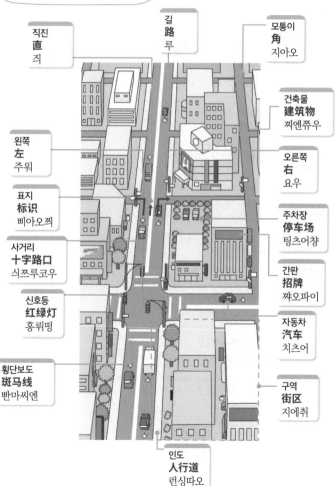

87

# 먼저 길거리를 거닐어 볼까요?

관광지에서

**입장료가 얼마예요?**

入场费 多少钱？
루챵페이 뚜워샤오치엔
How much is the entrance fee?

**한 사람당 100위안이에요.**

一人 100元。
이런 이바이위엔
A hundred yuan per person.

참고 P.148

**성인 2장이요.**

两张大人的。
리앙쟝따런더
Two adults, please.

참고 P.148

**몇 시까지 하나요?**

开到几点？
카이따오지디엔
How late are you open today?

**한국어로 된 팸플릿이 있나요?**

有 韩语的小册子吗？
요우한위더시아오츠어즈마
Do you have a Korean brochure?

**짐을 보관할 수 있나요?**

能存一下 行李吗？
넝춘이시아 싱리마
Could you store my baggage?

**저건 뭐예요?**

那是什么？
나싀션머
What's that?

**내부를 구경해도 되나요?**

能参观内部吗？
넝찬꾸안내이뿌마
Can I take a look inside?

**들어가도 되나요?**

可以 进去吗？
크어이 찐취마
Can I go in?

**출구는 어디예요?**

出口 在哪里？
츄코우 짜이나리
Where is the exit?

**기념품 가게는 어디에 있어요?**

特产商店 在哪里？
트어챤샹띠엔 짜이나리
Where is the gift shop?

참고 P.97

| 이곳에 유명한 작품이 있나요? | **有什么 有名的作品吗?**<br>요우션머 요우밍더쭈워핀마<br>Are there any famous works here? |
| --- | --- |
| 오늘 어떤 특별 전시가 있나요? | **今天有什么 特别展览吗?**<br>찐티엔요우션머 트어비에쟌란마<br>Do you have any special exhibitions now? |
| 관내에 투어 가이드가 있나요? | **馆内有 解说服务吗?**<br>구안내이요우 지에슈워푸우마<br>Do you have a guided tour? |
| 해설은 언제 시작하나요? | **几点开始 解说呀?**<br>지디엔카이싀 지에슈워야<br>What time does the tour start? |
| 20분 후에요. | **20分钟后。**<br>알싀펀쭁호우<br>It will start in twenty minutes.    참고 P.148 |
| 대략 얼마나 걸릴까요? | **大约 需要多长时间?**<br>따위에 쉬야오뚜워챵싀지엔<br>How long does it take? |
| 차이궈치앙의 그림은 어디에 있어요? | **蔡国强的画在哪里?**<br>차이궈치앙더화짜이나리<br>Where is Cai Guo-Qiang Exhibit? |
| 이건 누구 작품이에요? | **这是 谁的作品?**<br>쪄싀 슈이더쭈워핀<br>Whose work is this? |
| 근처에 화장실이 있어요? | **附近 有厕所吗?**<br>푸찐 요우츠어수워마<br>Where is the nearest restroom?    참고 P.97 |
| 이게 관람 노선인가요? | **这是 参观路线吗?**<br>쪄싀 찬구안루씨엔마<br>Is this the correct way? |
| 사진을 찍어도 되나요? | **可以照相吗?**<br>크어이쨔오씨앙마<br>Can I take pictures? |
| 당연히 되죠. / 촬영 금지입니다. | **当然可以。／严厉禁止。**<br>땅란크어이 / 옌리찐즤<br>Of course. / It's strictly prohibited. |

# 먼저 길거리를 거닐어 볼까요?

관광 안내소를 이용해 봅시다

| | |
|---|---|
| 관광 안내소는 어디에 있어요? | **观光咨询室在哪里？**<br>꾸안꾸앙즈쉰쉬짜이나리<br>Where is the tourist information? |
| 무료 지도가 있나요? | **有 免费的地图吗？**<br>요우 미엔페이더띠투마<br>Do you have a free map of this area? |
| 관광 팸플릿 하나 주세요. | **请给我 一本观光的 小册子。**<br>칭게이워 이번꾸안꾸앙더 시아오 츠어즈<br>I'd like a sightseeing brochure, please. |
| 한국어로 된 게 있나요? | **有 韩文的吗？**<br>요우 한원더마<br>Do you have one in Korean? |
| 재밌는 곳이 있으면 좀 알려 주세요. | **请告诉我 有什么好玩的地方。**<br>칭까오쑤워 요우선머하오완더띠팡<br>Please recommend me some interesting places. |
| 당일로 다녀올 수 있는 곳 좀 알려 주세요. | **请告诉我 能当天去当天回的地方。**<br>칭까오쑤워 넝땅티엔취땅티엔호이더띠팡<br>Please tell me the places for a day trip. |
| 어디 풍경이 예뻐요? | **哪儿风景漂亮呀？**<br>나알펑징퍄오리앙야<br>Where is the place with a nice view? |
| 그곳은 오늘 영업하나요? | **那儿今天开门营业吗？**<br>나알쩐티엔카이먼잉예마<br>Is it open today? |
| 언제 쉬세요? | **什么时候 休息？**<br>션머싀호우 시우시<br>When do they close? |
| 화요일이요. / 매일 영업해요. | **星期二／照常营业。**<br>씽치알／ 쨔오챵잉예<br>Tuesday. ／ They are open everyday. 참고 P.149 |
| 천안문광장에 가서 모주석 기념관을 보고 싶어요. | **想到天安门广场 看毛主席纪念堂。**<br>시앙따오티엔안먼구앙챵 칸마오쥬시찌니엔탕<br>I'd like to see Mausoleum of Mao Zedong in Tiananmen Square. 참고 P.94 |

90

| 걸어서 갈 수 있나요? | **走着 能去吗？**<br>조우직어 넝취마<br>Can I go there on foot? | |
|---|---|---|
| 여기서 멀어요? | **离这里 远吗？**<br>리쩌리 위엔마<br>Is it far from here? | |
| 아주 가까워요. /<br>버스를 타고 10분 걸려요. | 很近／坐公交车10分钟。<br>헌찐 / 쭈워꽁지아오츠어싀펀종<br>It is near from here. / It is ten minutes by bus. | 참고 P.148 |
| 여기서부터 몇 분<br>정도 걸어가야 해요? | **从这步行去得几分钟？**<br>총쩌뿌싱취더지펀종<br>How long will it take to walk from here? | |
| 저기에 가려면 어떻게<br>가야 하나요? | **请告诉我 到那里 怎么走？**<br>칭까오쑤워 따오나리 쩐머조우<br>Could you tell me how to get there? | |
| 지하철을 타고 갈 수<br>있나요? | **能坐地铁去吗？**<br>넝쭈워띠티에취마<br>Can I go there by subway? | |
| 이 지도에서 알려<br>주세요. | **请在这张地图上 告诉我。**<br>칭짜이쩌짱띠투샹 까오쑤워<br>Please tell me on this map. | |
| 어떤 표시가 있나요? | **有什么标识吗？**<br>요우션머삐아오싀<br>Are there any signs? | |
| 이 근처에 안내 데스크<br>[파출소]가 있나요? | **这附近有问讯处[派出所] 吗？**<br>쩌푸찐요우원쉰추 [파이츄수워] 마<br>Is there an information center[police station] near hear? | |
| 죄송하지만 다시 한번만<br>말씀해 주세요. | **麻烦你再说一遍。**<br>마판니짜이슈워이삐엔<br>Please repeat it again. | |
| 약도를 그려 주실 수<br>있나요? | **能帮我画个略图吗？**<br>넝빵워화거뤼에투마<br>Could you draw me a map? | |
| 이 근처에 공중전화가<br>있나요? | **这附近 有公用电话吗？**<br>쩌푸찐 요우꽁용띠엔화마<br>Is there a pay phone near here? | 참고 P.97 |

# 먼저 길거리를 거닐어 볼까요?

현지 투어에서

| | |
|---|---|
| 관광에 참가하고 싶어요. | **我想参加 旅游团。**<br>워시앙찬지아 뤼요우투안<br>I'd like to take a sightseeing tour. |
| 관광 팸플릿이 있나요? | **有 旅游团的小册子吗?**<br>요우 뤼요우투안더시아오츠어즈마<br>Do you have a tour brochure? |
| 추천할 만한 관광지 좀 알려 주세요. | **请告诉我 您推荐的 旅游团。**<br>칭까오쑤워 닌투이찌엔더 뤼요우투안<br>Please recommend me some popular tours. |
| 한국어 가이드가 있나요? | **有 韩语的旅游团吗?**<br>요우 한위더뤼요우투안마<br>Do you have a tour with a Korean guide? |
| 만리장성에 가는 관광이 있나요? | **有没有去长城的旅游团?**<br>요우메이요우취챵청더뤼요우투안<br>Do you have a tour that goes to the Great Wall? |
| 대략 얼마나 걸릴까요? | **大约 需要多长时间?**<br>따위에 쉬야오뚜워챵싀지엔<br>How long is the tour? |
| 몇 시에 출발해요? | **几点 出发?**<br>지디엔 츄퐈<br>What time does it start? |
| 몇 시에 돌아와요? | **几点 回来?**<br>지디엔 호이라이<br>What time do we come back? |
| 어디서부터 출발해요? | **从哪里 出发?**<br>총나리 츄퐈<br>Where do we leave from? |
| 식비 포함인가요? | **包括 餐费吗?**<br>빠오쿼 찬페이마<br>Are meals included? |
| 얼마예요? | **多少钱?**<br>뚜워샤오치엔<br>How much is it? |

| | |
|---|---|
| 저 참가할게요. | **我参加。**<br>워찬지아<br>I'll join this. |
| 몇 명이나 참가하나요? | **有几个人 参加?**<br>요우지거런 찬지아<br>For how many people? |
| 성인 2명이요. | **两个大人。**<br>리앙거따런<br>Two adults.     참고 P.148 |
| 1000위안입니다. | **1000元。**<br>이치엔위엔<br>It's 1000 yuan.     참고 P.148 |
| 만리장성에 가고 싶은데<br>얼마나 걸릴까요? | **我想去万里长城,需要多长时间?**<br>워시앙취완리챵청 쉬야오뚜워챵식지엔<br>How long will it take to get to the Great Wall?     참고 P.94 |
| 여기 몇 시에<br>돌아오나요? | **几点回到这里?**<br>지디엔호이따오쪄리<br>By what time should I be back here? |
| 얼마나 더 가야<br>도착하나요? | **还有多长时间 能到?**<br>하이요우뚜워챵식지엔 넝따오<br>How long does it take to get there? |
| 가이드[운전사]가<br>한국어를 할 수 있나요? | **向导[司机] 能说韩语吗?**<br>씨앙다오[스지] 넝슈워한위마<br>Does the guide[driver] speak Korean? |
| 호텔까지 픽업해<br>주나요? | **到酒店, 有没有接送?**<br>따오지우띠엔 요우메이요우지에쏭<br>Do you have a courtesy bus to the hotel? |
| 만나는 위치와 시간을<br>알려 주세요. | **告诉我 碰头的地点和时间。**<br>까오쑤워 펑토우더띠디엔흐어식지엔<br>Please tell me where and when should we meet. |
| 연장해도 되나요? | **能延长时间吗?**<br>넝옌챵식지엔마<br>Can I extend? |
| 너무 아름다워요. | **太美了。**<br>타이메이러<br>So beautiful! |

# LOOK

☐ 에 가고 싶어요.
**我想去** ☐ 。
워시앙취 ☐
I'd like to go to ☐ .

관광
**观光旅游**
꾸안꾸앙뤼요우

베이징입니다.

---

**天安门**
티엔안먼

【천안문】

**万里长城**
완리챵청

【안리장성】

**故宫博物院**
꾸꽁보워우구안

【고궁 박물관】

**景山公园**
징샨꽁위엔

【경산 공원】

---

**北海公园**
베이하이꽁위엔

【북해 공원】

**筒子河**
통즈흐어

【통자하】

**天坛公园**
티엔탄꽁위엔

【천단 공원】

**钟楼**
쫑로우

【시계탑】

---

**恭王府**
꽁왕푸

【공왕부】

**鲁迅博物馆**
루쉰보워우구안

【노신 박물관】

**明十三陵**
밍싀쌴링

【명 13릉】

**颐和园**
이흐어위엔

【이화원】

---

**居庸关长城**
쥐용꾸안챵청

【거용관장성】

**北京古观象台**
베이징구꾸안씨앙타이

【북경고관상대】

**王府井大街**
왕푸징따지에

【왕푸징 거리】

**东岳庙**
똥위에미아오

【동약묘】

---

**雍和宫**
용흐어꽁

【옹화궁】

**孔庙国子监**
콩미아오구워즈찌엔

【공자묘(국자감)】

**大观园**
따꾸안위엔

【대관원】

**琉璃厂**
리우리챵

【유리창】

---

**圆明园**
위엔밍위엔

● 【원명원】

**北京自然博物馆**
베이징쯔란보워우구안

● 【북경 자연박물관】

**北京动物园**
베이징
똥우위엔

● 【북경 동물원】

**周口店猿人遺址**
쪼우코
우띠엔위
엔런이즤

● 【주구점원인유지】

상하이입니다.

**外滩**
와이탄

● 【와이탄】

**田子坊**
티엔즈팡

● 【티엔즈팡】

**近江大道**
찐지앙따따오

● 【강가의 큰길】

**观光隧道**
꾸안꾸앙쑤이따오

● 【관광 터널】

**黄浦公园**
후앙푸꽁위엔

● 【황포 공원】

**人民英雄纪念塔**
런민잉시옹
찌니엔타

● 【인민영웅 기념탑】

**上海海洋水族馆**
쌍하이하이양슈이주구안

● 【상해 해양수족관】

**东方明珠塔**
똥팡밍쮸타

● 【동방명주탑】

**上海国际金融中心**
쌍하이구워
찌찐롱쫑씬

● 【상해 국제금융센터】

**金茂大厦**
찐마오따싸

● 【진마오 타워】

**南京东路**
난징똥루

● 【남경동로】

**豫园商城**
위위엔샹쳥

● 【예원 상가타운】

**三穗堂**
싼쑤이탕

● 【삼수당】

**仰山堂**
양샨탕

● 【앙산당】

**龙壁**
롱삐

● 【용벽】

**打唱台**
다챵타이

● 【타창대】

**玉玲珑**
위링롱

● 【옥영롱】

**内圆**
내이위엔

● 【내원】

상하이의 예원의
내부를 게재하고
있습니다.

기본회화

맛집

쇼핑

뷰티

관광

엔터테인먼트

호텔

교통수단

기본정보

단어장

**人民英雄纪念塔** (런민잉시옹찌니엔타)

95

# LOOK

[　　　　　] 을(를) 찾고 있어요.
我在找 [　　　　　] 。
워짜이쟈오 [　　　　　]
I'm looking for [　　　　　] .

홍콩,
마카오입니다.

**天星小轮**
티엔씽시아오룬

● 【스타페리】

---

**太平山**
타이핑샨

● 【태평산】

**弥敦道**
미뚠
따오윙

● 【나단로드】

**黄大仙祠**
후앙따시엔츠

● 【타이신 사원】

**女人街**
뉘런지에

● 【레이디스 마켓(여인가)】

---

**大三巴**
따싼바

● 【성바울 성당(대상파)】

**议事亭前地**
이싯팅치엔띠

● 【세나두 광장】

대만입니다.

**国立故宫博物院**
구워리꾸꿍보워우구안

● 【국립 고궁 박물관】

---

**中正纪念堂**
쫑쩡찌니엔탕

● 【중정 기념당】

**总统府**
종통푸

● 【대통령 궁】

**孔子庙**
콩즈미아오

● 【공자묘】

**忠烈祠**
쫑리에츠

● 【충렬사】

---

**二二八和平公园**
얼얼빠흐어핑꿍위엔

● 【얼얼바 평화 기념공원】

**龙山寺**
롱샨쓰

● 【용산사】

**行天宫**
싱티엔꿍

● 【행천궁】

**迪化街**
디화지에

● 【디화제】

---

**西门红楼**
씨먼훙로우

● 【시먼훙러우】

**士林夜市**
싀린예싀

● 【스린 야시장】

**剥皮寮**
뽀워
미리아오

● 【보피랴오】

**台北101**
타이베이이링이

● 【타이베이 101】

**双连早市**
슈앙리엔자오스

● 【샹렌 아침 시장】

**诚品书店**
청핀슈띠엔

● 【성품 서점】

**九份**
지우풘

● 【지우펀】

**淡水**
딴슈이

● 【단수이】

**北投温泉**
베이토우원취엔

● 【베이토우 온천】

그 외의 중국의 관광지입니다.

**秦始皇兵马俑博物馆**
친스후왕삥마용위우구안
● 【진시황 병마용 박물관】

**龙门石窟**
롱먼스쿠

● 【룽먼 석굴】

**漓江**
리지앙

● 【이강】

**赤壁古战场**
츠삐구쨘챵
● 【적벽고전장】

거리
**逛街**
꾸앙지에

**酒店**
지우띠엔
● 【호텔(술집)】

**车站**
츠어쨘
● 【정류장】

**银行**
인항
● 【은행】

**厕所**
츠어수워
● 【화장실】

**便利店**
삐엔리띠엔
● 【편의점】

**派出所**
파이추수워
● 【파출소】

**兑换处**
뚜이환츄
● 【환전소】

**广场**
구앙챵
● 【광장】

**特产商店**
트어챤샹띠엔
● 【특산물 상점】

**酒品专卖店**
지우핀쥬안마이띠엔
● 【주류 전문점】

**公园**
꽁위엔
● 【공원】

**步行街**
뿌싱지에
● 【보행자 거리】

**世界遗产**
씌찌에이챤
● 【세계유산】

**超市**
챠오스
● 【슈퍼마켓】

**了望台**
리아오왕타이
● 【전망대】

**桥**
치아오
● 【다리】

**百货商店**
바이휘샹띠엔
● 【백화점】

**熟食店**
슈스띠엔
● 【식품점】

**杂货店**
자휘띠엔
● 【잡화점】

**古道具店**
구따오쮜띠엔
● 【골동품점】

**唱片店**
챵피엔띠엔
● 【레코드점】

**咖啡厅**
카풰이띠엔
● 【카페】

**药店**
야오띠엔
● 【약국】

**书店**
슈띠엔
● 【서점】

**饭店／餐馆**
퐌띠엔／챤구안
● 【음식점】

**画廊**
화랑
● 【미술관(화랑)】

97

# 중국의 세계 문화유산을 방문해 유구한 역사의 흐름과 대자연을 느껴 보세요.

중국의 세계 문화유산은 일단 큽니다. 교통편이 그다지 좋지 않은 곳도 있지만 다양한 사람과 자연의 산물을 접할 수 있답니다.

## 추천하는 장소

### ❶ 막고굴

중국 3대 석굴 중 하나로 492개의 석굴 중 약 40개가 개방되어 있습니다. 9층의 누각으로 된 96굴은 막고굴의 상징적 존재입니다.

### ❷ 만리장성

총 길이 6,350km로 이어진 인류사상 최대의 장성입니다. 베이징에서 가까운 곳에 있는 장성은 로프웨이를 이용해서 가는 것을 추천합니다.

❶돈황
❷베이징
❹❿⓫
다롄
황하
칭다오

### ❸ 황룡

❷라사
❸❺
❼시안
난징 상하이
•청두
우한
❽
장강
충칭
❻
구이린
•쿤밍
홍콩

**중국 지도**

총 길이 4.2km로 이어진 여행길을 따라가다 보면 있는 3,400개의 작은 연못이 모여 있는 곳입니다. 고산병을 방지하기 위해 휴대용 산소통 등을 가지고 갑니다.

### ❹ 명·청나라의 황궁군

고궁은 약 500년 사이에 총 24명의 황제가 사용했다고 하는 중국 최대의 왕궁입니다. 볼 곳만 딱 정해서 효율적으로 둘러보는 것이 좋습니다.

사천성의 해발 1,996m~3,102m의 고지대에 있는 무수한 호수. 약 80km에 걸쳐 신비한 풍경이 펼쳐집니다.

### ❺ 구채구

상하이 근교의 세계 문화유산

운하와 정원의 조화로운 경관이 아름다운 쑤저우는 상하이역에서 쾌속열차로 약 1시간 정도 걸려요. 세계 문화유산으로 인정받은 아름다움을 체감해 보세요.

## ❻ 여강고성

명·청나라 시대의 모습이 남아있는 레트로 느낌의 마을. 오래된 목조가옥이 늘어서 있고, 돌로 쌓인 길은 그물처럼 불규칙하게 늘어서 있습니다.

## ❾ 라사의 포탈라궁

달라이 라마의 주거용으로 설립된 궁전식 건축군. 5000kg 이상의 황금과 1만 5천 개 이상의 옥으로 장식되어 있는 달라이 라마 5세 영탑을 꼭 봐야 합니다.

## ❼ 진시황릉

중국 초기의 황제인 진나라의 시황제가 잠들어 있는 세계 최대의 지하 능묘. 능묘에서 1.5km 떨어진 곳에 있는 진시황제 병마용 박물관도 꼭 방문하길!

## ❿ 천단공원

베이징 동부에 있는 중국 최대, 최고(最古)의 제사 건축물. 황제가 풍년을 기원하는 기념전은 못과 대들보를 쓰지 않은 목조 건축물입니다.

## ❽ 아미산과 낙산대불

아미산은 성도에서 남서쪽으로 약 160km에 있는 불수사대명산 중 하나. 낙산대불은 높이 71m의 세계 최대급의 미륵보살 석상

## ⓫ 명·청나라의 황제릉묘군

천수산록을 중심으로 있는 능묘입니다. 명의 역대 황제 13명이 잠든 명13릉, 선양의 복릉과 소릉 등이 있습니다.

# 티켓을 사서 공연을 보러 가 봅시다.

여행의 즐거움 중 하나는 현지의 엔터테인먼트를 접해 보는 것입니다.
자, 티켓을 예약하고 극장으로 향해 봅시다.

티켓을 사 봅시다

| | |
|---|---|
| 저는 경극을[서커스를] 보고 싶어요. | **我想看京剧[杂技]。**<br>워시앙칸징쥐[자지]<br>I'd like to see a Beijing opera[Chinese acrobat] .　　참고 P.101 |
| 지금 경극 중에 어떤 무대가 가장 인기 있나요? | **现在 京剧中 哪场戏 最受欢迎？**<br>씨엔짜이 징쥐쭝 나챵씨 쭈이쑈우환잉<br>What's the most popular Beijing opera now? |
| 「패왕별희」가 가장 인기 있어요. | **「霸王别姬」最受欢迎。**<br>빠왕비에지 쭈이쑈우환잉<br>"BaWangBieJi" is the most popular.　　참고 P.101 |
| 오늘의 공연은 어떤 연극이에요? | **今天 演什么？**<br>찐티엔 옌션머<br>What's today's program? |
| 누가 연기하나요? | **是谁演的？**<br>싀쉐이옌더<br>Who is on the stage today? |
| 오늘 저녁에 자리가 있나요? | **今晚 还有座吗？**<br>찐완 하이요우쭈워마<br>Are there any seats for tonight? |
| 15번 표를 예약하고 싶어요. | **想预约 15号的票。**<br>시앙위위에싀우하오더피아오<br>I'd like to reserve tickets on the 15 th.　　참고 P.148 |
| 모두 몇 분이세요? | **一共几位？**<br>이꽁지웨이<br>For how many people? |
| 2명이요. | **两个人。**<br>리앙거런<br>Two.　　참고 P.148 |
| 당일 표가 있나요? | **有当天的票吗？**<br>요우땅티엔더피아오마<br>Do you have a walk-up ticket?　　참고 P.101 |

## 경극 & 잡기가 보고 싶다면!?

### 경극이란?

청나라 건융제의 탄생일의 축하로 선보인 이래 지금도 이어져 오고 있는 경극은 중국을 대표하는 극예술입니다. 연기자의 가성과 호궁 또는 월금 등의 민족 악기가 더해진 화려한 하모니, 그리고 멋진 볼거리가 인상적입니다.

마지막 표정을 취할 때는 객석에서 호응이 터져 나옵니다.

화려한 의상과 화장 또한 볼거리.

### 잡기란?

중국의 전통 예술로, 그 이름대로 아크로바틱이나 춤, 연기 등 '다양한 기술'을 선보이는 쇼입니다. 고도의 아크로바틱과 발레가 융합된 연기와 멀티미디어를 접목시킨 연출 등 다양한 볼거리가 있는 무대를 꼭 보고 가시길!

자전거 곡예
**车技**
츠어찌

많은 사람들이 자전거를 타고 달리는 퍼포먼스 예술

유연 체조
**柔术**
로우쓔

손, 발에 유리잔을 올린 채로 몸을 회전시킨다.

평형비무
**平衡飞舞**
핑헝페이우

한 손으로 몸을 지탱하는 퍼포먼스 예술

| 도움이 되는 단어 WORD | | | | | |
|---|---|---|---|---|---|
| 음악회 | 音乐会 인위에호이 | 운동장 | 运动场 윈똥창 | 당일 표 | 当天的票 땅티엔더피아오 |
| 체육 | 体育 티위 | 극장 | 剧场 쮜창 | 지정 좌석 | 指定座位 직띵쭈워웨이 |
| 경극 | 京剧 징쮜 | 자리 | 座位 쭈워웨이 | 자율 좌석 | 自由座位 쯔요우쭈워웨이 |
| 서커스 | 杂技 자지 | 무대 | 舞台 우타이 | 소책자 | 小册子 시아오츠어즈 |
| | | 매표소 | 售票处 쑈우피아오츄 | 매진되다 | 卖完了 마이완러 |
| | | 예매 표 | 预售票 위쑈우피아오 | 취소하다 | 取消 취시아오 |

# 좋아하는 드라마나 배우가 있다면

중국이나 대만 드라마를 좋아하시나요?
다른 나라의 드라마를 보는 것은 그 나라의 문화를 이해하는 데 도움이 됩니다.

길거리에서 좋아하는 배우를 만나면

| | |
|---|---|
| 저는 당신의 열렬한 팬이에요. | **我是 您的大粉丝**<br>워식 닌더따펀쓰<br>I'm a big fan. |
| 저는 한국에서 왔어요. | **我从韩国来。**<br>워충한구워라이<br>I came from Korea. |
| 정말 잘 생겼어요[정말 귀여워요/ 정말 좋아요]! | **真帅[真可爱／真好] 啊！**<br>쪈쑤아이[쪈크어아이아 ／ 쪈하오]아<br>You're cool[cute ／ nice]! |
| 영원히 응원할게요. | **永远支持您。**<br>용위엔즈칙닌<br>You have my full support. |
| 만나서 정말 반가워요. | **见到您 好高兴。**<br>찌엔따오닌 하오까오씽<br>I'm happy to meet you. |
| 저는 드라마[영화] "꽃보다 남자"를 봤어요. | **我看过电视剧[电影] 的"流星花园"。**<br>워칸궈띠엔싀쮜   [띠엔잉] 더  리우씽화위엔<br>I saw the drama[movie] "Meteor Garden". |
| 저는 Jerry Yan을 너무 좋아해요. | **我很喜欢言承旭。**<br>워헌시환옌청쉬<br>I like Jerry Yan very much.<br>참고 P.108 |
| 음악회, 너무 멋있었어요. | **音乐会，太棒了。**<br>인위에호이 타이빵러<br>The concert was great. |

배우를 만났을 때는 이렇게

저랑 악수해 주세요／사인해 주세요
**请跟我握手。／给我签名。**
칭건워워쇼우／      게이워치엔밍
Please shake hands with me. ／ Please give me your autograph.

선물을 줄 때 "이것을 받아 주세요."

**请收下这个。**

칭쇼우시아쩌거

하고 건넵니다.

---

제 이름도 써 주세요.
하나예요.

**请把我的名字也写上。我叫哈娜。**

칭바워더밍즈예시에샹　　워찌아오하나

Please write my name. I'm Hana.

---

당신을 찍어도 되나요?

**能给你 照相吗?**

넝게이니 쨔오씨앙마

Could I take a picture of you?

웨이보는
중국 최대의 SNS로
중국판 Facebook
이라고 보면 됩니다.

---

같이 사진을 찍어도
되나요?

**能一起 照相吗?**

넝이치 쨔오씨앙마

Could I take a picture with you?

---

당신의 웨이보를 봤어요.

**看过您的 微博。**

칸궈닌더　　웨이보워

I like your Weibo.

---

당신의 한국 팬미팅을
기대해요.

**期待您在 韩国的粉丝面会。**

치따이닌짜이 한구어더펀쓰찌엔미엔호이

I'm looking forward to the fan meeting in Korea.

---

촬영 힘내세요.

**加油拍摄呀。**

찌아요우파이식어야

Good luck on your shooting.

---

몸조심하세요.

**请多 注意身体。**

칭뚜워 쮸이션티

Please take care of yourself.

---

감사합니다.

**谢谢。**

씨에씨에

Thank you very much.

---

잘 가세요.

**请您走好。**

칭닌조우하오

Good-bye.

---

잘 지내세요.

**请多保重。**

칭뚜워바오쫑

Good-bye.

# 좋아하는 드라마나 배우가 있다면

| | |
|---|---|
| 기프트 숍은<br>어디예요? | **商品柜台 在哪里？**<br>샹핀꾸이타이 짜이나리<br>Where is the gift shop? |
| 선물용은 어디예요? | **在哪里 领礼物？**<br>짜이나리 링리우<br>Where is the counter for the presents? |
| 줄은 어디에 서는<br>거예요? | **在哪排队？**<br>짜이나파이뚜이<br>Where should I line up? |
| 몇 시에 입장<br>[시작해요/끝나요]? | **几点入场[开演／演完]？**<br>지디엔루챵 [카이엔/옌완]<br>What time will it open[start ／ end]? |
| 안에서 음식을<br>먹을 수 있나요? | **场内 可以吃东西吗？**<br>챵내이 크어이칙똥씨마<br>Can I eat or drink inside? |
| 회원증을 가지고 오는 걸<br>깜빡했어요. 입장 가능한가요? | **我忘带会员证了。可以入场吗？**<br>워 왕따이 후이위엔쩡 러. 크어이 루챵 마?<br>I forgot my ID pass. Can I go in? |
| 오늘 악수 이벤트가<br>있나요? | **今天有握手会吗？**<br>쩐티엔요우워쇼우호이마<br>Do you have a handshake event today? |

| 도움이 되는 단어 WORD | | 둥근 부채 | 团扇<br>투안쌴 | 프런트 | 接待处<br>지에따이츄 |
|---|---|---|---|---|---|
| | | 응원 수건 | 应援毛巾<br>잉위엔마오찐 | 관계자 | 相关人员<br>시앙꾸안런위엔 |
| 팬 | 粉丝<br>펀쓰 | 표 | 票<br>피아오 | 휴식 | 休息<br>시우시 |
| 한국인 | 韩国人<br>한구어런 | 팬클럽 | 粉丝俱乐部<br>펀쓰쥐르어뿌 | 박수치다 | 鼓掌<br>구쟝 |
| 선물 | 礼物<br>리우 | 회원증 | 会员证<br>호이위엔쩡 | 손 키스 | 飞吻<br>페이원 |
| 손 팻말 | 手牌<br>쇼우파이 | 입구 | 入口<br>루코우 | 윙크하다 | 使眼色<br>싀옌써 |

멋있어~!
**好帅!**
하오 슈와이

| | |
|---|---|
| 이 자리는 어디예요? | **这位子 在哪里？**<br>쪄웨이즈 짜이나리<br>Where is this seat? |
| 이 자리 사람 있어요? | **这位子 有人吗？**<br>쪄웨이즈 요우런마<br>Is this seat taken? |
| 죄송합니다만.<br>사람 있어요. | **对不起, 有人。**<br>뚜이부치 요우런<br>Yes, it is. |
| 사람 없어요. | **没人。**<br>메이런<br>No, it isn't. |

방청에서

| | |
|---|---|
| 저는 <u>오락 백분백</u>을<br>보러 왔어요. | **我来看娱乐百分百。**<br>워라이칸위르어바이펀바이<br>I'm here for 100 % Entertainment. |
| 어디에서 기다리는 게<br>좋아요? | **在哪里等 好呢？**<br>짜이나리덩 하오너<br>Where should I wait? |

**호응표현**

| 정말 멋져요!<br>**好棒！**<br>하오빵 | 왕자님!<br>**王子！**<br>왕즈 | 힘내세요!<br>**加油！**<br>찌아요우 |
|---|---|---|
| 정말 멋있어요!<br>**好帅！**<br>하오쓔아이 | 손잡아 주세요!<br>**请握手！**<br>칭워쇼우 | 다시 한 번만요!<br>**再来一个！**<br>짜이라이이거 |
| 이쪽을 봐 주세요!<br>**看这边！**<br>칸쪄삐엔 | 사랑해요!<br>**我爱你！**<br>워아이니 | 울지 마요!<br>**别哭！**<br>비에쿠 |
| | 포옹해 주세요!<br>**拥抱一下！**<br>용빠오이시아 | 점프하세요!<br>**跳吧！**<br>티아오바 |

기본회화 | 맛집 | 쇼핑 | 뷰티 | 관광 | 엔터테인먼트 | 호텔 | 교통수단 | 기본정보 | 단어장

105

# 좋아하는 드라마나 배우가 있다면

팬들과의 교류

| | |
|---|---|
| 저는 김선영이라고해요.<br>이름이 뭐예요? | **我叫金善英。你叫什么名字？**<br>워찌아오쩐샨잉　니찌아오션머밍즈<br>I'm Kim Sunyoung. What is your name? |
| 당신은 누구<br>팬인가요? | **你是 谁的粉丝？**<br>니싀　셰이더풘쓰<br>Whose fan are you? |
| 멤버 중 누구를<br>좋아하세요? | **喜欢 成员中的谁？**<br>시환　청위엔쫑더셰이<br>Which member do you like? |
| 어떤 노래를<br>좋아하세요? | **喜欢 哪首曲子？**<br>시환　나쇼우취즈<br>What is your favorite song? |
| 저는 「Can't Lose You」<br>라는 노래를 좋아해요. | **我喜欢出道曲"绝不能失去你"。**<br>워시환츄따오취　쥐에뿌녕싀취니<br>I like the debut song "Can't Lose You". |
| 좋아하는 다른 그룹이<br>있나요? | **还喜欢 哪个组合？**<br>하이시환 나거주흐어<br>Are there any other groups that you like? |
| 지금 중국에서는 어떤<br>드라마가 인기 있나요? | **现在在中国 演什么电视剧？**<br>씨엔짜이짜이쭝궈 옌션머띠엔식쥐<br>What is the hit drama in China now? |
| 이메일 주소를 알려<br>주실 수 있나요? | **可以 告诉我信箱吗？**<br>크어이 까오쑤워씬시앙마<br>Can we exchange e-mail addresses? |
| 한국에 오면<br>연락 주세요. | **到韩国请和我联系。**<br>따오한구어 칭흐어워리엔씨<br>Please call me when you come to Korea. |
| 지금 누가 인기<br>있어요? | **现在 谁有人气？**<br>씨엔짜이 셰이요우런치<br>Who is popular now? |
| 누가 와요? | **谁来呀？**<br>셰이라이야<br>Who is coming? |

무대 인사가 있나요?

**有舞台寒暄吗？**
요우우타이한쉬엔마
Will they make a speech on stage?

가장 좋아하는 스타에게 민폐를 끼칠 수 있는 행동은 금물. 예의를 지키며 응원합시다.

Roy Chiu는 어디로 들어가[나오]나요?

**邱泽从哪里进去[出来] 呢？**
치우즈어총나리찐취 [츄라이] 너
Which door will Roy Chiu use to go in[get out]? 참고 P.108

추천할 만한 상점이 있나요?

**有推荐的 商店吗？**
요우투이찌엔더 샹띠엔마
Do you have any shops that you recommend?

누구랑 만났었나요?

**与谁见过面吗？**
위셰이찌엔궈미엔마
Who have you met?

스타 굿즈샵에서

저 Roy Chiu에게 선물을 보내고 싶어요.

**我想送给邱泽礼物。**
워시앙쏭게이치우즈어리우
I'd like to give a present to Ryo Chiu. 참고 P.108

몇 시에 와요?

**几点来？**
지디엔라이
What time does he come?

Roy Chiu가 최근에 언제 왔었어요?

**邱泽最近 什么时候来过？**
치우즈어쭈이찐 선머식호우라이궈
When did Ryo Chiu come here recently? 참고 P.108

Roy Chiu가 입은 것은 어떤 거예요?

**邱泽穿的是哪个？**
치우즈어츄안더식나거
Which one does Ryo Chiu wear? 참고 P.108

Roy Chiu 증정품이 있나요?

**有邱泽的赠品吗？**
요우치우즈어더쩡핀마
Do you have a free gift of Ryo Chiu? 참고 P.108

F4의 상품 목록이 있나요?

**有F4的商品目录吗？**
요우에프포더샹핀무루마
Do you have a catalog of F4? 참고 P.108

F4 가방에 넣어 주세요.

**请放到F4的袋子里。**
칭팡따오에프포더따이즈리
Please put it in the bag of F 4. 참고 P.108

# 중화권 연예인은 중국어로 어떻게 쓸까요? 🖊

| 이름 | 한자 | 발음 | 영어 | 활동 지역 |
|---|---|---|---|---|
| 언승욱 | 言承旭 | Yán Chéngxù<br>(옌 청쉬) | Jerry Yan | 대만 |
| 오건호 | 吳建豪 | Wú Jiànháo<br>(우 찌엔하오) | Van Ness Wu | 대만 |
| 주효천 | 朱孝天 | Zhū Xiàotiān<br>(쮸 씨아오티엔) | Ken Chu | 대만 |
| 주유민 | 周渝民 | Zhōu Yúmín<br>(쪼우 위민) | Vic Chou | 대만 |
| 정원창 | 鄭元暢 | Zhèng Yuánchàng<br>(쩡 위엔챵) | Joseph Cheng | 대만 |
| 양조위 | 梁朝偉 | Liáng Cháowěi<br>(리앙 챠오웨이) | Tony Leung | 홍콩 |
| 유덕화 | 劉德華 | Liú Déhuá<br>(리우 드어화) | Andy Lau | 홍콩 |
| 주걸륜 | 周杰伦 | Zhōu Jiélún<br>(쪼우 지에룬) | Jay Chou | 대만 |
| 나지상 | 羅志祥 | Luó Zhìxiáng<br>(루워 찍시앙) | Show Luo | 대만 |
| 린즈링 | 林志玲 | Lín Zhìlíng<br>(린 찍링) | Lin Chi-ling | 대만 |
| 황효명 | 黄晓明 | Huáng Xiǎomíng<br>(후앙 시아오밍) | Huang Xiaoming | 중국 |
| 비륜해 | 飛輪海 | Fēilúnhǎi<br>(풰이룬하이) | Fahrenheit | 대만 |
| 진백림 | 陳柏霖 | Chén Bólín<br>(쳔 보워린) | Bolin Chen | 대만 |
| 원경천 | 阮經天 | Ruǎn Jīngtiān<br>(루안 징티엔) | Ethan Ruan | 대만 |
| 곽품초 | 郭品超 | Guō Pǐnchāo<br>(꾸워 핀챠오) | Dylan Kuo | 대만 |
| 하군상 | 賀軍翔 | Hè Jūnxiáng<br>(흐어 쥔시앙) | Mike He | 대만 |
| 왕리홍 | 王力宏 | Wáng Lìhóng<br>(왕 리홍) | Wang LeeHom | 대만 |
| 당우철 | 唐禹哲 | Táng Yǔzhé<br>(탕 위즤어) | Danson Tang | 대만 |
| 평위옌 | 彭于晏 | Péng Yúyàn<br>(펑 위옌) | Eddie Peng | 대만 |

※한자 표기는 활동 지역의 중국어 표기법을 따랐습니다.

# 팬레터를 써 봅시다.

**孙力宏先生**
순리훙 씨

**你好。初次见面。**
안녕하세요. 처음 뵙겠습니다.

> 자기소개를 쓰고
> 어필해 봅시다.

**我是韩国的善英。**
저는 한국 사람 선영이라고 해요.

> 다음 활동 예정을
> 쓰고 회장에서 갑
> 자기 만났을 때 이
> 야기의 시작이 될
> 수 있도록 합시다.

**听韩国出道时的 第一首歌 "It's me" 就喜欢上你了。**
한국에서 데뷔했을 때 첫 번째 노래 "It's me"를 듣고 좋아하게 됐어요.

**喜欢你 响彻心扉的 音乐,**
마음의 문까지 울려 퍼지는 당신의 노래가 좋아요.

**也喜欢你 开朗的 性格。**
당신의 활발한 성격도 좋아요.

> 다소 과장되게 보이는
> 것도 괜찮아요. 확실하
> 게 마음을 전합시다.

**听说这次 要拍电视剧,非常期待 看到这部剧。**
이번에 드라마를 찍었다고 들었는데 아주 기대되네요.

**我一定 去看12月 在韩国举行的演唱会。**
저는 12월에 한국에서 열리는 콘서트에 꼭 가서 당신을 볼 거예요.

**希望今后 也活跃在韩国和中国的 舞台上。**
앞으로도 한국과 중국에서 많이 활약해 주세요.

**我会一直一直 支持你,挺你。**
계속해서 당신을 응원할게요.

**善英**
선영

p.152의 문법이나
단어집을 참조해
작성해 봅시다.

# 호텔에서 쾌적하게 지내고 싶어요.

여행을 더 충실하고 재미있게 보내기 위해 호텔에서의 시간도 소중하게!
호텔에 있는 동안 자주 쓰는 표현들을 모아 봤습니다.

호텔 도착이 늦어질 것 같을 때

좀 늦을 거 같아요, 제
예약 좀 보류해 주세요.
**稍微迟到一点，请保留我的预约。**
샤오웨이치따오이디엔, 칭바오리우워더위위에
I'll be arriving late, but please hold the reservation.

체크인을 해 봅시다

체크인해 주세요.
请给我 办入住手续。
칭 게이워 반 루주 쇼우쉬
Check in, please.

인터넷으로 예약했어요.
**在网上预约了。**
짜이왕샹위위에러
I made a reservation on the Internet.

경치가 좋은 방으로
주세요.
**请给我 景色好的房间。**
칭게이워 징쓰어하오더팡지엔
I'd like a room that has a nice view.

조식 포함인가요?
**含早餐吗？**
한자오찬마
Does that include breakfast?

트윈 룸이죠?
**是双床间吧？**
식슈앙츄앙지엔바
It's a twin room, right?

금연[흡연 가능한]
방으로 주세요.
**给我禁烟的[可吸烟的] 房间。**
게이워찐옌더 [크어시옌더] 팡지엔
I'd like a non-smoking[smoking] room.

귀중품을 보관하고
싶어요.
**我想 寄存 贵重物品。**
워시앙 찌춘 꾸이쭁우핀
Please store my valuables.

한국어를 할 수 있는
직원이 있나요?
**有 会说韩语的 工作人员吗？**
요우 호이슈워한위더 꽁쭈워런위엔마
Is there anyone who speaks Korean?

조식은 몇 시부터예요?

## 早饭是几点?
자오판식지디엔
What time can I have breakfast?

체크아웃은
몇 시예요?

## 退房 是几点?
투이팡 식지디엔
When is the check-out time?

호텔은
이렇게 되어
있습니다.

### 룸서비스
**客房服务**
크어팡푸우

객실에서 전화로 주문을 받아 음식이나 음료수를 제공하는 서비스

### 로비
**大厅**
따팅

현관이나 프런트에서 가까이 있어 일행을 기다리거나 간단한 휴식을 취할 수 있는 곳으로 투숙객들이 자유롭게 이용 가능한 공간

### 콘시어지
**接待员**
지에따이위엔

투숙객을 응대하고 관광 정보를 제공하거나 투어 신청, 고객들의 요구 사항을 접수하는 곳

### 포터
**搬运工**
빤윈꽁

호텔에 도착한 차량에서 투숙객의 짐을 프런트로 운반해 준다.

### 프런트 데스크
**前台**
치엔타이

체크인, 체크아웃, 정산, 환전 등의 접수 업무를 담당하고 귀중품 보관 등의 업무도 한다.

### 벨 보이
**行李员**
싱리위엔

투숙객의 짐을 운반하거나 고객들을 방으로 안내하는 역할을 한다. 호텔에 따라 포터의 업무를 함께하기도 한다.

### 보관소
**寄存员**
찌춘위엔

투숙객의 짐을 맡아 주는 역할을 한다. 체크인 전이나 체크아웃 후에 이용 가능하다.

제가 방까지 모셔다 드리겠습니다.
**我带您 去房间。**
워따이닌 취팡지엔

제가 짐을 들어 드리겠습니다.
**我帮您 拿行李。**
워빵닌 나싱리

엘리베이터는 이쪽에 있습니다.
**电梯在这边。**
디엔티짜이쩌비엔

안녕하세요.
**你好。**
니 하오

111

# 호텔에서 쾌적하게 지내고 싶어요.

방에서 회화

| | |
|---|---|
| 샤워기 사용 방법을 알려 주실 수 있나요? | **能告诉我 淋浴的 使用方法吗？**<br>넝까오쑤워 린위더식용퐝퐈마<br>Could you tell me how to use the shower? |
| 김 선생님, 들어가도 될까요? | **金先生，我可以 进来吗？**<br>찐시엔셩 워크어이 찐라이마<br>Mr. Kim, may I come in? |
| 들어오세요. / 잠시만 기다려 주세요. | **请进来。／请稍等。**<br>칭찐라이／ 칭샤오덩<br>Please come in. ／ One moment, please. |
| 여기가 <u>415</u>호입니다. | **这里是 415号房间。**<br>쪄리스 쓰야오우하오퐝지엔<br>This is room 415.　　　참고 P.148 |
| 내일 <u>6</u>시에 깨워 주세요. | **请明天6点钟 叫我。**<br>칭밍티엔리우디엔쫑 찌아오워<br>Please wake me up at six tomorrow morning.　참고 P.150 |
| 알겠습니다, 선생님. | **知道了，先生。**<br>쯔따오러 시엔셩<br>All right. |
| <u>목욕 수건</u> 새것 하나만 가져다주세요. | **请给我 拿一块 新的浴巾来。**<br>칭게이워 나이콰이 씬더위진라이<br>Please bring me a new bath towel.　　참고 P.114 |
| 빠를수록 좋아요. | **越快越好。**<br>위에콰이위에하오<br>As soon as possible, please. |
| 알람 시계[소형 금고] 사용 방법 좀 알려 주세요. | **请告诉我闹钟的[保险箱的]使用方法。**<br>칭까오쑤워나오쫑더[바오시엔시앙더]식용퐝퐈<br>Could you tell me how this alarm clock[safety box] works? |
| 콘센트를 못 찾겠어요. | **我找不到 电源插座。**<br>워쟈오부따오 띠엔위엔챠쭈워<br>I can't find the outlet. |
| 헤어드라이어 좀 빌릴 수 있을까요? | **能借一下吹风机吗？**<br>넝찌에이시아츄이펑지마<br>Could I borrow a dryer?　　참고 P.114 |

## 호텔에서의 매너를 알아 둡시다.

**1** 방 바깥은 공공장소
파자마 차림으로 방 밖을 나서지 말 것
엘리베이터에 다른 사람과 같이 탔을
때는 가벼운 인사를 나누는 것이 예의.

**2** 방 안에서도 매너를
큰 소리를 내거나 다른 투숙객에게 민
폐를 끼치는 행동은 금물. 또 세탁물은
욕실 등에서 말립니다.

**3** 팁에 대해
중화권에서는 팁을 주지 않습니다. 특
별히 감사한 일이 있을 경우에는 5~10
위안 정도로 줍시다.

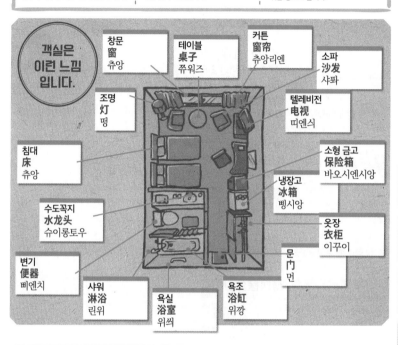

객실은
이런 느낌
입니다.

창문
**窗**
츄앙

테이블
**桌子**
쮜워즈

커튼
**窗帘**
츄앙리엔

소파
**沙发**
샤파

조명
**灯**
떵

텔레비전
**电视**
띠엔싀

침대
**床**
츄앙

소형 금고
**保险箱**
바오시엔시앙

냉장고
**冰箱**
삥시앙

수도꼭지
**水龙头**
슈이롱토우

옷장
**衣柜**
이꾸이

변기
**便器**
삐엔치

문
**门**
먼

샤워
**淋浴**
린위

욕실
**浴室**
위씨

욕조
**浴缸**
위깡

### 곤란한 일이 생겼을 때 바로 사용하는 표현

샤워기가 고장 났어요.
**淋浴坏了。**
린위치화러

방 좀 바꿔 주세요.
**请给我换房间。**
칭게이워 환팡지엔

뜨거운 물이 안 나와요.
**不出热水。**
뿌츄르어슈이

화장실이 막혔어요.
**厕所堵了。**
츠어수워두러

불이 환하지 않아요.
**灯不亮了。**
떵부리앙러

옆방이 너무 시끄러워요.
**旁边的房间太吵。**
팡비엔더팡지엔 타이챠오

들어갈 수가 없어요.
**我进不去了。**
워찐부취러

# 호텔에서 쾌적하게 지내고 싶어요.

호텔 시설 및 서비스

여보세요.
喂。
웨이

| | |
|---|---|
| 룸서비스를<br>시키고 싶어요. | **我想 利用客房送餐服务。**<br>워시앙 리용크어팡쏭찬푸우<br>Room service, please. |
| 어떤 게<br>필요하신가요? | **您想 要点什么？**<br>닌시앙 야오디엔션머<br>What would you like to have? |
| 커피 두 잔 주세요. | **请给我 两杯咖啡。**<br>칭게이워 리앙뻬이카페이<br>I'd like two cups of coffee, please. |
| 얼음이랑 물 좀<br>가져다 주세요. | **请给我 拿冰块和水。**<br>칭게이워 나삥과이흐어슈이<br>Please bring me some ice cubes and water. |
| 담요 좀<br>가져다 주세요. | **请给我拿毛毯。**<br>칭게이워나마오탄<br>Please bring me a blanket. |
| 방 좀 청소해 주세요. | **请打扫房间。**<br>칭다사오팡지엔<br>Please make up the room. |
| 의사 좀 불러 주세요. | **请叫医生。**<br>칭찌아오이셩<br>Please call a doctor. |
| 주차장을<br>사용하고 싶어요. | **想用一下停车场。**<br>시앙용이시아팅츠어챵<br>I'd like to use the parking lot. |

참고 P.148
참고 P.114
참고 P.114
참고 P.114

| 도움이 되는 단어장 WORD | | | | | |
|---|---|---|---|---|---|
| | | 침대보 | **床单**<br>츄앙딴 | 목욕 수건 | **浴巾**<br>위찐 |
| | | 샴푸 | **洗发液**<br>시파예 | 컵 | **杯子**<br>뻬이즈 |
| 물 | **水**<br>슈이 | 린스 | **护发素**<br>호파쑤 | 헤어드라이어 | **吹风机**<br>츄이펑지 |
| 뜨거운 물 | **热水**<br>르어슈이 | 비누 | **香皂**<br>시앙짜오 | 보온병 | **暖瓶**<br>누안핑 |
| 베개 | **枕头**<br>젼토우 | 수건 | **毛巾**<br>마오찐 | 재떨이 | **烟灰缸**<br>옌호이깡 |

| 환전을 하고 싶어요. | **我想 兑换钱。**<br>워시앙 뚜이환치엔<br>I'd like to exchange money. |
| --- | --- |
| 식당은 어디에 있어요? | **餐厅 在哪里?**<br>찬팅 짜이나리<br>Where is the dining room? |
| 몇 시에 끝나 [시작해]요? | **几点结束 [开始]?**<br>지디엔지에슈[카이싀]<br>What time does it close[open]? |
| 10시에 끝나요 [시작해요]. | **10点结束 [开始]。**<br>싀디엔지에슈[카이싀]<br>It closes[opens] at ten o'clock. 참고 P.150 |
| 예약이 필요한가요? | **需要 预约吗?**<br>쉬야오 위위에마<br>Do I need a reservation? |
| 조식 서비스가 제공 되는 카페가 있나요? | **有 提供早餐服务的 咖啡厅吗?**<br>요우 티꽁자오찬푸우더 카페이팅마<br>Is there a cafeteria for breakfast? |
| 방 안에서 조식을 먹어도 되나요? | **可以在房间里 用早餐吗?**<br>크어이짜이팡지엔리 용자오찬마<br>Can we eat breakfast in the room? |
| 아침 8시에 가져다주세요. | **早晨8点 给我拿来。**<br>자오천빠디엔 게이워나라이<br>Please bring it at eight in the morning. 참고 P.150 |
| 짐을 잠시 여기다 보관해도 되나요? | **能把行李 暂时 存放在这里吗?**<br>넝바싱리 짠싀 춘팡짜이쪄리마<br>Could you store this baggage for a while? |
| 네, 여기에다 서명해 주세요. | **好的,请在这里 签字。**<br>하오더 칭짜이쪄리 치엔즈<br>Certainly. Please sign here. |
| 항공 우편으로 이 편지를 부쳐 주세요. | **请把这封信 按航空信寄出去。**<br>칭바쪄펑씬 안항콩씬찌츄취<br>I'd like to send this letter by airmail. |
| 10위안입니다. | **收您10元。**<br>쇼우닌싀위엔<br>It will be 10 yuan. 참고 P.148 |

115

# 호텔에서 쾌적하게 지내고 싶어요.

| | |
|---|---|
| 한국으로 팩스를 보내고 싶어요. | **我想 往韩国 发传真。**<br>워시앙 왕한구어 퐈츄안쩐<br>I'd like to send a fax to Korea. |
| 이 근처에 맛있는 음식점이 있나요? | **这附近 有没有 好吃的饭店?**<br>쩌푸찐 요우메이요우 하오츼더퐌띠엔<br>Do you know any good restaurants near here? |
| 택시 좀 불러 주세요. | **请帮我 叫一辆 出租车。**<br>칭빵워 찌아오이리앙 츄주취어<br>Please get me a taxi. |
| 호텔 주소가 있는 명함 좀 주세요. | **请给我 有 酒店地址的名片。**<br>칭게이워 요우 지우띠엔띠즤더밍피엔<br>I'd like a card with the hotel's address. |
| 저한테 온 메시지가 있나요? | **有没有 给我的留言?**<br>요우메이요우 게이워더리우옌<br>Are there any messages for me? |
| 여기 인터넷이 되나요? | **这里 能上网吗?**<br>쪄리 넝샹왕마<br>Could I use the Internet? |
| 하루 더 연장해서 머무르고 싶어요. | **我想多停留1天。**<br>우시앙뚜워팅리우이티엔<br>I'd like to extend my stay for another night. 참고 P.148 |

트러블 발생

| | |
|---|---|
| 방 키를 잃어버렸어요. | **我把房间钥匙 弄丢了。**<br>워바팡지엔야오싀 농띠우러<br>I lost the room key. |
| 긴급 상황이에요. / 빨리 사람 좀 불러 주세요. | **紧急情况。／赶快 叫人来。**<br>진지칭쿠앙／ 간콰이지아오런라이<br>It's an emergency. ／ Please send someone up now. |
| 제가 없는 동안 방에서 여권이 없어졌어요. | **我不在的时候, 护照没了。**<br>워부짜이더싀호우 호쨔오메이러<br>My passport was stolen from my room while I was out. |

체크아웃을 합시다

체크아웃은 시간 여유를 가지고 하세요.

**체크아웃 해 주세요.**
请给我 退房。
칭게잉워 투이팡
I'd like to check out, please.

**415호 방 김예원입니다.**
我是 415房间的 金艺苑。
워싀 쓰야오우팡지엔더 진이위엔
It's Kim Yewon in room 415.
참고 P.148

**계산이 잘못된 거 같은데요?**
您可能 算错帐了。
닌크어넝 쑤안추워쨩러
I think there is a mistake in this bill.

**저는 룸서비스를 시킨[미니바를 사용한] 적이 없어요.**
我没叫 客房送餐服务[小吧台]。
워메이찌아오 크어팡쏭찬푸우[시아오바타이]
I didn't order the room service[use the mini bar].

**저는 장거리 전화를 건 적이 없어요.**
我没打 长途电话。
워메이다 챵투띠엔화
I didn't make any long distance calls.

**보관했던 귀중품 좀 주세요.**
请给我 寄存的 贵重品。
칭게이워 찌춘더 꾸이쫑핀
I'd like my valuables back, please.

**방에서 물건을 잃어버렸어요.**
我把东西 忘在房间里了。
워바똥시 왕짜이팡지엔리러
I left something in my room.

**신용 카드로 결제하고 싶어요.**
我想 用信用卡 结账。
워시앙 용씬용카 지에쨩
I'd like to pay by a credit card.

**이 신용 카드 써도 되나요?**
能用 这个信用卡吗?
넝용 쩌거씬용카마
Do you accept this credit card?

**현금으로 결제할게요.**
我用现金 结账。
워용씨엔찐 지에쨩
I'd like to pay by cash.

**감사합니다. 아주 즐겁게 지냈어요.**
谢谢。我过得 非常愉快。
씨에씨에 워꿔더 풰이챵위콰이
Thank you. I really enjoyed my stay.

117

# 입국 심사에 필요한 표현은 이렇습니다.

현지 공항에 도착하면 먼저 입국 심사를 하게 됩니다.
여권 등 필요한 것을 준비하는 것 잊지 마세요!

**공항** 飞机场
페이지챵

## 입국심사란?

외국인 카운터로 가서 필요 서류를 카운터에 제시합니다. 입국 심사의 경우는 여행 목적이나 체류 기간을 묻는 경우도 있습니다. 문제가 없으면 여권에 입국 스탬프를 찍어줍니다. 중국의 입국 카드는 출국 카드와 한 장으로 되어 있으니 반환받은 입국 카드는 잘 보관해 둡시다.

입국 조사에서 제출해야 하는 것들입니다.
● 여권
● 입국 카드
● 돌아갈 때의 항공권
(E티켓 포함)
※ 요구할 때 제시합니다.

> 입국 카드는 기내에서 나누어 주므로 빠르게 작성해 둡시다.

---

여권을 보여 주세요.
**请给看一下 您的护照。**
칭게이칸이시아 닌더호쨔오
Please show me your passport.

---

이번 여행의 목적은 무엇인가요?
**这次旅行的 目的 是什么？**
쩌츠뤼싱더　　무띠 싀션머
What is the purpose of your visit?

---

여행이요. / 비즈니스요.
**是旅游。/是商务。**
싀뤼요우　싀샹우
Sightseeing. / Business.

---

얼마나 머무시나요?
**待 多长时间？**
따이 뚜워챵싀지엔
How long are you going to stay?

---

3일 정도요.
**大约３天。**
따위에싼티엔
About three days.

참고 P.148

---

어디에서 머무시나요?
**住在哪里？**
쭈짜이나리
Where are you staying?

---

북경 호텔에서요. / 친구 집에서요.
**北京饭店。/朋友家里。**
베이징판띠엔　펑요우지아리
Plaza Hotel. / My friend's house.

## 입국 수속

**1 도착**
공항에 도착, 안내에 따라 입국 심사대로 이동

**2 입국심사**
외국인 카운터에 줄을 서서 입국 심사를 받는다.

**3 짐 찾기**
항공사, 편명을 확인하고 맡겼던 위탁 수하물을 찾는다.

**4 세관**
짐을 가지고 세관 검사대로 간다. 구매한 물건들의 가격이 면세 범위 이내라면 그대로 통과. 아닌 경우는 반드시 세관 절차를 거친다.

**5 도착로비**
세관을 빠져나와 게이트를 나오면 도착 로비.

### 도착했다면

안내판에서 항공사와 편명을 확인하고 위탁 수하물을 찾읍시다.

> 어디에서 짐을 찾나요?
> **在哪里 取行季？**
> 짜이나리 취싱리
> Where's the baggage claim area?

### 위탁 수하물을 잃어버린 경우

위탁 수하물을 잃어버린 경우는 수하물 표를 직원에게 보여주고 문제를 해결합니다.

> 제 캐리어가 아직 안 나왔어요.
> **我的行李箱 还没出来。**
> 워더싱리시앙　하이메이츄라이
> My suitcase hasn't arrived yet.

> 찾자마자 호텔로 보내 주세요.
> **找到后，马上送到酒店。**
> 쟈오따오 호우 마샹쏭따오지우띠엔
> Please deliver it to my hotel as soon as you've located it.

> 제 캐리어가 고장 났어요.
> **行李箱坏了。**
> 싱리시앙화이러
> My suitcase is damaged.

세관에서 수하물에 대해 물어볼 수도 있어요

> 친구한테 줄 선물이에요. / 제 개인적인 용품이에요.
> **是 给朋友的 礼物。／我的 随身用品。**
> 식 게이펑요우더 리우 / 　워더수이선용핀
> A present for my friend. / My personal belongings.

| 도움이 되는 단어장 WORD | | | | |
|---|---|---|---|---|
| | 수하물 수취소 | **行李领取处**<br>싱리링취츄 | 수하물 표 | **行李证**<br>싱리쩡 |
| | 세관 | **海关**<br>하이꾸안 | 검역 | **检疫**<br>지엔이 |
| 도착하다/출발하다 **到达／出发**<br>따오다 / 츄퐈 | 환승 | **转机**<br>쥬안지 | 면세/세금 | **免税／税收**<br>미엔쓔이 / 쓔이쇼우 |
| 입국 심사 **入境审查**<br>루찡션챠 | 입국 신고서 | **入境卡**<br>루찡카 | 세관 신고서 | **海关申报单**<br>하이꾸안션빠오판 |

# 기내에서 보다 쾌적하게 보내기 위해

**기내** 机内
지내이

여기서는 비행기 안에서의 표현들을 모았습니다.

여행 가기 전부터 표현들을 익혀 비행기 안에서부터 외국인 승무원에게 말을 걸어 봐요.

## 기내에서

기내에 탑승하면 먼저 자리에서 차분하게 기다립니다. 자리가 많이 남은 비행기라면 자리를 옮겨도 좋은지 승무원에게 먼저 물어봅시다.

여기는 제 자리에요.
**这是我的 座位。**
쪄싯워더　쭈워웨이
This is my seat.

환승해서 북경으로 갈 거예요.
**我要转机到北京。**
워야오쥬안지따오베이징
I'll connect with another flight to Beijing.

몸이 좋지 않아요.
**有点 不舒服。**
요우디엔 뿌슈푸
I feel sick.

모니터가 고장 났어요.
**显示器坏了。**
시엔씌치화이러
The monitor is not working.

짐을 여기다 놓아도 되나요?
**能把行李 放在这里吗?**
넝바싱리　팡짜이쩌리마
Can I put my baggage here?

상공에서는 기압 차이로 인해 쉽게 취하므로 술은 적당히 마시는 것이 좋아요.

등받이 좀 젖혀도 되나요?
**可以 放倒靠背吗?**
크어이 팡따오카오뻬이마
Can I recline my seat?

화장실은 어디에 있어요?
**卫生间 在哪里?**
웨이셩지엔 짜이나리
Where is the restroom?

## 기내 방송을 알아들을 수 있어요!

안전벨트를 매 주시기 바랍니다.
**请系好 安全带。**
칭찌하오 안취엔따이
Please fasten your seat belts.

자리로 돌아가 주십시오.
**请回到座位**
칭호이따오쭈워웨이
Please get back to your seat.

등받이를 원래대로 해 주십시오.
**请把座位　放回原来位置。**
칭바쭈워웨이 퐝호이위엔라이웨이찌
Please put your seat back to its original position.

테이블을 원래 위치로 해 주십시오.
**桌子 放回原来位置。**
쮜워즈 퐝호이위엔라이웨이찌
Please put your table back to its original position.

최송합니다.
**对不起**
뚜이부치

## 뭐가 부탁하고 싶을 때는?

좌석에 있는 '승무원 호출' 버튼을 눌러 승무원을 부릅시다. 안전벨트 장착 램프가 켜지지 않은 경우는 운동삼아 자리에서 일어나 승무원에게 가서 부탁하는 것도 좋아요.

이코노미클래스 증후군을 예방하기 위해 기내에서 충분한 수분을 섭취하고 가끔씩 다리 운동 등을 하는 것이 좋습니다.

베개랑 담요 좀 주세요.
**给我枕头和毛毯。**
게이워전토우흐어마오탄
Please bring me a pillow and a blanket.

추워요[더워요].
**冷[热]。**
렁[르어]
I'm cold[hot].

오렌지 주스[맥주] 좀 주세요.
**请给我 橙汁[啤酒]。**
칭게이워 청직 [피지우]
Orange juice[Beer], please.

식사 시간 때도 깨우지 말아 주세요.
**到吃饭时间 也别叫我。**
따오칟퐌스지엔 예비에찌아오워
Don't wake me up for the meal service.

치워 주실 수 있으세요?
**能撤一下吗？**
넝츠어이시아마
Could you take this away?

| 도움이 되는 단어장 WORD | | | | | |
|---|---|---|---|---|---|
| | | 창가 자리 | 靠窗座位<br>카오츄앙쭈워웨이 | 시차 | 时差<br>스챠 |
| | | 통로 자리 | 靠过道的座位<br>카오꿔따오더쭈워웨이 | 구토 기운 | 想吐<br>시앙투 |
| 사용 중 | 使用中<br>식용쫑 | 좌석 번호 | 座号<br>쭈워하오 | 비상구 | 安全出口<br>안취엔츄코우 |
| 비어 있음 | 空的<br>콩더 | 현지 시간 | 当地时间<br>땅띠스지엔 | 멀미약 | 晕车药<br>윈츠어야오 |

# 드디어 귀국 날입니다.

출발 약 2시간 전부터 체크인이 가능하므로 여유롭게 공항으로 갑시다.
현지인들과 대화를 나눌 수 있는 것도 이것이 마지막! 생각이 닿는 곳까지 이야기해 봅시다.

## 리컨펌

대형 항공사의 경우는 리컨펌(예약 재확인)을 필요로 하지 않는 곳이 늘어나고 있지만 만약을 대비해 출발 전에 확인해 둡시다.

중국국제항공사 카운터는 어디에 있어요?
**中国国际航空公司的柜台 在哪里？**
쫑구워궈워찌항콩꽁쓰더꾸이타이 짜이나리
Where is the Air China counter?

비행기 표를 확인하겠습니다.
**我想 确认一下 机票。**
워시앙 취에런이시아 지피아오
I'd like to reconfirm my flight.

이름은 김정현입니다.
**名字是 金正铉。**
밍즈식　진쩡쉬엔
My name is Kim Junghyun.

8월 15일 CA905편, 인천 공항으로 가는 비행기입니다.
**8月15号 CA905航班，是 飞往仁川机场的。**
빠위에 스우하오 CA지우링우항빤 식 페이왕런천지챵더
My flight number is CA 905 for Incheon Airport on August 15th. 참고 P.148

## 체크인

이용하는 항공사의 체크인 카운터에서 체크인을 합시다. 항공권(E티켓 포함)과 여권을 제시하고 기내에 들고 갈 수 없는 짐은 위탁 수하물로 맡깁니다. 수하물 표와 탑승권을 꼭 챙깁시다.

수속해 주세요.
**请给我 办手续。**
칭게이워 빤쇼우쉬
Check in, please.

창가 자리[복도 자리]로 주세요.
**请给我 靠窗[靠走廊]座位。**
칭게이워 카오츄앙[카오조우랑]쭈워웨이
Window[Aisle] seat, please.

서둘러야 할 때는

죄송합니다. 제 비행기가 곧 출발해요.
**对不起。马上就要出发了。**
뚜이부치　마샹찌우야오츄파러
I'm sorry. My flight is leaving shortly.

## 출국 수속

**1 체크인**
항공사 카운터에서 체크인. 짐 맡기기

**2 면세 절차**
고미술품 등 신고 필요 물품이 있는 경우는 세관 신고서를 제출합니다. 대만 등에서는 고액의 물품을 사면서 면세분을 돌려 받아야 하는 경우 면세 카운터에서 접수를 진행합니다.

**3 보안 검사**
짐을 검색대에서 검사하고 게이트를 통과하며 소지품 검사도 합니다.

**4 출국 심사**
여권과 탑승권, 출국 카드(대만은 없음)를 제출하고 출국 심사를 받습니다. 끝나면 출국 로비로 갑니다.

---

다른 항공편으로 바꿀 수 있나요?
### 可以转乘 别的航班吗？
크어이쥬안청 비에더항빤마
Can I change the flight?

---

10번 게이트는 어디에 있어요?
### 10号登机口 在哪里？
싀하오떵지코우 짜이나리
Where is the gate 10?

참고 P.148

---

이 비행기는 정시에 이륙하나요?
### 这航班 按点起飞吗？
쩌항빤  안디엔치풰이마
Will this flight leave on schedule?

---

대략 얼마나 지연되나요?
### 大约 晚多长时间？
따위에 완뚸워챵싀지엔
How long will it be delayed?

---

> 위탁 수하물 안에 깨지기 쉬운 물건이 있는 경우는 관계자에게 미리 말해 주세요.

깨지기 쉬운 물건이 들어 있어요.
### 里面有 易碎物品。
리미엔요우 이쑤이우핀
I have a fragile item.

---

**위탁 수하물 맡기기**

가위나 손톱깎이 등 칼 종류는 기내 반입이 금지되어 있으므로 위탁 수하물에 맡겨야 합니다. 또 액체류 반입에 제한 사항이 있기 때문에 화장품이나 의약품 또한 제한 대상입니다.

무사히
비행기에
탔습니다!

이건 휴대하는 짐입니다.
### 这是 随身携带的 行李。
쩌싀 수이션시에따이더 싱리
This is carry-on luggage.

---

짐 좀 꺼내도 될까요?
### 可以把行李拿出来一下吗？
크어이바싱리나츄라이이시아마
Can I take out the luggage?

# 공항에서 시내로 이동

**열차** 列車 리에칭어  |  **버스** 公交车 꽁지아오칭어  |  **택시** 出租车 츄주칭어

도착 후에는 잠깐 헤매기도 하지만 잘 모르겠다면 용기를 내서 사람들에게 물어봅시다.
자연스럽게 이동할 수 있다면 여행의 피로가 조금은 풀립니다.

## 베이징

베이징 수도 국제공항에서 시내로의 이동 수단으로는 제2, 제3터미널과 시내의 동직문역을 20분 만에 연결하는 베이징 지하철, 기장선(에어포트 익스프레스)이나 에어포트 버스, 택시 등이 있습니다.

## 상하이

상하이 푸동 공항, 상하이 홍차오 공항 둘 다 지하철, 버스, 택시 등의 교통수단이 있습니다. 지하철은 저렴하지만 푸동 공항에서 시내까지 향하는 경우는 도중에 반드시 갈아타야 하므로 타기 전에 확인해 두세요. 또 푸동공항에는 리니아 모터카가 운행하고 있어 최고 고속 431km를 체감할 수 있을지도 모릅니다.

## 타이베이

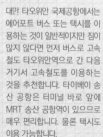

대만 타오위안 국제공항에서는 에어포트 버스 또는 택시를 이용하는 것이 일반적이지만 짐이 많지 않다면 먼저 버스로 고속철도 타오위안역으로 간 다음 거기서 고속철도를 이용하는 것을 추천합니다. 타이베이 송산 공항은 터미널 바로 앞에 MRT 송산 공항역이 있으므로 매우 편리합니다. 물론 택시도 이용 가능합니다.

---

열차[자기부상 열차]는 어디에서 타는 거예요?
### 在哪里乘坐列车[磁悬浮列车]？
짜이나리청쭈워리에칭어[츠쉬엔푸리에츠어]
Where is the train[linear motor car] terminal?

---

표는 어디에서 사나요?
### 在哪里 买票？
짜이나리 마이피아오
Where can I buy the ticket?

---

시내로 가는 버스가 있나요?
### 有去市内的 公交车吗？
요우취싀내이더 꽁지아오칭어마
Is there a bus to the city?

---

어떤 버스가 시내 중심으로 가나요?
### 哪辆是去市中心的车？
나리앙싀취싀쯍씬더츠어
Which bus goes to the city?

---

5번 버스를 타세요.
### 请乘坐 5路公交车。
칭청쭈워 우루꽁지아오칭어
Take the Bus No. 5.

참고 P.148

---

북경 호텔로 가는 버스는 어디에서 탈 수 있어요?
### 哪里 有 去北京饭店的 公交车？
나리 요우 취베이징팬띠엔더 꽁지아오칭어
Where can I take a bus that goes to Beijing Hotel?

---

배차 간격이 몇 분이예요?
### 隔几分钟 发车？
그어지펀쫑 퐈츠어
How often does it run?

북경 호텔로 가는 셔틀버스는 어디에서 타나요?

**去北京饭店的专车 在哪里坐？**

취베이징판띠엔더쮸안처어 짜이나리쭈워

Where can I get the shuttle bus service for Beijing Hotel?

호텔 전용 셔틀버스가 있는 경우는 호텔 예약 시 출발 시간을 확인해 두는 것이 편리합니다.

몇 시에 출발해요?

**几点出发？**

지디엔츄퐈

What time does it leave?

저는 북경 호텔에서 내리고 싶어요.

**我想在 北京饭店 下车。**

워시앙짜이 베이징판띠엔 씨아처어

I'd like to get off at Beijing Hotel.

이번 정류장은 왕푸징입니다. 다음 정류장은 북경역입니다.

**这站是王府井，下一站是北京站。**

쩌쨘싁왕푸징　　씨아이쨘싁베이징쨘

This bus stop is Wang fujing, the next stop is Beijing Station.

**택시를 이용**

짐이 많은 경우는 택시가 편리. 한국과 마찬가지로 손을 들어서 택시를 잡습니다. 승차하면 미터기가 정상적으로 작동하는지 반드시 확인합니다.

여기로 가 주세요.

**我要去这里。**

워야오취쩌리

Take me here, please.

시내에 도착하려면 얼마 정도 걸리나요?

**到市内大约多长时间？**

따오싀내이따위에뚜워챵싀지엔

How long does it take to get to the city?

북경 호텔로 가고 싶어요.

**我想去北京饭店。**

워시앙취베이징판띠엔

I'd like to go to the Beijing Hotel.

캐리어를 내려 주세요.

**请把行李箱　放下来。**

칭바싱리시앙　쨩시아라이

Please unload my suitcase from the trunk.

무사히
도착했습니다-!

# 대중교통을 타고 이동하기

편리하고 저렴한 택시지만 중국어밖에 하지 못하는 택시 기사도 많습니다.
목적지로 가는 방법 등의 기본 표현을 알아 두면 든든합니다.

## 택시를 찾아봅시다.

이용자가 많은 비오는 날이 아닌 이상 보통 어디서든 탈 수 있지만 여행자는 호텔에서 타는 것이 안전합니다.

> 한국과 비교했을 때 요금이 저렴하므로 가볍게 이용해도 좋습니다.

## 택시를 타고난 후엔?

행선지를 말하면 되지만 기사님이 중국어밖에 못하는 경우가 많으므로 행선지를 종이에 써서 보여 주는 것도 좋은 방법입니다. 미터기가 제대로 작동하는지 체크!

> 목적지뿐만 아니라 그 장소에 있는 거리나 교차로의 이름도 함께 전달하면 좋겠죠.

미터를 사용하지 않고 불법 요금을 청구하는 악질의 택시 기사를 주의합시다. 미터기가 움직이지 않는다면 바로 운전기사에게 말합시다.

---

택시 한 대만 불러 주세요.
**请帮我 叫一辆 出租车。**
칭빵워 찌아오이리앙 츄주처어
Please get me a taxi.

---

고궁까지 얼마예요?
**到故宫多少钱？**
따오꾸꽁뚜워샤오치엔
How much will it be to go to Gugong?

---

약 몇 분 걸려요?
**大概 需要几分钟？**
따까이 쉬야오지쮄쫑
How long will it take?

---

이 주소로 가 주세요.
**请去这个地址。**
칭취쩌거띠즤
Please take me to this address.

---

짐을 트렁크에 놔 주세요.
**请把行李 放到后车厢。**
칭바싱리 팡따오 호우처어시앙
Please put my luggage in the trunk.

---

빨리 가 주세요!
**快点！**
콰이디엔
Please hurry!

---

미터기(자동 요금 표시기)가 작동하질 않아요.
**计价器没有动。**
찌찌아치메이요우똥
The meter isn't working.

---

## 수상한 택시는 주의

택시 기사가 호객 행위를 하는 경우는 트러블이 일어날 가능성이 크므로 일절 상대하지 않도록 합니다. 호텔 앞이라면 수상한 호객 택시는 많지 않을 겁니다. 또 차내에서는 이름표가 잘 붙어 있는지, 미터기가 잘 작동하는지 등을 확인하고 차 번호를 메모해 두는 것도 좋습니다.

## 내리고 싶을 때에는?

목적지에 도착하기 직전에 택시 기사님께 말합니다.

여기에 세워 주세요.

**就停 这里吧。**

찌우팅 쩌리바

Please stop here.

## 계산

최근 공공교통카드나 신용 카드 지불이 가능한 택시가 늘어나고 있습니다. 또 영수증을 받아 두면 짐을 잃어버렸을 때나 뭔가 트러블이 생겼을 경우 큰 도움이 됩니다.

여기에서 잠시만 기다려 주세요.

**在这里 稍等一会儿。**

짜이쩌리 샤오덩이훨

Please wait here for a while.

얼마예요?

**多少钱？**

뚜워샤오치엔

How much is it?

영수증을 주세요.

**请给我 发票。**

칭게이워 퐈피아오

Receipt, please.

요금이 미터기에 표시돼 있는 것과 달라요.

**钱数 和计价器显示的 不一样。**

치엔슈 흐어찌찌아치시엔ㅅ더 뿌이양

The fair is different from the meter.

### 상하이의 택시 사정

주의점

시내의 급격한 발전에 따라 택시의 수가 급증. 그 탓인지 능숙하지 않은 택시 기사들도 많이 있어 길을 잘 모르는 경우도 있다. 행동이 이상하다고 느껴지면 빠르게 내려 다음 택시를 찾아보자.

무사히
택시를 탔습니다.

# 대중교통을 타고 이동하기

**지하철** 地铁 띠티에  **버스** 公交车 꽁지아오처어

저렴하게 이동할 수 있는 지하철과 버스는 여행자에게 매력적입니다.
교통수단을 이용할 때 도움이 되는 표현들을 모았습니다.

## ※지하철에 대해

### 베이징
도로 정체가 심한 베이징에서는 목적지까지의 시간을 파악할 수 있는 지하철이 매력적입니다. 왕부정역이나 전문역 등의 주요역에서는 매표소가 혼잡한 경우가 많으므로 돌아가는 길의 티켓은 미리 사는 것이 좋습니다.

### 상하이
지하철만으로 대부분의 관광지를 가는 것이 가능할 정도로 노선이 잘 구축되어 있습니다. 상하이에서는 내리는 사람을 배려하지 않고 먼저 타는 사람이 많으므로 사람을 밀치며 내리는 각오가 필요합니다.

### 타이베이
타이베이 시내를 망라하는 MRT는 중심에서는 지하를, 교외에서는 고가를 달립니다. 타이베이역이나 번화가도 가로지르므로 현지인뿐만 아니라 여행자에게도 굉장히 편리합니다. 다만 역 구내나 차내에서 음식을 먹어서는 안 되고 위반 시에는 벌금을 부과하므로 주의해야 합니다.

### 승차&하차
본인이 탈 노선의 플랫폼에 갑니다. 반대편으로 잘못 타지 않도록 주의합니다. 그리고 하차할 때에는 승차하는 사람이 내리려고 하는 사람을 기다리지 않으므로 미리 문 근처에 서서 기다리는 편이 좋습니다.

어디에서 표를 살 수 있나요?

**在哪里 买票？**

짜이나리 마이피아오

Where can I buy the ticket?

교통카드가 필요해요.

**我想要公交一卡通。**

워시앙야오꽁지아오이카통

I want a public transportation card.

지하철 노선도가 있나요?

**有路线图吗？**

요우루우씨엔투마

Can I have a subway map?

개찰구를 통과할 방법이 없어요.

**我无法通过检票口。**

워우퐈통 궈지엔피아오 코우

I can't pass the ticket gate.

여기에 가려면 어떤 노선을 타야 하나요?

**去这里，坐哪路车好呢？**

취쩌리　쭈워나루처어하오너

Which line should I take to get here?

말씀 좀 여쭙겠습니다. 어디에서 환승을 해야 하나요?

**请问，在哪里换车？**

칭원　짜이나리환처어

Where should I change line?

상하이역에서 내리고 싶어요.

**想在上海站 下车。**

시앙짜이쌍하이쨘 씨아처어

I'd like to get off at Shanghai station.

탈 때 행선지를 확인하세요

## ※버스에 대해

베이징, 상하이, 타이베이 모두 노선버스는 현지 시민들에게 중요한 발이 됩니다. 시내를 가로지르며 달리는 노선은 수도 많고 복잡해 타는 데에 시간이 조금 걸릴지도 모르지만 익숙해지면 자유롭게 돌아다닐 수 있습니다. 먼저 호텔의 매점이나 서점에서 노선도를 구입해 목적지의 노선을 조사하는 것부터 시작해 봅시다.

차내에는 소매치기가 많으므로 귀중품은 주의해서 가지고 다니기!

어디에서 버스 노선표를 살 수 있나요?
**在哪里能买到 公交车路线图？**
짜이나리넝마이따오 꽁지아오처루씨엔투
Where can I buy the bus route map?

천안문에 가는 버스는 어디에서 출발하나요?
**去天安门的公交车 从哪里发？**
취티엔안먼더꽁지아오처 총나리퐈
Where does the bus for Tiananmen Square leave?　　참고 P.99

이 버스 천안문까지 가나요?
**这个车到天安门吗？**
쩌거처따오티엔안먼마
Does this bus go to Tiananmen Square?　　참고 P.99

천안문에 도착하면 저한테 좀 알려 주세요.
**到了天安门 请叫我一声。**
따오러티엔안먼 칭찌아오워이셩
Please tell me when we arrive at Tiananmen Square.　　참고 P.99

여기에서 내릴게요.
**在这里下车。**
짜이쩌리씨아처
I'll get off here.

## ※충전식 교통카드

상하이라면 '공공교통카드', 타이베이라면 '이지카드', 베이징이라면 '시정교통카드'가 편리합니다.

돌아가는 정류장은 어디에 있어요?
**回去的车站 在哪里？**
호이취더처짠 짜이나리
Where is the bus stop to go back?

---

| 도움이 되는 단어장 WORD | | 시간표 | 时刻表<br>식크어비아오 | 환승 | 换车<br>환처 |
|---|---|---|---|---|---|
| | | 입구 / 출구 | 入口／出口<br>루코우／츄코우 | 첫차 | 首班车<br>쇼우빤처 |
| 기차역/<br>지하철 역 | 火车站／地铁站<br>후워처짠／띠티에짠 | 가격 | 票价<br>피아오찌아 | 막차 | 末班车<br>모워빤처 |
| 정류장 | 车站<br>처짠 | 차표 | 车票<br>처어피아오 | 자동 매표기 | 自动售票机<br>쯔똥쑈우피아오지 |

# 환전은 이렇게 하세요.

여행지에서 가장 중요한 것이 바로 돈. 시장 같은 곳에서는 카드를 사용하지 못하는 가게가 많아 현금을 준비해야 합니다. 입국하면 먼저 공항을 나와 호텔에서 휴식을 취하면서 사용할 예산과 돈을 준비해 봅시다.

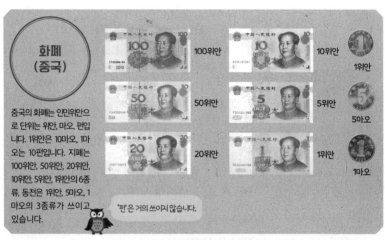

## 화폐 (중국)

중국의 화폐는 인민위안으로 단위는 위안, 마오, 펀입니다. 1위안은 10마오, 1마오는 10펀입니다. 지폐는 100위안, 50위안, 20위안, 10위안, 5위안, 1위안의 6종류, 동전은 1위안, 5마오, 1마오의 3종류가 쓰이고 있습니다.

100위안 10위안 1위안
50위안 5위안 5마오
20위안 1위안 1마오

'펀'은 거의 쓰이지 않습니다.

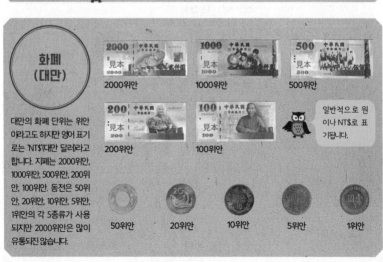

## 화폐 (대만)

대만의 화폐 단위는 위안이라고도 하지만 영어 표기로는 'NT\$'(대만 달러)라고 합니다. 지폐는 2000위안, 1000위안, 500위안, 200위안, 100위안. 동전은 50위안, 20위안, 10위안, 5위안, 1위안의 각 5종류가 사용되지만 2000위안은 많이 유통되진 않습니다.

2000위안 1000위안 500위안
200위안 100위안

일반적으로 원이나 NT\$로 표기됩니다.

50위안 20위안 10위안 5위안 1위안

## 현지에서 환전을 할 때는?

여권을 제시하는 것이 필수입니다. 재환전의 경우는 환전할 때 주는 외화 교환증명서가 필요한 경우도 있습니다. 환전은 공항, 호텔, 번화가의 은행이나 공인환전소 등에서 가능합니다.

작은 호텔이나 도미토리에서는 환전이 되지 않는 경우가 많으니 주의하세요.

무사히 환전을 끝냈습니다~!

---

원화를 위안화 <u>1000</u>위안으로 바꾸고 싶어요. 참고 P.148
**想用韩币 兑换1000元人民币。**
시앙용한삐 뚜이환이치엔위엔런민삐
I'd like to buy 1000 yuan with Korean won.

<u>100</u>위안짜리 <u>다섯</u> 장 <u>50</u>위안짜리 열 장 주세요. 참고 P.148
**给我100元的5张 50元的10张。**
게이워이바이위엔더우짱 우싀위엔더싀짱
I'd like five 100 yuan bills and ten 50 yuan bills.

이 여행자 수표를 현금으로 바꿔 주세요.
**把这个旅行支票 换成现金。**
바쩌거뤼싱즤피아오 환청씨엔진
I'd like to cash this traveler's check.

이 지폐를 동전으로 바꿔 주세요.
**把这个纸币 换成硬币。**
바쩌거즤삐 환청잉삐
Please change this bill into coins.

명세서 좀 주세요.
**请把单子给我。**
칭바딴즈게이워
Receipt, please.

---

### 신용 카드로 현금서비스를?

국제 브랜드의 신용 카드나 그 제휴 신용 카드를 사용하면 길거리 여기저기에서 볼 수 있는 ATM기에서 현금서비스가 가능하다. 필요한 금액만큼 인출할 수 있기 때문에 여유분의 현금이 없어도 걱정이 없다.

24시간 이용 가능한 ATM기가 있어 편리하지만 노상에 위치한 ATM기를 사용하거나 너무 늦은 시간에 이용하는 것은 피하는 것이 좋다.

1. 신용 카드를 넣는다.

2. '비밀번호를 눌러 주세요'

4자리 비밀번호(PIN)를 입력

3. '인출내용을 선택해 주세요'

현금서비스를 원하는 경우는 'WITHDRAWAL'를 선택한다

인출 — WITHDRAWAL
잔고 조회 — BALANCE INQUIRY
계좌 이체 — TRANSFER

4. '금액을 입력해 주세요'

숫자 버튼으로 금액을 입력하고 'FROM CREDIT'을 선택. 국제현금카드는 'FROM SAVING'을 선택

당좌 예금에서 — FROM CHECKING
보통 예금에서 — FROM SAVINGS
신용 카드에서 — FROM CREDIT

---

기본회화 / 맛집 / 쇼핑 / 뷰티 / 관광 / 엔터테인먼트 / 호텔 / 교통수단 / 기본정보 / 단어장

# 편지나 소포를 보내 봅시다.

## 우편물과 배송
邮件和配送
요우-찌엔흐어페이쏭

해외에서 편지로 여행의 기분을 전하세요.
사 두었던 기념품을 소포로 보내면, 가벼운 몸으로 여행을 할 수 있겠죠?

### 우체국을 찾아요

중국의 우체국은 '邮政局', '邮電局' 이라고 표시되어 있고 우체통의 색은 초록색입니다. 대만의 우체통은 초록색(대만 내), 빨간색(에어메일) 2종류입니다. 우편국에서 소포를 보내고 싶을 때는 내용물 검사가 있으므로 포장하지 않은 채로 가지고 가세요.

### 엽서·편지를 보낼 때

엽서, 편지를 한국으로 보낼 때는 이름 옆에 'KOREA', 'AIRMAIL' 이라고 쓰고 우체통에 넣으면 OK! 통상 5~7일 정도 걸립니다.

---

우표는 어디에서 살 수 있어요?
**在哪里 能买到邮票？**
짜이나리 넝마이따오 요우피아오
Where can I buy some stamps?

우체국[우체통]은 어디에 있어요?
**邮局[邮箱]在哪里？**
요우쥐[요우시앙]짜이나리
Where is the post office [mailbox]?

이것을 한국으로 부치고 싶어요.
**想把这个 寄到韩国。**
시앙바쩌거 찌따오한구어
I'd like to send this to Korea.

며칠이면 도착해요?
**几天能到？**
지티엔넝따오
How long does it take to get there?

속달로 보내 주세요.
**请给我快递。**
칭게이워콰이띠
Please make it an express.

한국으로 부치는 우편 요금은 얼마예요?
**寄到韩国 邮费多少？**
찌따오한구어 요우페이뚜워샤오
How much is the postage to Korea?

항공 우편은 14위안이고, 선박 운송은 7위안입니다.
**空运是14元，船运是7元。**
콩위엔식씩쓰위엔 츄안윈식치위엔
14 yuan for air, and 7 yuan for ship.
참고 P.148

## 짐 배송

우체국에서는 항공편이나 배편으로 보냅니다. 서둘러야 하는 경우는 EMS(국제 비즈니스편)를 이용하면 2~3일 이내에 도착하지만 큰 우체국으로 가야 부칠 수 있습니다.

### 국제 택배

집하를 부탁하거나 때에 따라 포장이나 세관 수속을 부탁할 수 있습니다.

한국으로 짐을 부치고 싶어요.
**想往韩国 邮行李。**
시앙왕한구어 요우싱리
I'd like to send a package to Korea.

박스랑 테이프 좀 주실 수 있나요?
**能给我 纸壳箱和胶带吗?**
넝게이워 즈크어시앙흐어지아오따이마
Could I have a box and a tape?

이 표를 어떻게 쓰는 건지 좀 알려 주세요.
**请告诉我 怎么填写这表。**
칭까오쑤워 쩐머티엔시에쪄비아오
Please tell me how to write an invoice.

안에 깨지는 물건이 있어요.
**有易碎物品 在里面。**
요우이쑤이우핀 짜이리미엔
There is a fragile item.

### 주소쓰는 방법

**● 엽서나 봉투에 쓰는 경우**

발신자 이름은 한국어로 써도 OK
한국 주소를 써도 괜찮습니다.

POST CARD

HONG GIL DONG
Beijing Hotel
**Beijing, China**

우표 (우체국이나 호텔에서 구매)

서울특별시 종로구 세종대로 1 — 주소는 한국어로 써도 됩니다.

**KOREA**

대문자로 쓰기 — AIR MAIL

대문자로 쓰기

도움이 되는 단어장
WORD

| | | | |
|---|---|---|---|
| 우편 엽서 | 明信片<br>밍씬피엔 | 우표 | 邮票<br>요우피아오 | 깨지는 물건 | 易碎物品<br>이쑤이우핀 |

| 우편 엽서 | 明信片<br>밍씬피엔 | 우표 | 邮票<br>요우피아오 | 깨지는 물건 | 易碎物品<br>이쑤이우핀 |
|---|---|---|---|---|---|
| | | 봉한 편지 | 封好的信<br>펑하오더씬 | 취급 주의 | 轻拿轻放<br>칭나칭팡 |
| | | 인쇄물 | 印刷品<br>인슈아핀 | 포장하다 | 包裹<br>빠오구워 |

133

# 전화를 걸어 봅시다.

전화 电话
띠엔화

레스토랑이나 에스테틱 등의 예약은 물론 긴급 상황에 전화를 쓸 수 있으면 편리하고 든든합니다.
숙박하고 있는 호텔이나 한국 대사관의 번호를 알아 두면 보다 안심이 됩니다.

## ※ 국제 전화

### ○다이얼 직통 전화

• 일반 전화
예) 서울 02-1234-5678에 걸 때
호텔에서부터 걸 때
호텔의 외선 번호
　　　　한국의 국가 번호

●-▲▲-82-2-1234-5678
↑　　↑
국제 전화　지역 번호에서
식별 번호★　첫 0을 빼고 누른다

• 휴대 전화
예) 010-1234-5678로 걸 때
호텔에서부터 걸 때,
호텔의 외선 번호
　　　　한국의 국가 번호

●-▲▲-82-10-1234-5678
↑　　↑
국제 전화　010에서
식별 번호★　첫 0을 빼고 누른다

★국제 전화 식별 번호
중국・・・00
대만・・・002

---

공중전화는 어디에 있어요?
## 公用电话 在哪里？
꽁용띠엔화 짜이나리
Where is the pay phone?

---

여보세요, 쉐라톤 호텔인가요?
## 喂，是西来登饭店吗？
웨이 씨씨라이떵판띠엔마
Hello. Is this the Sheraton Hotel?

---

1102호 방에 있는 김지원을 좀 찾아 주세요.
## 请帮我找一下 1102房间的金智媛子。
칭빵워쟈오이시아 야오야오링얼팡지엔더찐즐위엔
May I speak to Ms. Kim Jiwon in room 1102?

참고 P.148

---

잠시만 기다려 주세요.
## 请稍等。
칭샤오덩
Just a moment, please.

---

메시지를 남겨 주실 수 있나요?
## 能帮我 转一下口信吗？
넝빵워　쥬안이시아코우씬마
Can I leave a message?

---

잠시 후에 다시 걸게요.
## 过会儿我再打。
꿔훨워짜이다
I'll call again later.

---

김정현에게서 전화 왔었다고 전해 주세요.
## 请告诉她 金正铉来过电话。
칭까오쑤타　찐쩡쉬엔라이궈띠엔화
Please tell her that Kim Junghyun called.

134

## ○ 국제 전화 회사의 서비스
신용 카드나 전용 카드를 사용해 한국에 있는 국제 전화 서비스를 이용한다.

한국에서 중국으로 국제 전화를 걸 때는?

중국 국가 번호

●-001-86-상대방 번호

국제 전화 식별번호　※대만 국가 번호는 886

천천히 말씀해 주실 수 있나요?
**能慢点说吗?**
넝만디엔슈워마
Could you speak more slowly?

## ※ 국내 전화
시외 통화라면 시외 국번 먼저, 시내 통화라면 상대방의 번호를 그대로 누릅니다.

죄송합니다. 잘못 걸었어요.
**对不起，打错了。**
뚜이부치　다추워러
I'm sorry, I have the wrong number.

## 휴대 전화를 이용할 때
한국의 휴대폰이나 스마트폰을 사용하고 있다면 해외에서의 요금이나 설정을 확인해 둡시다. 한국에서 국제 전화는 통신사마다 가격이 다르므로 직접 문의하는 것이 좋습니다. 다만, 중국에서는 국가의 규제에 따라 이용이 불가능한 애플리케이션이나 서비스가 많습니다.

휴대 전화를 렌트하고 싶어요.
**想租一部手机。**
시앙주이뿌쇼우지
I'd like to rent a cell phone.

50위안짜리 국제 전화 카드 주세요.
**给我50元的 国际电话卡。**
게이워우식위엔더 구워찌띠엔화카
50 yuan international phone card, please.　참고 P.148

수신자 부담으로 한국에 전화를 걸어 주세요.
**想用对方付费的方式 往韩国打电话。**
시앙용뚜이팡푸페이더팡식 왕한구어다띠엔화
I'd like to make a collect call to Korea.

이 전화로 걸어도 되나요?
**可以 用这个电话打吗?**
크어이 용쩌거띠엔화다마
Can I make a call on this phone?

무사히 전화를 끝냈습니다~!

한국어를 할 줄 아는 분이 계신가요?
**有 会说韩语的人吗?**
요우 호이슈워한위더런마
Is there anyone who speaks Korean?

# 인터넷을 사용해 봅시다.

인터넷  网络
왕루워

현지에서 정보를 얻을 때는 물론, 통신수단으로도
여행지에서 인터넷을 이용하는 것을 빠뜨릴 순 없죠!

## 인터넷을 이용하려면?

● **호텔의 시설을 이용**

호텔에 따라 객실에서 LAN이나 WIFI 접속이 가능하지만 투숙객이 이용 가능한 PC를 갖춘 경우는 드뭅니다. 이용하고 싶다면 비즈니스 센터나 PC방을 가는 편이 좋습니다.

● **FREE-WIFI 사용하기**

상하이 시내에는 여러 장소에 핫스팟이 설치되어 있으므로 가는 곳마다 인터넷 이용이 가능합니다. 또 카페 등에서 무료 와이파이를 제공하는 곳도 많습니다.

> 스마트폰은 전원을 켜는 것만으로도 자동으로 데이터를 보내 모르는 사이에 고액의 요금이 책정되는 경우가 있어 사전에 설정을 잘 해야 합니다.

---

**이 호텔은 인터넷 사용이 가능한가요?**
### 在这个酒店 能上网吗？
짜이쩌거지우띠엔 넝샹왕마
Can I use the Internet in this hotel?

---

**근처에 PC방이 있나요?**
### 附近有网吧吗？
푸찐요우와바마
Is there an Internet cafe around here?

---

**개인적으로 가져온 컴퓨터를 사용해도 되나요?**
### 可以用 自带的电脑上网吗？
크어이용 쯔따이더띠엔나오쌍왕마
Can I use my own PC?

---

**1시간에 얼마예요?**
### 一小时多少钱？
이시아오싀뚜워샤오치엔
How much is it for an hour?                    참고 P.148

---

**1시간에 5위안입니다.**
### 一小时5元。
이시아오싀우위엔
It's five yuan an hour.                         참고 P.148

---

**한국어로 되어 있는 걸 사용할 수 있나요?**
### 可以 用韩语显示吗？
크어이 용한위시엔싀마
Can this PC display Korean character?

---

**무료 WiFi가 있나요?**
### 有免费的WiFi吗？
요우미엔페이더우씨엔왕루워마
Do you have a free WiFi service?

자신의 PC를 가지고 가는 경우는
충전 시 변압기나 전원 플러그 변환 어댑터가 필요하므로 준비합시다.

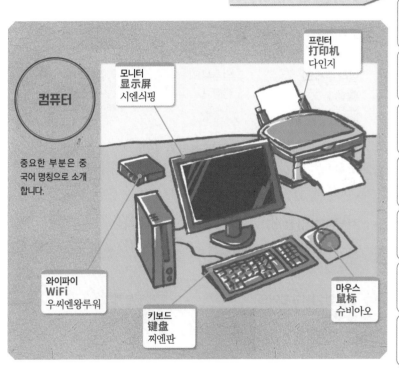

컴퓨터

중요한 부분은 중국어 명칭으로 소개합니다.

프린터
**打印机**
다인지

모니터
**显示屏**
시엔식핑

와이파이
**WiFi**
우씨엔왕루워

키보드
**键盘**
찌엔판

마우스
**鼠标**
슈비아오

**바로 사용할 수 있는 트러블 표현**

와이파이가 연결이 안 돼요. 봐 주실 수 있으세요?
**LAN [WiFi] 无法连接。能帮看一下吗？**
우씨엔왕루워우쫘리엔지에    넝빵칸이시아마

마우스가 별로 안 좋아요.
**鼠标不太好用。**
슈비아오부타이하오용

컴퓨터가 다운됐어요.
**死机了。**
스지러

137

# 긴급 상황·트러블에 대비하자.

여행지에서 어떤 일이 일어날지 모릅니다.
중대한 사태를 회피하기 위해서도 꼭 알아 둡시다.

## 도움을 요청할 때

**살려 주세요!**
**救命！**
찌우밍
Help me!

**멈추세요!**
**住手！**
쥬쇼우
Stop it!

**같이 가요!**
**一起来！**
이치라이
Come with me!

**들어 보세요!**
**听着！**
팅져어
Listen!

**경찰을 불러 주세요!**
**叫警察！**
찌아오징챠
Call the police!

**도둑이야!**
**小偷！**
시아오토우
Thief!

**저 남자[여자] 잡아요!**
**抓住他[她]！**
쥬아쥬타[타]
Catch that man[woman]!

**누구 없어요?**
**来人呐！**
라이런나
Somebody!

**돈을 안 가지고 왔어요.**
**没带钱。**
메이따이치엔
I don't have any money.

**이게 전부예요.**
**这是全部。**
쩌씌취엔뿌
That's all.

**저를 죽이지 마세요!**
**别杀我！**
비에샤워
Don't kill me!

**나가세요!**
**出去！**
츄취
Get out!

**의사를 불러 주세요.**
**请叫医生。**
칭찌아오이셩
Call a doctor.

## 경고할 때

**움직이지 마!**
**不许动！**
뿌쉬똥
Don't move!

**멈춰!**
**停！**
팅
Stop!

**돈 꺼내!**
**把钱 拿出来！**
바치엔 나츄라이
Give me the money!

**조용히 해!**
**安静！**
안찡
Be quiet!

**손 들어!**
**举起手来！**
쥐치쇼우라이
Hands up!

**숨어!**
**藏起来！**
창치라이
Hide!

**나한테 물건을 줘!**
**把东西给我！**
바똥시게이워
Give me the luggage!

## 분실·도난

**여권을 잃어버렸어요.**
**把护照 弄丢了。**
바호쨔오 농띠우러
I lost my passport.

**여기로 전화 주세요.**
**请给这里 打电话。**
칭게이쪄리  다띠엔화
Call here.

**가방[지갑]을 도둑 맞았어요.**
**包[钱包]被盗了。**
빠오[치엔빠오]뻬이따오러
I had my bag [wallet] stolen.

**한국어를 할 수 있는 사람이 있어요?**
**有会说韩语的人吗？**
요우호이한위더런마
Is there anyone who speaks Korean?

**한국 대사관은 어디에 있어요?**
**韩国大使馆 在哪里？**
한구어따식구안  짜이나리
Where is the Korean embassy?

139

# 긴급 상황·트러블에 대비하자.

트러블에 대처하기 위해

신고를 하고 싶어요.

**我想 报案。**

워시앙 빠오안

I'd like to report it to the police.

---

분실 신고를 해 주세요.

**请给开 挂失证明。**

칭게이카이 꽈싀쪙밍

Please make out a report of the theft.

---

제 짐을 못 찾겠어요.

**我找不到 我的行李了。**

워쟈오부따오 워더싱리러

I can't find my baggage.

---

제가 어디에 두었는지 기억이 안 나요.

**我忘了 放在哪里了。**

워왕러    팡짜이나리러

I'm not sure where I lost it.

---

분실 신고는 어디에서 하나요?

**在哪里挂失？**

짜이나리꽈싀

Where should I take this?

---

저기 분실물 취급소에 가서 분실 신고를 하세요.

**到那边的失物招领处 挂失。**

따오나삐엔더싀우쨔오링츄    꽈싀

Please report to the lost-and-found over there.

찾으면 제가 있는 호텔에 바로 연락 주세요.

**找到后，马上跟我住的酒店 联系。**

쟈오따오호우 마샹껀워쥬더지우띠엔 리엔씨

Please call my hotel as soon as you've located it.

저 택시에 가방을 두고 내렸어요.

**我把包 忘在出租车上了。**

워바빠오 왕짜이츄주칙어샹러

I left my bag in the taxi.

여기에 두었던 카메라가 없어졌어요.

**放在这里的相机不见了。**

팡짜이쪄리더시앙지부찌엔러

I left my camera here and now it's gone.

| 도움이 되는 단어장 WORD | | 도둑맞다 | 被盗<br>뻬이따오 | 신용 카드 | 信用卡<br>씬용카 |
|---|---|---|---|---|---|
| | | 전화 | 电话<br>띠엔화 | 한국 대사관 | 韩国大使馆<br>한구어따식구안 |
| 경찰 | 警察<br>징챠 | 돈 | 钱<br>치엔 | 여권 | 护照<br>호쨔오 |
| 구급차 | 急救车<br>지찌우칙어 | 주소 | 地址<br>띠직 | 좀도둑 | 小偷<br>시아오토우 |
| 잃어버리다 | 丢失<br>띠우식 | 여행자 수표 | 旅行支票<br>뤼싱즤피아오 | 보안 | 保安<br>바오안 |

**memo**

신용 카드를 잃어버렸을 때 연락처

항공사

호텔

해외 여행 보험

한국어가 가능한 의료기관

**memo**

# 긴급 상황·트러블에 대비하자.

**몸이 좋지 않아요.**
**有点 不舒服。**
요우디엔 뿌슈푸
I feel sick.

**머리가 좀 아파요.**
**有点 头疼。**
요우디엔 토우텅
I have a headache.

**좀 어지러워요.**
**有点 头晕。**
요우디엔 토우윈
I feel dizzy.

**속이 메스꺼워요.**
**有点 恶心。**
요우디엔 으어씬
I feel nauseous.

**열이 나는 거 같아요.**
**好像 有点 发烧。**
하오씨앙 요우디엔 퐈샤오
I think I have a fever.

**배가 아파요.**
**肚子疼。**
뚜즈텅
I have a stomachache.

**혈액형은 B형이에요.**
**血型是 B型。**
쉬에싱싱 B싱
My blood type is B.

| 혈액형을 읽는 방법은… | | | |
|---|---|---|---|
| A형 | **A型** 에이싱 | O형 | **O型** 오싱 |
| B형 | **B型** 비싱 | AB형 | **AB型** 에이비싱 |

**진단서 좀 주세요.**
**请给 开一下诊断书。**
칭게이 카이이시아쩬뚜안슈
Can I have a medical certificate?

**이가 좀 아파요.**
**有点 牙疼。**
요우디엔 야텅
I have a toothache.

**발을 삐끗했어요.**
**扭着脚了。**
니우직어지아오러
I sprained my ankle.

**팔이 골절된 거 같아요.**
**好像 胳膊骨折了。**
하오씨앙 *끄*어보어구직어러
I think I broke my arm.

**손을 데었어요.**
**手 烫伤了。**
쇼우 탕샹러
I burned my hand.

**칼에 손이 베였어요.**
**用刀把手割了。**
용따오바쇼우*끄*어러
I cut my finger with a knife.

| 머리 | 头<br>토우 | 아래턱 | 下颚<br>씨아으어 |
|---|---|---|---|
| 관자놀이 | 太阳穴<br>타이양쉬에 | 목 | 脖子<br>보워즈 |
| 이마 | 额头<br>으어토우 | 목구멍 | 嗓子<br>상즈 |
| 볼 | 腮<br>싸이 | | |
| 눈 | 眼睛<br>옌징 | | |
| 귀 | 耳朵<br>얼두워 | | |
| 코 | 鼻子<br>비즈 | | |
| 이 | 牙<br>야 | | |

| | 가 아파요. |
|---|
| | 疼。 |
| | 텅 |

| 발 | 脚<br>지아오 |
|---|---|
| 허벅지 | 大腿<br>따투이 |
| 무릎 | 膝盖<br>씨까이 |
| 정강이 | 胫<br>찡 |
| 종아리 | 小腿肚<br>시아오투이뚜 |
| 발목 | 脚脖<br>지아오보워 |
| 발끝 | 脚尖<br>지아오찌엔 |
| 발꿈치 | 脚后跟<br>지아오호우건 |

| 어깨 | 肩<br>찌엔 |
|---|---|
| 가슴 | 胸<br>시옹 |
| 배 | 肚子<br>뚜즈 |
| 팔 | 胳膊<br>끄어보워 |
| 팔꿈치 | 肘<br>죠우 |
| 손 | 手<br>쇼우 |
| 팔목 | 手腕<br>쇼우완 |
| 손가락 | 手指<br>쇼우즥 |
| 손톱 | 指甲<br>즐지아 |
| 등 | 后背<br>호우뻬이 |
| 겨드랑이 | 腋下<br>예씨아 |
| 피부 | 皮肤<br>피푸 |
| 아랫배 | 下腹<br>씨아푸 |
| 명치 | 胸口<br>시옹코우 |
| 배꼽 | 肚脐<br>뚜치 |
| 허리 | 腰<br>야오 |
| 엉덩이 | 屁股<br>피구 |
| 하체 | 下体<br>씨아티 |

도움이 되는 단어장 WORD

| 설사 | 泻肚<br>씨에뚜 | 시차 적응이 안 된다 | 时差没倒过来<br>싀챠메이따오궈라이 | 출현 | 出血<br>츄쉬에 |
|---|---|---|---|---|---|
| 수면 부족 | 睡眠不足<br>쓔이미엔뿌주 | 감기 | 感冒<br>간마오 | 오한이 나다 | 发冷<br>퐈렁 |
| | | 골절 | 骨折<br>구즈어 | 찰과상 | 擦伤<br>차샹 |
| | | 가렵다 | 痒<br>양 | 약 | 药<br>야오 |

143

# 한국을 소개해 봅시다.

여행지에서 친해진 외국 사람들에게 그 나라 말로 한국을 소개해 봅시다.

| 는 한국에서 매우 인기 있는 요리입니다.

是在韩国很有人气的菜。

씩한구워헌쇼우환잉더리아오리

여행지에서 한국에 대해 물어볼 수 있어요. 그럴 땐 조금이라도 한국을 소개해 준다면 좋아할 거예요. 먼저 음식부터!

---

**김밥** 紫菜包饭 즈차이빠오판 | 김밥은 밥 안에 각종 재료를 넣어서 김으로 말아서 먹는 음식입니다.

**紫菜包饭是米饭里放入各种材料, 用紫菜卷起来食用的食物。**
즈차이빠판씩미판리팡루끄어종차이리아오　　용즈차이쥐엔치라이식용더식우

---

**불고기** 烤肉 카오로우 | 간장과 설탕으로 만든 소스에 소고기와 각종 야채를 볶아서 만든 음식입니다.

**这是一道用酱油和糖做成的酱汁, 和各种蔬菜一起炒制而成的食物。**
쩌씩이따오용쩌양요우흐어탕쭈워청더찌앙쬐　　흐어끄어종슈차이이치챠오쯰얼청더식우

---

**비빔밥** 拌饭 빤판 | 밥 위에 다양한 재료를 올리고 고추장과 함께 비벼서 먹는 색이 다채로운 음식입니다.

**在米饭上放上各种材料,和辣椒酱一起拌着吃的颜色多彩的食物。**
짜이미판샹판샹거종차이리야오 허어라지아오지앙니치반츠오치디얀쓰두오차이더식우

---

**삼계탕** 参鸡汤 선지탕 | 닭과 인삼을 함께 오래 끓여서 먹는 한국 전통 음식입니다.

**是将鸡和人参一起煮很久后食用的韩国传统饮食。**
씩지앙지흐어런션이치쥬헌지우호우식용더한구워츄안통인식

---

▢▢▢▢ 는 한국에서 매우 인기 있는 관광지입니다.

▢▢▢▢ 是在韩国很有人气的旅游景点。

슬짜이한구어헌요우런치더뤼요우찡띠엔

**Point** 한국의 지명과 관광지는 대부분 한국어 발음으로 그대로 알려 줘도 괜찮기 때문에 소개하기 편합니다. 먼저 소개할 그곳이 어떤 곳인지를 먼저 알아 두어야겠죠?

---

**명동 明洞** 밍똥 | 명동은 서울의 대표적인 쇼핑 거리로, 다양한 상점들이 있습니다.

**明洞是首尔的代表性购物街, 有很多商店。**

밍똥쓰쇼우얼더따이비아오씽꼬우우찌에 요우헌뚜워샹띠엔

---

**한강 공원 汉江公园** 한찌앙꽁위엔 | 한강은 서울에 있는 큰 강으로, 공원에서 다양한 체험을 할 수 있습니다.

**汉江是首尔的一条大河, 在公园里可以体验各种乐趣。**

한찌앙쓰쇼우얼더이티아오따흐어 짜이꽁위엔리크어이티엔끄어종르어취

---

**인사동 仁寺洞** 런쓰똥 | 서울에서 가장 한국적인 모습을 가지고 있는 곳입니다.

**是首尔最具韩国特色的地方。**

쓰요우얼주이쮜한구워트어쓰어더띠팡

---

**제주도 济州岛** 지죠우다오 | 한국에서 가장 큰 섬으로, 다양한 문화 활동을 할 수 있습니다.

**这是韩国最大的岛屿,可以进行多种文化活动。**

쩌싀한구워주이따어다오위 크어이쩐싱뚜워종원화후워똥

---

**부산 釜山** 푸싼 | 한국에서 두 번째로 큰 도시로, 바다를 즐길 수 있습니다.

**在韩国第二大城市,可以尽情享受大海。**

짜이한구워띠얼따쳥싀 크어이진칭시앙쑈우따하이

---

# 한국을 소개해 봅시다.

 는 한국의 전통문화입니다.

□□□□□□ 是韩国的传统文化。

씨한구워더츄안통원화

**Point** 전통문화를 소개하는 것은 조금 어려울 수도 있지만 몸짓으로 설명해 주면서 상대방에게 알려 준다면 더 좋아하겠죠.

---

**사물놀이 四物游戏** 쓰우요우씨 | 북, 장구, 징, 꽹과리로 하는 전통 음악 놀이입니다.

**鼓, 腰鼓, 锣, 锣为传统音乐游戏。**
구 야오구 루워 루워웨이츄안통인위에요우씨

---

**판소리 板索里** 반수워리 | 노래와 이야기로 이루어진 한국의 민속 음악입니다.

**歌曲和故事构成的韩国民俗音乐。**
끄어취흐어꾸씨꼬우청더한구워민수인위에

---

**태권도 跆拳道** 타이취엔따오 | 손과 발을 이용한 한국의 전통 무예입니다.

**这是用手脚的韩国传统武术。**
쩌씨용쇼우지아오더한구워츄안통우쓔

---

**한글 韩文** 한원 | 한국을 대표하는 문자입니다.

**这是代表韩国的文字。**
쩌씨따이비아오한구워더윈쯔

---

146

| | |
|---|---|
| 한국의 인구는 5200만 정도입니다(2020년 기준). | **韩国的人口是5200万左右(2020年基准)**<br>한궈워더런코우씨우치엔량바이완주워요우(얼링얼링니엔찌쥰)<br>The population of Korea is about 52 million. |
| 한국의 수도는 서울입니다. | **韩国的首都是首尔。**<br>한구워더쇼우뚜씨쇼우얼<br>The capital of Korea is Seoul. |
| 여름이 되면, 한국에는 비가 많이 내립니다. | **一到夏天,韩国就下大雨。**<br>이따오씨아티엔,한구워찌우씨아따위<br>During the summer time, it rains a lot in Korea. |
| 남산서울타워는 한국의 관광 명소입니다. | **南山首尔塔是韩国的旅游胜地**<br>난싼쇼우얼타씨한구워더뤼요우셩띠<br>Namsan Seoul Tower is a tourist attraction in Korea. |
| BTS는 한국의 유명한 아이돌 그룹입니다. | **BTS是韩国有名的偶像组合。**<br>BTS씨한구워요우밍더오우씨앙주흐어<br>BTS is a famous Korean Idol group. |
| 한글은 세종대왕이 만든 한국 고유의 글자입니다. | **韩文是世宗大王创造的韩国固有的文字**<br>한원씨씨쫑따왕츄앙짜오더한구워꾸요우더원쯔<br>Hangeul is an intrinsic Korean writing system created by King Sejong. |
| 서울은 산이 많아서 등산을 즐길 수 있습니다. | **首尔有很多山,可以享受登山。**<br>쇼우얼요우헌뚜워싼,크어이시앙쑈우떵싼<br>Seoul is surrounded by a mountainous landscape that allows hiking experience. |
| 한국은 전 세계에서 유일한 분단 국가입니다. | **韩国是世界上唯一的分裂国家。**<br>한구워씨씨찌에썅웨이이더뤤리에구워찌아<br>Korea is the only divided country in the world. |
| 대중교통 환승을 무료로 이용할 수 있습니다. | **可免费乘坐公共交通换乘。**<br>크어미엔페이청쭈워꽁꽁찌아오통환청<br>Transferring Public transportation is free. |
| 한국은 어디에서나 인터넷을 이용할 수 있습니다. | **韩国可以在任何地方使用互联网。**<br>한구워크어이짜이런흐어띠팡식용호리엔왕<br>Internet access is possible anywhere in Korea. |
| 한국에서는 늦은 시간까지 음식점이 열려 있습니다. | **在韩国,餐厅营业至深夜。**<br>짜이한구워,찬팅잉예쯰션예<br>In Korea, the restaurants are open late at night. |

147

# 기본 단어를 자유자재로 써 봅시다.

숫자, 월, 요일이나 시간 등 어떤 상황에도 필요한 기본적인 단어는
사전에 알아 둔다면 여행지에서 아주 편리합니다.

## 숫자

| 0 | 1 | 2 | 3 | 4 |
|---|---|---|---|---|
| 零 | 一 | 二 | 三 | 四 |
| 링 | 이 | 얼 | 싼 | 쓰 |
| **5** | **6** | **7** | **8** | **9** |
| 五 | 六 | 七 | 八 | 九 |
| 우 | 리우 | 치 | 빠 | 지우 |
| **10** | **11** | **12** | **13** | **14** |
| 十 | 十一 | 十二 | 十三 | 十四 |
| 식 | 식이 | 식얼 | 식싼 | 식쓰 |
| **15** | **16** | **17** | **18** | **19** |
| 十五 | 十六 | 十七 | 十八 | 十九 |
| 식우 | 식리우 | 식치 | 식빠 | 식지우 |
| **20** | **21** | **22** | **30** | **40** |
| 二十 | 二十一 | 二十二 | 三十 | 四十 |
| 얼식 | 얼식이 | 얼식얼 | 싼식 | 쓰식 |
| **50** | **60** | **70** | **80** | **90** |
| 五十 | 六十 | 七十 | 八十 | 九十 |
| 우식 | 리우식 | 치식 | 빠식 | 지우식 |
| **100** | **1000** | **10000** | **10만** | **100만** |
| 一百 | 一千 | 一万 | 十万 | 一百万 |
| 이바이 | 이치엔 | 이완 | 식완 | 이바이완 |

| 억 | 0.1 | 1/4 |
|---|---|---|
| 亿 | 零点一 | 四分之一 |
| 이 | 링디엔이 | 쓰펀즈이 |
| **1/2** | **2배** | **3배** |
| 一半 | 两倍 | 三倍 |
| 이빤 | 리앙뻬이 | 싼뻬이 |

여러 번 사용해
서 외워 둡시다!

148

## 중국어 숫자의 기본

◆ 중국어의 숫자 세는 법은 기본적으로 한국과 닮았습니다.
1~10을 외우면 그 다음 각각의 숫자를 연결하면 됩니다.
◆ 한국어에서는 100을 백, 1000을 천이라고 하지만 중국어에서는
일 백, 일 천 이런 식으로 앞에 '일'을 꼭 붙입니다.

### 월·계절

| 1월 | 2월 | 3월 | 4월 |
|---|---|---|---|
| 一月 | 二月 | 三月 | 四月 |
| 이위에 | 얼위에 | 싼위에 | 쓰위에 |
| 5월 | 6월 | 7월 | 8월 |
| 五月 | 六月 | 七月 | 八月 |
| 우위에 | 리우위에 | 치위에 | 빠위에 |
| 9월 | 10월 | 11월 | 12월 |
| 九月 | 十月 | 十一月 | 十二月 |
| 지우위에 | 싀위에 | 싀이위에 | 싀얼위에 |
| 봄 | 여름 | 가을 | 겨울 |
| 春 | 夏 | 秋 | 冬 |
| 춘 | 씨아티엔 | 치우티엔 | 똥티엔 |

| | |
|---|---|
| 2월 9일에 한국으로 돌아가요. | **二月九日回韩国。**<br>얼위에 지우릐 호이한구어<br>I'm going back to Korea on February 9th. |

### 요일

| 일요일 | 월요일 | 화요일 | 수요일 | 목요일 | 금요일 | 토요일 |
|---|---|---|---|---|---|---|
| 星期日 | 星期一 | 星期二 | 星期三 | 星期四 | 星期五 | 星期六 |
| 씽치릐 | 씽치이 | 씽치얼 | 씽치싼 | 씽치쓰 | 씽치우 | 씽치리우 |

| 평일 | 휴일 | 공휴일, 명절 |
|---|---|---|
| 工作日 | 休息日 | 节日 |
| 꽁쭈워릐 | 시우시릐 | 지에릐 |

| | |
|---|---|
| 오늘[내일/어제]은 무슨 요일이에요? | **今天 [明天／昨天] 是星期几？**<br>찐티엔[밍티엔／주워티엔]싀씽치지<br>What day is today [tomorrow]?　[What day was yesterday?] |
| 오늘[내일/어제]은 월요일이에요. | **今天[明天／昨天]是星期一。**<br>찐티엔[밍티엔／주워티엔]싀씽치이<br>It is Monday today [tomorrow]. [It was Monday yesterday.] |

# 기본 단어를 자유자재로 써 봅시다.

### 때

| 아침 | 낮 | 저녁 무렵 | 저녁 | 오전 |
|---|---|---|---|---|
| **早上** | **白天** | **傍晚** | **晚上** | **上午** |
| 자오샹 | 바이티엔 | 빵완 | 완샹 | 쌍우 |
| 오후 | 어제 | 오늘 | 내일 | 내일 모레 |
| **下午** | **昨天** | **今天** | **明天** | **后天** |
| 씨아우 | 주워티엔 | 찌티엔 | 밍티엔 | 호우티엔 |

| 1일 전 | 2일 후 | 1시간 | 30분 |
|---|---|---|---|
| **一天前** | **两天后** | **一小时** | **三十分钟** |
| 이티엔치엔 | 리앙티엔호우 | 이거시아오싀 | 싼스펀쫑 |

### 시간

| 시 | 분 | ~시 반 | ~분 전[후] |
|---|---|---|---|
| **点** | **分** | **点半** | **分钟前[后]** |
| 디엔 | 펀 | 디엔빤 | 펀쫑치엔[호우] |

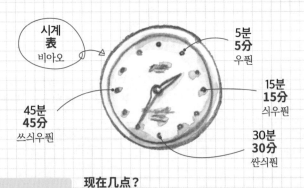

**시계**
**表**
비아오

5분
**5分**
우펀

15분
**15分**
싀우펀

30분
**30分**
싼싀펀

45분
**45分**
쓰싀우펀

| 지금 몇 시예요? | **现在几点?**<br>씨엔짜이지디엔<br>What time is it now? |
|---|---|
| 몇 시에 시작해요? | **几点开始?**<br>지디엔카이싀<br>What time does it start? |

| 8시 20분 | **8点20分**<br>빠디엔 얼스펀<br>eight twenty | 어제 11시 | **昨天11点**<br>주워티엔 스이디엔<br>yesterday at eleven |
|---|---|---|---|
| 9시 반 | **9点半**<br>지우디엔빤<br>nine thirty | 10시 5분 전 | **差5分钟10点**<br>챠우펀종스이디엔<br>five to ten |
| 오전 11시 | **上午11点**<br>쌍우스이디엔<br>11 a.m. | 15분 후 | **15分钟后**<br>스우펀종호우<br>fifteen minutes later |

## 측량 단위의 차이

### ° 길이

| 미터 | 인치 | 피트 | 야드 | 마일 | 척 |
|---|---|---|---|---|---|
| 1 | 39.37 | 3.28 | 1.094 | 0.00062 | 3.3 |
| 0.025 | 1 | 0.083 | 0.028 | 0.0000158 | 0.084 |
| 0.305 | 12 | 1 | 0.333 | 0.000189 | 1.006 |
| 0.914 | 36 | 3 | 1 | 0.00057 | 3.017 |
| 1609.3 | 63360 | 5280 | 1760 | 1 | 5310.8 |
| 0.3 | 11.93 | 0.99 | 0.33 | 0.000188 | 1 |

### ° 무게

| 그램 | 킬로그램 | 온스 | 파운드 | *근 |
|---|---|---|---|---|
| 1 | 0.001 | 0.035 | 0.002 | 0.002 |
| 1000 | 1 | 35.274 | 2.205 | 1.667 |
| 28.3495 | 0.028 | 1 | 0.0625 | 0.047 |
| 453.59 | 0.453 | 16 | 1 | 0.756 |
| 500 | 0.5 | 17.637 | 1.1023 | 1 |

### ° 부피

| cc | 리터 | 쿼터 | 갤런(미국) | 승 |
|---|---|---|---|---|
| 1 | 0.001 | 0.0011 | 0.00026 | 0.001 |
| 1000 | 1 | 1.056 | 0.264 | 1 |
| 946.36 | 0.946 | 1 | 0.25 | 0.946 |
| 3785.4 | 3.785 | 4 | 1 | 3.785 |
| 1000 | 1 | 1.056 | 0.264 | 1 |

### ° 면적

| 평방킬로미터 | 헥타르 | 에이커 | 평방마일 | 평 | 반 |
|---|---|---|---|---|---|
| 1 | 100 | 247.1 | 0.386 | 302500 | 1008.3 |
| 0.01 | 1 | 2.471 | 0.00386 | 3025 | 10.083 |
| 0.004 | 0.404 | 1 | 0.001 | 1224.12 | 4.08 |
| 2.589 | 258.98 | 640 | 1 | 783443 | 2611.47 |
| 0.000003 | 0.00033 | 0.0008 | 0.0000012 | 1 | 0.003 |
| 0.0009 | 0.09917 | 0.245 | 0.0003 | 300 | 1 |

* 대만·홍콩에서는 1근에 600g이 일반적입니다.

## 쏙싹 중국어 강좌

중국어는 한자를 사용하는 언어이므로 한국인에게 있어 다른 외국어보다 친숙한 느낌이 많이 있습니다. 실제 여행에서는 능숙하게 커뮤니케이션을 하지 못하는 경우도 있을 수 있지만 상대방에게 자신의 의사를 전달하려고 하는 마음과 약간의 배짱으로 도전해 봅시다.

## 1. 중국어의 성조 4성에 대해

'성조'란 중국식 악센트(음조)로 4종류가 있습니다.

● 제1성 (-) : 높은 음으로, 그 높이를 일정하게 유지하여 발음합니다.

● 제2성 (/) : 중간 정도의 높이에서 올라가는 느낌으로 낮은 위치에서 높은 곳까지 발음합니다.

● 제3성 (v) : 낮은 음을 내렸다가 끝을 살짝 올리는 느낌으로 발음합니다.

● 제4성 (`) : 높은 음에서 한번에 내립니다.
*성조가 없는 '경성(o)'도 있다. 경성은 짧게 발음합니다.

● 병음에 대해
'병음'은 로마자로 이루어진 중국어 발음 표기입니다. 책에는 병음 대신에 한글로 발음을 표기했습니다.

● 중국의 문자에 대해
중국에서는 현재 '간체자'라고 하는 한자를 쓰고 있습니다. '간체자'는 옛 한자를 간략화한 것으로 옛 한자는 '번체자'라고 합니다. 대만에서는 '번체자'를 사용하고 있습니다.

## 2. 회화 표현의 시작은 의문사부터

누군가에게 무언가를 부탁하고 싶을 때 편리하게 사용할 수 있는 의문사를 알아둡시다.

| 무엇 | **什么** 션머 | 이렇게 사용합니다. | 이건 뭐예요? 例 **这是什么?** 쪄스션머 |
| 누구 | **谁** 셰이 | | 저 사람은 누구예요? 例 **那个人是谁?** 나거런스셰이 |
| 왜 | **为什么** 웨이션머 | | 저건 왜요? 例 **那是为什么?** 나스웨이션머 |
| 어디 | **哪儿·哪里** 나알·나리 | | 화장실은 어디예요? 例 **厕所在哪里?** 츠어수워짜이나리 |
| 어떻게 | **怎么** 쩐머 | | 어떻게 가요? 例 **怎么走?** 쩐머조우 |
| 언제 | **什么时候** 션머스호우 | | 언제 문 열어요? 例 **什么时候开门?** 션머스호우카이먼 |

## 3. 세 가지 기본 문장을 외워 둡시다.

긍정문, 의문문, 부정문의 기본 문장을 마스터하면 기본적인 회화 표현을 할 수 있습니다.

### 1. 입니다
중국어의 어순은 주어 + 술어 + 목적어가 기본입니다.

⑩ **我是韩国人。** (저는 한국 사람이에요.)　　**我吃饺子。** (저는 만두를 먹어요.)
워시한구어런　　　　　　　　　　　워츠지아오즈

### 2. 입니까?
평서문 끝에 '吗'을 붙이면 됩니다. 술어 부분에 긍정형+부정형을 붙여서 만들 수도 있습니다.

⑩ **你有笔吗?** (펜이 있나요?)
니요우비마

**你是学生吗?** (당신은 학생인가요?)
니시쉬에셩마

**你是不是学生?** (당신은 학생이에요?)
니시부시쉬에셩

### 3. ~는 아닙니다.
부정문의 '不'나 '没'을 술어의 앞에 둡니다. '不'는 의지나 습관의 부정, 형용사의 부정이고 '没'은 사실의 부정에 쓰입니다. '是'에는 '不', '有'에는 '没' 밖에 쓸 수 없으므로 주의.

⑩ **她不来。** (그녀는 안 와요.)
타뿌라이

**我没看过。** (저는 본 적이 없어요.)
워메이칸궈

---

**원포인트** 중국어 알아보기

한국과 같은 한자 문화권인 중국은 언어에서 비슷하기도 하지만 전혀 다른 부분도 있습니다.

● 중국어에는 한국어처럼 높임말이 따로 없습니다. 그래서 중국어로 높임말을 하기 위해서는 단어를 바꿔서 경의를 표합니다.
너 '你'(니)의 정중형 '您'(닌), 누구 '谁'(쉐이)의 정중형 '哪位'(나웨이) 등이 있습니다만, 여행할 때 하게 되는 회화에서는 신경 쓰지 않아도 됩니다.

● 중국어에는 격 변화가 없습니다.
인칭이나 단수, 복수, 시제에 따른 동사의 격 변화가 없습니다.

● 중국에서는 지역에 따라 북경어, 상해어, 광동어, 아모리어 등 다양한 언어가 사용되고 있고, 중국인들끼리도 전혀 의사소통이 되지 않는 경우도 있어서 전국 어디에서든 통용되는 공통어로서 '보통화'가 정해져 있습니다. 보통화는 북경어의 어휘와 발음이 기준이 됩니다.

# 단어장

| ㄱ | | |
|---|---|---|
| 가게 | 店<br>띠엔 | |
| 가격 | 价格<br>지아그어 | |
| 가구 | 家具<br>지아쮜 | |
| 가구점 | 家具店<br>지아쮜띠엔 | |
| 가깝다 | 近<br>찐 | |
| 가끔 | 偶然<br>오우란 | |
| 가늘다 | 细<br>씨 | |
| 가능성 | 可能性<br>크어넝씽 | |
| 가다 | 去<br>취 | |
| 가라오케 | 卡拉ok<br>카라오케 | |
| 가렵다 | 痒<br>양 | |
| 가로의 | 横<br>헝 | |
| 가루 | 粉<br>펀 | |
| 가면 | 面具<br>미엔쮜 | |
| 가방 | 包<br>빠오 | |
| 가볍다 | 轻<br>칭 | |

| 가속기 | 加速器<br>지아쑤치 |
|---|---|
| 가수 | 歌手<br>끄어쇼우 |
| 가위 | 剪刀<br>지엔따오 |
| 가을 | 秋天<br>치우티엔 |
| 가이드 | 向导<br>씨앙다오 |
| 가이드<br>브로슈어 | 导游手册<br>다오요우쇼우츠어 |
| 가이드 비 | 导游费<br>다오요우페이 |
| 가이드가<br>있는 단체<br>관광 | 有导游的旅游团<br>요우다오요우더뤼<br>요우투안 |
| 가장<br>마지막의 | 最后的<br>쭈이호우더 |
| 가장 앞 줄 | 最前排<br>쭈이치엔파이 |
| 가장 작은 | 最小的<br>쭈이시아오더 |
| 가장 큰 | 最大的<br>쭈이따더 |
| 가정 | 家庭<br>지아팅 |
| 가정 교사 | 家庭教师<br>지아팅찌아오스 |
| 가정부 | 女佣<br>뉘용 |
| 가족 | 家人<br>지아런 |

| 가죽 | 皮革<br>피그어 |
|---|---|
| 가죽 가방 | 皮包<br>피빠오 |
| 가죽 점퍼 | 皮夹克<br>피지아크어 |
| 가죽 제품 | 皮革制品<br>피그어쯰핀 |
| 각양각색의 | 各种各样的<br>끄어종끄어양더 |
| 간단한 | 简单的<br>지엔딴더 |
| 간단한<br>음식 | 小吃<br>시아오츼 |
| 간단한<br>음식 | 小食品<br>시아오싀핀 |
| 간이<br>숙박 시설 | 简易招待所<br>지엔이쨔오파이수워 |
| 간이 침대 | 简易床<br>지엔이츄앙 |
| 간장 | 酱油<br>찌앙요우 |
| 간호사 | 护士<br>호싀 |
| 갈아타다 | 转乘<br>쥬안청 |
| 감기 | 感冒<br>간마오 |
| 감기약 | 感冒药<br>간마오야오 |
| 감사 | 感谢<br>간씨에 |

|  |  | |  |  | |  |  |
|--------|--------|---|--------|--------|---|--------|--------|
| 감자 | 土豆<br>투또우 | | 거북이 | 乌龟<br>우꾸이 | | 검다 | 黑<br>헤이 |
| 갓난아기 | 婴儿<br>잉얼 | | 거스름돈 | 零钱<br>링치엔 | | 검사 | 检查<br>지엔챠 |
| 강 | 河<br>흐어 | | 거스름돈을<br>주다 | 找零<br>쟈오링 | | 검색하다 | 检索<br>지엔수워 |
| 강도 | 强盗<br>치앙따오 | | 거울 | 镜子<br>찡즈 | | 검술 | 剑术<br>찌엔쒸 |
| 강사 | 讲师<br>지앙스 | | 거절하다 | 拒绝<br>쮜쥐에 | | 검역 | 检疫<br>지엔이 |
| 강압적인 | 强制的<br>치앙찌더 | | 거주자 | 居住者<br>쮜쮸져어 | | 게시판 | 通知栏<br>퉁즈란 |
| 강의하다 | 授课<br>쑈우크어 | | 거짓말 | 谎言<br>후앙옌 | | 겨울 | 冬天<br>뚱티엔 |
| 강하다 | 强<br>치앙 | | 건강 | 健康<br>찌엔캉 | | 겨울 방학 | 寒假<br>한찌아 |
| 같이 | 一起<br>이치 | | 건강한 | 健康的<br>찌엔캉더 | | 결정하다 | 决定<br>쥐에띵 |
| 개 | 狗<br>고우 | | 건드리다 | 干<br>깐 | | 결혼 | 结婚<br>지에훈 |
| 개성 | 个性<br>끄어씽 | | 건배 | 干杯<br>깐뻬이 | | 겹치다 | 冲突<br>충투 |
| 개업 시간 | 开店时间<br>카이띠엔싀지엔 | | 건성 피부 | 干性皮肤<br>깐씽피푸 | | 경극 | 京剧<br>징쮜 |
| 개인용 | 私人用<br>쓰런용 | | 건의 | 建议<br>찌엔이 | | 경기장 | 竞技场<br>찡찌창 |
| 개찰구 | 检票口<br>지엔피아오코우 | | 건축 | 建筑<br>찌엔쮸 | | 경비원 | 门卫<br>먼웨이 |
| 객선 | 客船<br>크어츄안 | | 건축가 | 建筑家<br>찌엔쮸지아 | | 경사지다 | 坡<br>포워 |
| 객실<br>종업원 | 客舱服务员<br>크어창푸우위엔 | | 건축물 | 建筑<br>찌엔쮸 | | 경어 | 敬语<br>찡위 |
| 거는 달력 | 挂历<br>꽈리 | | 걷다 | 走<br>조우 | | 경영을<br>관리하다 | 经理<br>징리 |
| 거리 | 街道<br>지에따오 | | 걷다 | 走路<br>조우루 | | 경제 | 经济<br>징찌 |
| 거리 | 距离<br>쮜리 | | 걸어서<br>가다 | 步行<br>뿌씽 | | 경제학 | 经济学<br>징찌쉬에 |
| | | | | | | 경찰 | 警察<br>징챠 |

155

| 경찰관 | 警官<br>징꾸안 |
|---|---|
| 경찰서 | 警察局<br>징챠쥐 |
| 경축일 | 节假日<br>지에찌아리 |
| 경치 | 景色<br>징쓰어 |
| 경치가<br>좋다 | 景色好<br>징쓰어하오 |
| 계단 | 楼梯<br>로우티 |
| 계산 | 计算<br>찌쑤안 |
| 계산대 | 柜台<br>꾸이타이 |
| 계속 | 继续<br>찌쒸 |
| 계속하여<br>머무르다 | 连续住<br>리엔쒸쮸 |
| 계약 | 合同<br>흐어퉁 |
| 계약금 | 首付<br>쇼우푸 |
| 계약서 | 合同书<br>흐어퉁슈 |
| 계절 | 季节<br>찌지에 |
| 계정 계좌 | 账号<br>짱하오 |
| 계좌 | 账户<br>짱후 |
| 계획 | 计划<br>찌화 |
| 고급 | 高级<br>까오지 |
| 고등학생 | 高中生<br>까오쫑셩 |

| 고모(처녀) | 姑娘<br>꾸니앙 |
|---|---|
| 고생하다 | 困<br>쿤 |
| 고속도로 | 高速公路<br>까오쑤꿍루 |
| 고양이 | 猫<br>마오 |
| 고원 | 高原<br>까오위엔 |
| 고장 나다 | 故障<br>꾸짱 |
| 고장 난 | 故障中<br>꾸짱쭝 |
| 고적 | 古迹<br>구찌 |
| 고전 음악 | 古典音乐<br>구디엔인위에 |
| 고질병 | 老毛病<br>라오마오삥 |
| 고추 | 辣椒<br>라지아오 |
| 고치다 | 改变<br>가이삐엔 |
| 고치다 | 修改<br>시우가이 |
| (~의) 고향 | (~的) 老家<br>(더)라오지아 |
| 고혈압 | 高血压<br>까오쉬에야 |
| 곤란하다 | 困难<br>쿤난 |
| 곧 | 马上<br>마쌍 |
| 골동품 | 古董<br>구둥 |
| 골동품점 | 古董店<br>구둥띠엔 |

| 골절 | 骨折<br>구줘어 |
|---|---|
| 골프 | 高尔夫球<br>까오얼푸치우 |
| 골프공 | 高尔夫球<br>까오얼푸치우 |
| 골프장 | 高尔夫球场<br>까오얼푸치우챵 |
| 공공 | 公共<br>꿍꿍 |
| 공공 비용 | 公共费用<br>꿍꿍풰이용 |
| 공교롭게도 | 不凑巧<br>부초우치아오 |
| 공기 | 空气<br>콩지 |
| 공동<br>목욕탕 | 公用浴池<br>ゴンヨンユーチー<br>꿍꿍짜오탕 |
| 공동 임대 | 合租房间<br>흐어주퐝지엔 |
| 공부하다 | 学习<br>쉬에시 |
| 공사 | 施工<br>식꿍 |
| 공사 중 | 施工中<br>식꿍쭝 |
| 공연하다 | 上演<br>쌍옌 |
| 공용<br>샤워실 | 公用淋浴<br>꿍용린위 |
| 공용<br>화장실 | 公用厕所<br>꿍용츠어수워 |
| 공원 | 公园<br>꿍위엔 |
| 공중전화 | 公用电话<br>꿍용띠엔화 |
| 공학 | 工科<br>꿍크어 |

|  |  |  |  |  |  |
|---|---|---|---|---|---|
| 공항 | 机场<br>지창 | 교사 | 教师<br>찌아오싀 | 구토용<br>봉투 | 呕吐袋<br>오우투따이 |
| 공항세 | 机场税<br>지창쓔이 | 교실 | 教室<br>찌아오싀 | 구토하고<br>싶다 | 想吐<br>시앙투 |
| 곶 | 海岬<br>하이지아 | 교외 | 郊外<br>지아오와이 | 국가 | 国家<br>구워지아 |
| 과거의 일 | 过去的事情<br>꿔취더씀칭 | 교육 | 教练<br>찌아오리엔 | 국경 | 国境<br>구궈찡 |
| 과로하다 | 过劳<br>꿔라오 | 교육 | 教育<br>찌아오위 | 국기 | 国旗<br>구워치 |
| 과일 | 水果<br>슈이궈 | 교차로 | 十字路口<br>싈자루코우 | 국내선 | 国内航线<br>구워내이항씨엔 |
| 과일 주스 | 果汁<br>구워즤 | 교통사고 | 交通事故<br>지아오퉁씀꾸 | 국내의 | 国内的<br>구워내이더 |
| 관계 | 交涉<br>지아오씌어 | 교통정체 | 交通堵塞<br>지아오퉁두쓰어 | 국도 | 国道<br>구워따오 |
| 관내도 | 馆内图<br>구안내이투 | 교환하다 | 交换<br>지아오환 | 국립 공원 | 国立公园<br>구워리꿍위엔 |
| 관람석 | 看台<br>칸타이 | 교회 | 教会<br>찌아오호이 | 국립의 | 国立的<br>구워리더 |
| 관리 | 管理<br>구안리 | 구간 | 区间<br>취지엔 | 국산 맥주 | 国产啤酒<br>구워챤피지우 |
| 관리인 | 管理人<br>구안리인 | 구급차 | 急救车<br>지찌우쳐어 | 국적 | 国籍<br>구워찌 |
| 관세 | 关税<br>꾸안쓔이 | 구름 | 云<br>윈 | 국제 | 国际<br>구워찌 |
| 관현악단 | 管弦乐团<br>구안시엔위에투안 | 구멍 | 洞<br>뚱 | 국제<br>면허증 | 国际驾驶证<br>구워찌찌아즤쪙 |
| 관현악대 | 管弦乐队<br>구안시엔위에뚜이 | 구명복 | 救生衣<br>찌우셩이 | 국제 전화 | 国际电话<br>구워찌띠엔와 |
| 광고 | 广告<br>구앙까오 | 구분 | 区分<br>취펀 | 국제 항로 | 国际航线<br>구우찌항씨엔 |
| 광적인 | 狂热的<br>쿠앙르어더 | 구역 | 街区<br>지에취 | 굳다 | 坚硬<br>지엔잉 |
| 교과서 | 教科书<br>찌아오크어슈 | 구입하다 | 购买<br>꼬우마이 | 굴뚝 | 烟囱<br>옌총 |
| 교대하다 | 替换<br>티환 | 구조대 | 救生袋<br>찌우셩따이 | 굵다 | 粗<br>추 |
| | | 구토 | 吐<br>투 | | |

| 굽다 | 烤 카오 |
|---|---|
| 굽다 | 弯 완 |
| 궁도 | 射术 싀어쒸 |
| 궁전 | 宫殿 꽁띠엔 |
| 권투 | 拳击 취엔지 |
| 권하다 | 劝 취엔 |
| 귀걸이 | 耳环 얼환 |
| 귀금속 | 贵金属 구이찐슈 |
| 귀엽다 | 可爱 크어아이 |
| 귀중품 | 贵重物品 구이쫑우핀 |
| 규칙 | 规则 꾸이즈어 |
| 그림 | 画 화 |
| 그림을 그리다 | 绘画 호이화 |
| 극단적인 | 过激的 꿔지더 |
| 극장 | 剧场 쮜창 |
| 근육 | 肌肉 지로우 |
| 근처에 있다 | 附近有 푸찐요우 |
| 글자 | 词语 츠위 |
| 금 | 金 찐 |

| 금고 | 金库 찐쿠 |
|---|---|
| 금액 | 金额 찐으어 |
| 금연 | 禁烟 찐옌 |
| 금연석 | 禁烟席 찐옌시 |
| 금연 차량 | 禁烟车 찐옌츠어 |
| 금지 휴대 물품 | 禁止携带物品 찐즈시에따이우핀 |
| 급유가 필요하다 | 需要加油 쉬야오찌아요우 |
| 급하다 | 急 지 |
| 급해지다 | 加急 지아지 |
| 급행열차 비용 | 快车费用 콰이츠어페이용 |
| 기간 | 期间 치지엔 |
| 기계 | 机械 지씨에 |
| 기관지염 | 支气管炎 즈치구안옌 |
| 기내식 | 机内餐 지내이찬 |
| 기념비 | 纪念碑 찌니엔뻬이 |
| 기념 우표 | 纪念邮票 찌니엔요우피아오 |
| 기념일 | 节日 지에릭 |
| 기념품 | 纪念品 찌니엔핀 |

| 기다리다 | 等 덩 |
|---|---|
| 기록 | 记录 찌루 |
| 기름 | 油 요우 |
| 기름진 식품 | 油腻 요우니 |
| 기부하다 | 捐赠 쥐엔쩡 |
| 기쁘다 | 高兴 까오씽 |
| 기술 | 技术 찌쒸 |
| 기술자 | 技师 찌싀 |
| 기억하다 | 记 지 |
| 기억하다 | 记着 찌즈어 |
| 기온 | 气温 치원 |
| 기운 내 | 打起精神 다치찡션 |
| 기장 | 机长 지장 |
| 기저귀 | 纸尿布 즈니아오뿌 |
| 기차역 | 火车站 후워츠어짠 |
| 기침 | 咳嗽 크어소우 |
| 기타 | 吉他 지타 |
| 기회 | 机会 지호이 |
| 기획 | 策划 츠어화 |

| 기후 | 气候<br>치호우 |
|---|---|
| 긴 비단<br>버선 | 长筒丝袜<br>창통쓰와 |
| 긴소매 | 长袖<br>창씨우 |
| 긴급 | 紧急<br>진지 |
| 긴급<br>스위치 | 紧急按钮<br>진지안니우 |
| 긴급한 | 紧急的<br>진지더 |
| 길다 | 长<br>창 |
| 길에서 | 在路上<br>짜이루샹 |
| 길을<br>안내하다 | 向导<br>씨앙다오 |
| 길을 잃다 | 迷路<br>미루 |
| 깊은 밤 | 深夜<br>션예 |
| 깜빡이 | 转向灯<br>쥬안씨앙떵 |
| 깡통 | 罐头<br>구안토우 |
| 깡통 따개 | 罐头起子<br>구안토우치즈 |
| 깨끗이<br>치우다 | 清扫<br>칭사오 |
| 깨끗한 | 干净的<br>깐찡더 |
| 깨지기<br>쉬운 물건 | 易碎物品<br>이쑤이우핀 |
| 깨진 글자 | 乱码<br>루안마 |

| 껌 | 口香糖<br>코우시앙탕 |
|---|---|
| 꽃가루<br>알러지 | 花粉过敏<br>화펀꿔민 |
| 꽃다발 | 花束<br>화쑤 |
| 꽃 | 花<br>화 |
| 꽃병 | 花瓶<br>화핑 |
| 꿈 | 梦<br>멍 |
| 끄다 | 关<br>꾸안 |
| 끝 | 结束<br>지에쓔 |

**ㄴ**

| 나룻배 | 小船<br>시아오츄안 |
|---|---|
| 나이트<br>클럽 | 夜总会<br>예종호이 |
| 나일론 | 尼龙<br>니롱 |
| 난로 | 暖炉<br>누안루 |
| 날씨 | 天气<br>티엔치 |
| 날짜 | 日期<br>릐치 |
| 남/남자의 | 男／男的<br>난／난더 |
| 남녀 | 男女<br>난뉘 |
| 남녀공용 | 男女通用<br>난뉘통용 |
| 남색 | 蓝<br>란 |

| 남성복점 | 男装店<br>난쥬앙띠엔 |
|---|---|
| 남이 말하는<br>대로 따라<br>말하다 | 随声附和<br>수이셩푸흐어 |
| 남자아이 | 男孩<br>난하이 |
| 남자용 | 男士用<br>난쓰용 |
| 남자<br>종업원 | 男服务员<br>난푸우위엔 |
| 남쪽 | 南<br>난 |
| 남편 | 丈夫<br>쨩푸 |
| 낭만의 | 浪漫的<br>랑만더 |
| 내과 의사 | 内科医生<br>내이크어이셩 |
| 내기하다 | 赌<br>두 |
| 내년 | 明年<br>밍니엔 |
| 내려오다 | 下来<br>씨아라이 |
| 내버리다 | 扔<br>렁 |
| 내선 전화 | 内线电话<br>내이씨엔띠엔화 |
| 내용 | 内容<br>내이롱 |
| 내의 | 内衣<br>내이이 |
| 내일 | 明天<br>밍티엔 |
| 내일 모레 | 后天<br>호우티엔 |

|  |  |  |
|---|---|---|
| 내일 밤 | 明晚 | 밍완 |
| 내일 오후 | 明天下午 | 밍티엔씨아우 |
| 내일 해 질 무렵 | 明天傍晚 | 밍티엔빵완 |
| 냄비 | 锅 | 꾸워 |
| 냅킨 | 纸巾 | 즤쩐 |
| 냉기 | 冷气 | 렁치 |
| 냉동식품 | 冷冻食品 | 렁똥식핀 |
| 냉장고 | 冰箱 | 삥시앙 |
| 너무 아프다 | 非常痛 | 페이창통 |
| 노란색 | 黄色 | 후앙쓰어 |
| 노래 | 歌 | 끄어 |
| 노래 부르다 | 唱 | 챵 |
| 노름 돈 | 赌注 | 두쮸 |
| 노선 | 路线 | 루씨엔 |
| 노선도 | 路线图 | 루씨엔투 |
| 노인 | 老人 | 라오런 |
| 녹색 | 绿色 | 뤼쓰어 |
| 녹색등 | 绿灯 | 뤼떵 |

|  |  |  |
|---|---|---|
| 놀다 | 玩 | 완 |
| 놀라다 | 惊讶 | 찡야 |
| 놀이공원 | 游乐园 | 요우르어위엔 |
| 농담 | 玩笑 | 완씨아오 |
| 농민 | 农民 | 농민 |
| 농부 | 庄家 | 쮸앙지아 |
| 농업 | 农业 | 농예 |
| 높다 | 高 | 까오 |
| 놓아 주다 | 放走 | 팡조우 |
| 뇌진탕 | 脑震荡 | 나오쪈땅 |
| 눈 | 雪 | 쉬에 |
| 눈이 내리다 | 下雪 | 씨아쉬에 |
| 눕다 | 躺下 | 탕씨아 |
| 뉴스 | 新闻 | 씬원 |
| 늦다 | 迟到 | 츼따오 |

## ㄷ

|  |  |  |
|---|---|---|
| 다도 | 茶道 | 챠따오 |
| 다리 | 桥 | 치아오 |
| 다리미 | 熨斗 | 윈도우 |

|  |  |  |
|---|---|---|
| 다림질 하다 | 熨 | 윈 |
| 다스리다 | 治 | 쯰 |
| 다시 걸려온 전화 | 回拨电话 | 호이보워띠엔화 |
| 다시 검토하다 | 再确认 | 짜이취에런 |
| 다시 한번 | 再一次 | 짜이이츠 |
| 다운로드 | 下载 | 씨아짜이 |
| 다음 달 | 下个月 | 씨아거위에 |
| 다음 주 | 下周 | 씨아쬬우 |
| 다이아몬드 | 钻石 | 쭈안식 |
| 다이어트 하다 | 减肥 | 지엔퀘이 |
| 다치다 | 伤 | 샹 |
| 다투다 | 争 | 쪙 |
| 단맛이 나는 간식 | 甜品 | 티엔핀 |
| 단체 | 团体 | 투안티 |
| 단체 여행 | 团体旅行 | 투안티뤼싱 |
| 단추 | 纽扣 | 니우코우 |
| 단풍 | 红叶 | 홍예 |
| 닫다 | 关 | 꾸안 |
| 달걀 | 鸡蛋 | 지딴 |

|  |  |  |
|---|---|---|
| 달걀 볶음 | 炒鸡蛋 | 챠오지딴 |
| 달걀 프라이 | 煎鸡蛋 | 찌엔지딴 |
| 달다 | 甜 | 티엔 |
| 닭고기 | 鸡肉 | 지로우 |
| 닮다 | 像 | 씨앙 |
| 담배를 피우다 | 吸烟 | 시옌 |
| 담요 | 毛毯 | 마오탄 |
| 당기다 | 拉 | 라 |
| 당뇨병 | 糖尿病 | 탕니아오삥 |
| 당일치기 관광(여행) | 一日游 | 이릐요우 |
| 대답하다 | 回答 | 호이다 |
| 대만 | 台湾 | 타이완 |
| 대사관 | 大使馆 | 따식구안 |
| 대성당 | 大教堂 | 따찌아오탕 |
| 대양주 | 大洋洲 | 따양쪼우 |
| 대통령 | 大总统 | 따종통 |
| 대학교 | 大学 | 따쉬에 |
| 대학생 | 大学生 | 따쉬에셩 |
| 대합실 | 等候室 | 덩호우씨 |
| 대형 도구 | 大型道具 | 따싱따오쥐 |
| 대형 욕조 | 浴池 | 위츠 |
| 대형차 | 大型车 | 따싱칰어 |
| 대화 | 对话 | 뚜이화 |
| 댁 | 您家 | 닌지아 |
| 더 작은 | 更小的 | 껑시아오더 |
| 더 저렴한 | 更便宜的 | 껑피엔이더 |
| 더 좋은 | 更好的 | 껑하오더 |
| 더 큰 | 更大的 | 껑따더 |
| 더럽다 | 脏 | 짱 |
| 더치페이 | AA制 | 에이에이찌 |
| 덥다 | 热 | 릐어 |
| 도구 | 工具 | 꽁쮜 |
| 도난 증명서 | 被盗证明书 | 뻬이따오쪙밍슈 |
| 도난당한 물건 | 被盗物品 | 뻬이따오우핀 |
| 도로 | 道路 | 따오루 |
| 도로 요금 | 收费道路 | 쇼우페이따오루 |
| 도박 | 赌博 | 두보워 |
| 도서관 | 图书馆 | 투슈구안 |
| 도시 | 城市 | 쳥싀 |
| 도시락 | 盒饭 | 흐어퐌 |
| 도시의 | 都市的 | 뚜씌더 |
| 도자기 | 陶器 | 타오치 |
| 도자기점 | 瓷器店 | 츠치띠엔 |
| 도장 | 图章 | 투쨩 |
| 도장을 찍다 | 打印 | 다인 |
| 도착 시간 | 到达时间 | 따오다싀지엔 |
| 도착하다 | 到达 | 따오다 |
| 도트 셔츠 | 保罗衫 | 바오루워샨 |
| 독창적 경품 | 独创赠品 | 두츄앙쩡핀 |
| 돈 | 钱 | 치엔 |
| 돌아가다 | 回去 | 호이취 |
| 돌아오다 | 回来 | 호이라이 |
| 돕다 | 帮助 | 빵쮸 |

161

| 동경(하다) | 憧憬 총징 | 드라마 | 电视剧 띠엔씨쮜 | 뜨거운 물 | 热水 르어슈이 |
|---|---|---|---|---|---|
| 동물 | 动物 똥우 | 드라이 아이스 | 干冰 깐삥 | | **ㄹ** |
| 동물원 | 动物园 똥우위엔 | 드라이 클리닝 | 干洗 깐시 | 라디오 | 收音机 쇼우인지 |
| 동상 | 铜像 통씨앙 | 득점판 | 记分牌 찌펀파이 | 라이터 | 打火机 다후워지 |
| 동업자 | 同事 통씨 | 듣다 | 听 팅 | 라켓 | 球拍 치우파이 |
| 동전 | 硬币 잉삐 | 들어가다 | 进 찐 | (음악의) 랩 | 说唱 슈워챵 |
| 동전 가방 | 零钱包 링치엔빠오 | 들이마시다 | 吸 씨 | 랭킹 | 排名 파이밍 |
| 동전 반환 레버 | 退币杆 투이삐간 | 등 | 灯 떵 | 레게 | 雷鬼 레이구이 |
| 동전 투입구 | 硬币投入口 잉삐토우루삐 | 등 | 后背 호우뻬이 | 레일 패스 | 火车通票 후워츠어통피아오 |
| 동쪽 | 东 똥 | 디저트 숟가락 | 甜品勺 티엔핀샤오 | 레코드점 | 唱片店 챵피엔띠엔 |
| 동창 | 同学 통쉬에 | 디지털 카메라 | 数码照相机 슈마짜오씨앙지 | 레크레이션 | 游戏 요우씨 |
| 동화 | 动画 똥화 | 따뜻하다 | 暖和 누안후워 | 렌즈 | 镜片 찡피엔 |
| 두껍다 | 厚 호우 | 따뜻하다 | 温 원 | 렌터카 | 租赁汽车 쭈린치츠어 |
| 두드러기 | 荨麻疹 쉰마쪈 | 따져 보다 | 合计 흐어찌 | ~로 가다 | 开往 카이왕 |
| 두드리다 | 鼓 구 | 땀 | 汗 한 | 로마 글자 | 罗马字 루워마쯔 |
| 두통 | 头痛 토우통 | 때려서 상처를 입히다 | 打伤 다샹 | 롤빵 | 圆面包 위엔미엔빠오 |
| 둥글다 | 圆 위엔 | 떨어지다 | 降落 찌앙루워 | 룰렛 게임 | 轮盘赌 룬판두 |
| 뒤쪽 자리 | 后面的座位 호우미엔더쭈워웨이 | 떨어지다 | 掉 띠아오 | 룸메이트 | 室友 씨요우 |
| 뒷면 | 后面 호우미엔 | 떨어지다 | 掉落 띠아오루워 | 룸서비스 | 客房送餐服务 크어팡쏭찬푸우 |

|  |  | |  |  | |  |  |
|---|---|---|---|---|---|---|---|
| 룸서비스 비용 | 客房送餐服务费 크어팡쏭찬푸우페이 | | 마크 | 标识 삐아오싀 | | 망가지다 | 坏掉 화이띠아오 |
| 리스트 | 列表 리에비아오 | | 막간 | 幕间 무찌엔 | | 망토 | 披风 피펑 |
| 리어카 | 手推车 쇼우투이츠어 | | 막다른 골목 | 死胡同 스호통 | | 맞은 편 | 对面 뚜이미엔 |
| 리조트 | 度假村 뚜찌아춘 | | 막차 | 末班车 모워반츠어 | | 맞이하다 | 接送 지에쏭 |
| 린스 | 护发素 호퐈쑤 | | 막히다 | 堵塞 두쓰어 | | 매니큐어 | 指甲油 즈지아요우 |
| 립스틱 | 口红 코우훙 | | 만나다 | 遇见 오우찌엔 | | 매우 많은 | 很多的 헌뚜워더 |
| | ▣ | | 만석 | 满席 만시 | | 매입 | 买入 마이루 |
| 마늘 | 大蒜 따쑤안 | | 만족하다 | 满足 만주 | | 매점 | 小卖部 시아오마이뿌 |
| 마멀레이드 | 橘皮果酱 쥐피구워찌앙 | | 만찬회 | 晚会 완호이 | | 매진 | 卖完 마이완 |
| 마사지 | 按摩 안모워 | | 만화 | 卡通 카통 | | 매표소 | 售票处 쏘우피아오츄 |
| 마시다 | 喝 흐어 | | 만화가 | 漫画家 만화가 | | 맥박 | 脉搏 마이보워 |
| 마요네즈 | 沙拉酱 샤라찌앙 | | 많은 사람들 | 很多人 헌뚜워런 | | 맥주 | 啤酒 피지우 |
| 마우스를 더블클릭 하다 | 双击 슈앙지 | | 말 | 马 마 | | 맵다 | 辣 라 |
| 마을 | 村子 춘즈 | | 말을 타다 | 骑马 치마 | | 맹장염 | 阑尾炎 란웨이옌 |
| 마음이 아프다 | 钻心疼 주안씬텅 | | 말하다 | 说 슈워 | | 머리 | 头 토우 |
| 마이크 | 麦克 마이크어 | | 맑다 | 晴 칭 | | 머리카락 | 头发 토우퐈 |
| 마중 나가다 | 去接 취지에 | | 맑다 | 晴朗 칭랑 | | 머무는 시간 | 停留时间 팅리우싀지엔 |
| 마카오 | 澳门 아오먼 | | 맛 | 味道 웨이따오 | | 머무르다 | 留 리우 |
| | | | 맛이 없다 | 难吃 난츼 | | 머물다 | 停留 팅리우 |
| | | | 맛있다 | 好吃 하오츼 | | 머스터드 | 黄芥末 후왕찌에모워 |

| 먹다 | 吃<br>츠 | 모서리 | 角<br>지아오 | 무덤 | 墓地<br>무띠 |
|---|---|---|---|---|---|
| 먹물 | 墨水<br>모워슈이 | 모양 | 模样<br>모워양 | 무덥다 | 闷热<br>먼르어 |
| 멀다 | 远<br>위엔 | 모자 | 帽子<br>마오즈 | 무료 | 免费<br>미엔페이 |
| 멈추다 | 停<br>팅 | 모조품 | 假货<br>지아후워 | 무료하다 | 无聊<br>우리아오 |
| 메뉴 | 菜单<br>차이딴 | 모직물 | 毛纺织品<br>마오퐝즤핀 | 무엇 | 什么<br>션머 |
| 메이크업<br>베이스 | 粉底<br>풘디 | 모친 | 母亲<br>무친 | 무엇이든 | 什么都<br>션머또우 |
| 메인<br>스탠드 | 正面看台<br>쩡미엔칸타이 | 모피 | 毛皮<br>마오피 | 무역 | 贸易<br>마오이 |
| 면 | 棉质<br>미엔쯰 | 모호하다 | 暧昧<br>누안메이 | 무염색 | 无染色<br>우란쓰어 |
| 면도기 | 剃须刀<br>티쉬마오 | 목 | 脖子<br>보워즈 | 무음 상태 | 静音<br>찡인 |
| 면세 | 免税<br>미엔쑤이 | 목걸이 | 项链<br>씨앙리엔 | 무제한 | 无限制<br>우씨엔쯰 |
| 면세점 | 免税店<br>미엔쑤이띠엔 | 목도리 | 围巾<br>웨이찐 | 무첨가 | 无添加<br>우티엔지아 |
| 면세품 | 免税品<br>미엔쑤이핀 | 목소리 | 声音<br>셩인 | 무탄산수 | 无碳酸水<br>우탄쑤안슈이 |
| 면접 | 面试<br>미엔씌 | 목욕 수건 | 浴巾<br>위찐 | 문 | 门<br>먼 |
| 면포 | 纱布<br>샤뿌 | 목이<br>아프다 | 嗓子疼<br>상즈텅 | 문구점 | 文具店<br>원쮜띠엔 |
| 면화 | 棉<br>미엔 | 목적지 | 目的地<br>무띠띠 | 문을 닫다 | 关店<br>꾸안띠엔 |
| 명세서 | 账单<br>쨩딴 | 목표 | 目标<br>무삐아오 | 문장 | 文章<br>원쨩 |
| 명소 | 名胜<br>밍셩 | 몸에 소지<br>하는 짐 | 随身携带行李<br>수이션시에따이싱리 | 문제없다 | 没问题<br>메이원티 |
| 명패 | 名签<br>밍치엔 | 못 | 钉<br>띵 | 문학 | 文学<br>원쉬에 |
| 명함 | 名片<br>밍피엔 | 무겁다 | 重<br>쫑 | | |
| 모노톤 | 单一色<br>딴이쓰어 | 무대 | 舞台<br>우타이 | | |

|  |  |  |  |  |  |
|---|---|---|---|---|---|
| 문화 | 文化<br>원화 | 밀다 | 推<br>세이 | 반바지 | 短裤<br>두안쿠 |
| 물 | 水<br>슈이 | 밑 | 底<br>디 | 반소매 | 半袖<br>빤씨우 |
| 물가 | 物价<br>우찌아 | | | 반지 | 戒指<br>찌에즈 |
| 물고기 | 鱼<br>위 | **ㅂ** | | | |
| 물길 | 水道<br>슈이따오 | 바겐세일<br>하다 | 甩卖<br>슈아이마이 | 반품하다 | 退货<br>투이훠 |
| 뮤직<br>페스티벌 | 音乐节<br>인위에지에 | 바구니 | 筐<br>쿠앙 | 받아들이다 | 接纳<br>지에나 |
| 미네랄<br>워터 | 矿泉水<br>쿠앙취엔슈이 | 바다 | 海<br>하이 | 발 | 脚<br>지아오 |
| 미소 | 味噌<br>웨이청 | 바다에<br>인접한 | 靠海的<br>카오하이더 | 발레 | 芭蕾<br>빠레이 |
| 미술관 | 美术馆<br>메일쓔구안 | 바닥 | 地板<br>띠반 | 발목 | 脚腕<br>지아오완 |
| 미용실 | 美容院<br>메이룽위엔 | 바둑 | 围棋<br>웨이치 | 발송하다 | 发送<br>퐈쏭 |
| 미처<br>자리에 앉지<br>못했다 | 没来得及坐<br>메이라이더지쭤워 | 바람 | 风<br>펑 | 발신인 | 发信人<br>퐈씬런 |
| 민감성<br>피부 | 敏感性皮肤<br>민간씽피푸 | 바람을<br>쐬다 | 兜风<br>또우펑 | 밝게<br>비치다 | 照亮<br>짜오리앙 |
| 민속<br>공예품 | 民间工艺品<br>민지엔꽁이핀 | 바람이<br>불다 | 吹风<br>츄이펑 | 밝다 | 明亮<br>밍리앙 |
| 민족 음악 | 民族音乐<br>민주인위에 | 바쁘다 | 忙<br>망 | 밤 | 夜晚<br>예완 |
| 민족 의상 | 民族衣裳<br>민주이샹 | 바이올린 | 小提琴<br>시아오티친 | 밤에 놀러<br>다니다 | 夜游<br>예요우 |
| 믿다 | 信<br>씬 | 바지 | 裤子<br>쿠즈 | 밥을 먹다 | 用餐<br>용찬 |
| 밀(소맥) | 小麦<br>시아오마이 | 박물관 | 博物馆<br>보워우구안 | 방 | 房间<br>팡지엔 |
| 밀가루 | 小麦面粉<br>시아오마이미엔펀 | 박수 치다 | 鼓掌<br>구쨩 | 방 번호 | 房间号<br>팡지엔하오 |
| | | 박스형<br>트럭 | 箱型卡车<br>시앙싱카처어 | 방법 | 方法<br>퐝퐈 |
| | | 반대하다 | 反对<br>퐌뚜이 | | |

|  |  |
|---|---|
| 방송하다 | **广播** 구앙뽀워 |
| 방치하다 | **放置** 팡쯰 |
| 방 키 | **房间钥匙** 팡지엔야오싀 |
| 방향 | **方位** 팡웨이 |
| 배 | **船** 츄안 |
| 배가 비어 있는 | **空肚子** 콩뚜즈 |
| 배고프다 | **饿** 으어 |
| 배를 타다 | **坐船** 쭈워츄안 |
| 배상 | **赔偿** 페이챵 |
| 배우 | **演员** 옌위엔 |
| 배터리 | **电池** 띠엔츠 |
| 배표 | **船票** 츄안피아오 |
| 백사장 | **沙滩** 샤탄 |
| 백설탕 | **白糖** 바이탕 |
| 백화점 | **百货商店** 바이훠샹띠엔 |
| 밸런타인 데이 | **情人节** 칭런지에 |
| 뱀 | **蛇** 싀어 |
| 뱃멀미 | **晕船** 윈츄안 |
| 버스 | **客车** 크어츼어 |

|  |  |
|---|---|
| 버스 노선도 | **客车路线图** 크어츼어루씨엔투 |
| 버터 | **黄油** 후앙요우 |
| 번역 | **翻译** 퐌이 |
| 번호 조회 | **号码查询** 하오마챠쉰 |
| 벌레 | **虫子** 춍즈 |
| 법률 | **法律** 퐈뤼 |
| 법학 | **法学** 퐈쉬에 |
| 벚꽃 | **樱花** 잉화 |
| 베개 | **枕头** 전토우 |
| 베란다 | **阳台** 양타이 |
| 베이스 (악기) | **贝斯** 뻬이쓰 |
| 벤치 | **长椅** 챵이 |
| 벨보이 | **门童** 먼퉁 |
| 벨트 | **腰带** 야오따이 |
| 벽 | **墙壁** 치앙삐 |
| 벽지 | **墙壁纸** 치앙삐즤 |
| 변비약 | **便秘药** 삐엔미야오 |
| 변호사 | **律师** 뤼싀 |

|  |  |
|---|---|
| 별 | **星** 씽 |
| 별도 요금 | **另收费** 링쇼우페이 |
| 별로 | **不太** 부타이 |
| 별로 안 비싸다 | **不太贵** 부타이꾸이 |
| 별장 | **别墅** 비에쓔 |
| 병 | **病** 삥 |
| 병 | **瓶** 핑 |
| 병원 | **医院** 이위엔 |
| 볕에 타다 | **晒黑** 쌰이헤이 |
| 보관하는 수하물 | **保管的行李** 바오구안더싱리 |
| 보관하다 | **保管** 바오구안 |
| 보관함 | **保管柜** 바오구안꿰 |
| 보내다 | **送** 쏭 |
| 보다 | **看** 칸 |
| 보드카 | **伏特加** 푸트어지아 |
| 보석 | **宝石** 바오싀 |
| 보석 상점 | **宝石店** 바오싀띠엔 |
| 보스턴 가방 | **波士顿包** 뽀워씨뚠빠오 |
| 보습 학원 | **补习班** 부시빤 |

| 보안 | 保安<br>바오안 |
|---|---|
| 보증서 | 保证书<br>바오쪙슈 |
| 보통의 | 普通的<br>푸퉁더 |
| 보행로 | 人行道<br>런싱따오 |
| 보행자<br>주의 | 注意过路行人<br>쮜이꿔루싱런 |
| 보험 | 保险<br>바오시엔 |
| 보험 회사 | 保险公司<br>바오시엔꽁스 |
| 복도 | 走廊<br>조우랑 |
| 복도 측<br>좌석 | 靠过道的座位<br>카오꿔따오더쭈워<br>웨이 |
| 복숭아 | 桃子<br>타오즈 |
| 복장 | 服装<br>푸쮸앙 |
| 복장 규정 | 着装规定<br>쥬워쮸앙꾸이띵 |
| 복제 | 复制<br>푸쯰 |
| 복제한<br>열쇠 | 复制的钥匙<br>푸쯰더야오스 |
| 복통 | 肚子痛<br>뚜즈통 |
| 볶다 | 炒<br>챠오 |
| 볼펜 | 圆珠笔<br>위엔쮸비 |
| 봄 | 春天<br>춘티엔 |

| 봉쇄하다 | 封锁<br>펑수워 |
|---|---|
| 부가<br>가치세 | 增值税<br>쩡직슈이 |
| 부두 | 码头<br>마토우 |
| 부르다 | 称<br>쳥 |
| 부모 | 父母<br>푸무 |
| 부모형제 | 亲戚<br>친치 |
| 부식하다 | 腐烂<br>푸란 |
| 부인용 숄 | 披肩<br>피찌엔 |
| 부족하다 | 不足<br>뿌주 |
| 부친 | 父亲<br>푸친 |
| 부하 | 部下<br>뿌씨아 |
| 북 | 北<br>베이 |
| 분무기 | 喷雾器<br>펀우치 |
| 분별하다 | 分别<br>펀비에 |
| 분실<br>보고서 | 丢失报告书<br>띠우싀빠오까오슈 |
| 분실품 | 丢失物品<br>띠우싀우핀 |
| 분위기 | 气氛<br>치펀 |
| 분유 | 奶粉<br>나이펀 |

| 불 | 火<br>후워 |
|---|---|
| 불꽃 | 烟花<br>옌화 |
| 불나다 | 着火<br>쟈오후워 |
| 불량품 | 不合格产品<br>뿌흐어그어챤핀 |
| 불편하다 | 不舒服<br>뿌슈푸 |
| 불합격 | 不合格<br>뿌흐어그어 |
| 붐비는 | 热闹的<br>르어나오더 |
| 붕대 | 绷带<br>뻥따이 |
| (풀로)<br>붙이다 | 胶<br>지아오 |
| 뷔페 | 自助餐<br>쯔쮸찬 |
| 뷔페 | 自助餐厅<br>쯔쮸찬팅 |
| 브래지어 | 文胸<br>원시옹 |
| 브로셔 | 小册子<br>시아오츠어즈 |
| 블로그 | 博客<br>보워크어 |
| 블루스 | 布鲁斯<br>뿌루쓰 |
| 비 | 雨<br>위 |
| 비누 | 香皂<br>시앙짜오 |
| 비단 | 丝绸<br>쓰쳐우 |

| 비밀번호 | 密码<br>미마 | 빌딩 | 大楼<br>따로우 | 사랑하다 | 爱<br>아이 |
|---|---|---|---|---|---|
| 비상구 | 安全出口<br>안취엔츄코우 | 빌리다 | 借<br>찌에 | 사막 | 沙漠<br>샤모어 |
| 비싸다 | 贵<br>꾸이 | 빗 | 梳子<br>슈즈 | 사무소 | 办事处<br>빤씨츄 |
| 비어 있는 | 空着<br>콩직어 | 빠르다 | 快<br>콰이 | 사용 중 | 使用中<br>식용쫑 |
| 비어 있는 | 空的<br>콩더 | 빨갛다 | 红<br>홍 | 사용비 | 使用费<br>식용페이 |
| 비용 | 费用<br>페이용 | 빨대 | 吸管<br>씨구안 | 사우나 | 桑拿<br>쌍나 |
| 비용 | 花费<br>화페이 | 빨아야<br>하는 옷 | 要洗的衣服<br>야오시더이푸 | 사원 | 公司职员<br>꽁쓰직위엔 |
| 비용<br>명세서 | 费用表<br>페이용 | 빵 | 面包<br>미엔빠오 | 사원 | 寺庙<br>쓰미아오 |
| 비자 | 签证<br>치엔쩡 | 빼앗다 | 抢<br>치앙 | 사이드<br>램프 | 脚边灯<br>지아오삐엔떵 |
| 비행 | 飞行<br>페이싱 | 뼈 | 骨头<br>구토우 | 사이즈 | 尺寸<br>츠춘 |
| 비행기 | 飞机<br>페이지 | | ㅅ | 사인 | 签名<br>치엔밍 |
| 비행기 표 | 机票<br>지피아오 | 사건 | 事件<br>씨찌엔 | 사전 | 词典<br>츠디엔 |
| 빈 좌석 | 空座<br>콩쭈워 | 사고 | 事故<br>씨꾸 | 사진 | 照片<br>쨔오피엔 |
| 빈집 | 空房子<br>콩팡즈 | 사고<br>증명서 | 事故证明书<br>씨꾸쩡밍슈 | 사진관 | 照相馆<br>쨔오씨앙구안 |
| 빈 차 | 空车<br>콩칙어 | 사과하다 | 道歉<br>따오치엔 | 사진기 | 照相机<br>쨔오씨앙지 |
| 빈혈 | 贫血<br>핀시에 | 사기 치다 | 诈骗<br>쨔피엔 | 사촌 자매 | 堂姐妹<br>탕시옹메이 |
| 빌딩 | 高楼<br>까오로우 | 사람 수 | 人数<br>런쑤 | 사촌 형제 | 堂兄弟<br>탕시옹띠 |
| | | 사랑 | 爱<br>아이 | | |

|  |  | |  |  | |  |  |
|---|---|---|---|---|---|---|---|
| 사탕 | 糖 탕 | | 상세하다 | 详细 시앙씨 | | 샐러드 | 色拉 쓰어라 |
| 사회복지 | 社会福利 쓰어호이푸리 | | 상업 거리 | 商业街 샹예지에 | | 생각 | 想法 시앙퐈 |
| 산 | 山 쏸 | | 상연하다 | 上演 썅옌 | | 생각하다 | 想 시앙 |
| 산 근처 | 靠山的 카오쏸더 | | 상의 | 上衣 썅이 | | 생것 | 生的 셩더 |
| 산부인과 의사 | 妇科医生 푸크어이셩 | | 상자 | 箱 시앙 | | 생기 | 生气 셩치 |
| 산소 마스크 | 氧气面罩 양치미엔쨔오 | | 상처를 입다 | 受伤 쑈우샹 | | 생리대 | 卫生巾 웨이셩진 |
| 산책하다 | 散步 싼뿌 | | 상쾌한 | 清爽的 칭슈앙더 | | 생리통 | 痛经 통징 |
| 살다 | 住 쮸 | | 상태 | 状态 쮸앙타이 | | 생물 | 生物 셩우 |
| 삶다 | 煮 쥬 | | 상통하다 | 相同 시앙통 | | 생산지 | 产地 챤띠 |
| 삶은 달걀 | 煮鸡蛋 쥬지딴 | | 상표 | 品牌 핀파이 | | 생수병 | 矿泉水瓶 쿠앙취엔슈이핑 |
| 삼각대 | 三脚 싼지아오 | | 상품 | 商品 샹핀 | | 생일 | 生日 셩릐 |
| 삼림 | 森林 썬린 | | 상품 목록 | 商品目录 샹핀무루 | | 생화점 | 鲜花店 시엔화띠엔 |
| 삼바 | 桑巴 쌍바 | | 상황(상태) | 状况 쮸앙쿠앙 | | 생활용품 | 日用品 릐용핀 |
| 상대방 | 对方 뚜이팡 | | 새롭다 | 新 씬 | | 샤워 | 淋浴 린위 |
| 상대방 부담 전화 | 对方付费电话 뚜이팡푸페이띠엔화 | | 새우 | 虾 시아 | | 샤워실이 있는 | 带淋浴 따이린위 |
| 상비약 | 常用药 챵용야오 | | 색깔 | 颜色 옌쓰어 | | 샴푸 | 洗发水 시퐈슈이 |
| 상사 | 上司 썅스 | | 색소폰 | 萨克斯 싸크어쓰 | | 서로 합치되다 | 相合 시앙흐어 |
| | | | 샌드위치 | 三明治 싼밍쯰 | | | |

| 서면 | 书面 슈미엔 | 선택의 | 自选 쯔쉬엔 | 세계유산 | 世界遗产 씨찌에이챤 |
|---|---|---|---|---|---|
| 서명 | 签字 치엔즈 | 선택하다 | 选 쉬엔 | 세관 | 海关 하이꾸안 |
| 서비스 | 服务 푸우 | 선풍기 | 电风扇 띠엔쩡싼 | 세관 신고서 | 海关申报单 하이꾸안션빠오딴 |
| 서비스 비용 | 服务费 푸우페이 | 설계사 | 设计师 씨어찌식 | 세금 | 税 쓔이 |
| 서점 | 书店 슈띠엔 | 설계하다 | 设计 씨어찌 | 세금을 내다 | 交税 지아오쓔이 |
| 서쪽 | 西 씨 | 설명서 | 说明书 슈워밍슈 | 세다 | 数 쓔 |
| 서커스 | 马戏 마씨 | 설비 보수 | 维修厂 웨이시우챵 | 세정제 | 洗涤剂 시디찌 |
| 서핑 | 冲浪 총랑 | 설사 | 腹泻 푸쉬에 | 세척 버튼 | 洗涤按钮 시티아오아니우 |
| 선 | 线 씨엔 | 설사약 | 泻药 씨에야오 | 세척액 | 洗涤液 시티예 |
| 선물 | 礼物 리우 | 섬 | 岛 니아오 | 세척하다 | 洗涤 시티아오 |
| 선박 운송 | 船运 츄안윈 | 성 | 姓 씽 | 세탁기 | 洗衣机 시이지 |
| 선발하다 | 选拔 쉬엔바 | 성냥 | 火柴 후워챠이 | 세탁비 | 洗衣费 시이페이 |
| 선배 | 前辈 치엔뻬이 | 성루 | 城堡 청바오 | 세탁하다 | 洗涤 시디 |
| 선불 | 预付 위푸 | 성명 | 姓名 씽밍 | 세트 메뉴 | 套餐 타오찬 |
| 선실 | 船舱 츄안창 | 성별 | 性别 씽비에 | 셔터 | 快门 콰이먼 |
| 선장 | 船长 츄안쟝 | 성인 | 大人 따런 | 소개하다 | 介绍 찌에샤오 |
| 선전 | 宣传 쉬엔츄안 | 성탄절 | 圣诞节 썽딴지에 | 소고기 | 牛肉 뉘우로우 |
| 선크림 | 防晒霜 퐝쌰이슈앙 | 세계 | 世界 씨찌에 | 소금 | 盐 옌 |

| | | | | | |
|---|---|---|---|---|---|
| 소도구 | 小道具<br>시아오따오쮀 | 손님 | 客人<br>크어런 | 수를 놓다 | 刺绣<br>츠씨우 |
| 소독액 | 消毒液<br>시아오두예 | 손목시계 | 手表<br>쇼우비아오 | 수리하다 | 修理<br>시우리 |
| 소박하다 | 朴素<br>푸쑤 | 손수건 | 手绢<br>쇼우쮀엔 | 수면 부족 | 睡眠不足<br>쓔이미엔뿌주 |
| 소방대 | 消防队<br>시아오팡뚜이 | 손을<br>맞잡다 | 手拉手<br>쇼우라쇼우 | 수면제 | 安眠药<br>안미엔야오 |
| 소변 | 尿<br>니아오 | 손자 | 孙子<br>순즈 | 수상 | 首相<br>쇼우씨앙 |
| 소설 | 小说<br>시아오슈워 | 손재주 | 手势<br>쇼우씨 | 수속비 | 手续费<br>쇼우쒸페이 |
| 소울 음악 | 灵魂音乐<br>링훈인위에 | 손전등 | 手电筒<br>쇼우띠엔통 | 수술 | 手术<br>쇼우쓔 |
| 소주 | 烧酒<br>샤오지우 | 손톱 | 指甲<br>즤지아 | 수영 | 游泳<br>요우융 |
| 소지품 | 随身携带行李<br>수이션시에따이싱리 | 손톱깎이 | 指甲刀<br>즤지아따오 | 수영복 | 泳装<br>융쮸앙 |
| 소지품 | 携带物品<br>시에따이우핀 | 솔직한 | 坦率的<br>탄쓔아이더 | 수영장 | 泳池<br>융츠 |
| 소프라노 | 女高音<br>뉘까오인 | 쇼핑센터 | 购物中心<br>꼬우우쫑씬 | 수의 | 兽医<br>쑈우이 |
| 소프트웨어 | 软件<br>루안찌엔 | 쇼핑하다 | 购物<br>꼬우우 | 수입 | 输入<br>슈루 |
| 소형 금고 | 保险箱<br>바오시엔시앙 | 수건 | 毛巾<br>마오쩐 | 수정 | 水晶<br>슈이징 |
| 소형차 | 小型车<br>시아오싱칙어 | 수공업자 | 手艺人<br>쇼우이런 | 수족관 | 水族馆<br>슈이주구안 |
| 소화불량 | 消化不良<br>시아오화뿌리앙 | 수도꼭지 | 水龙头<br>슈이룽토우 | 수줍어하다 | 害羞<br>하이시우 |
| 속달 | 快递<br>콰이띠 | 수도원 | 大寺庙<br>따쓰미아오 | 수직 | 直<br>즤 |
| 속도계 | 速度计<br>쑤뚜찌 | 수도의 | 首都的<br>쇼우뚜더 | 수채화 | 水彩画<br>슈이차이화 |
| 속보 | 速报<br>쑤빠오 | 수령인 | 收取人<br>쇼우취런 | 수표 | 支票<br>즤피아오 |
| | | 수령하다 | 收取<br>쇼우취 | 수하물<br>교환 카드 | 行李交换卡<br>싱리지아오환카 |

|  |  |  |
|---|---|---|
| 수하물 꼬리표 | 行李牌 | 싱리파이 |
| 수하물 꼬리표 | 行李牌儿 | 싱라파이 |
| 수하물 보관소 | 行李寄存处 | 싱리찌춘츄 |
| 수하물 취급소 | 行李托运处 | 싱리투워윈츄 |
| 수혈하다 | 输血 | 슈쒜에 |
| 숙박 고객 | 住宿客人 | 쮸쑤크어런 |
| 숙박료 | 房间费 | 팡지엔페이 |
| 숙박 카드 | 住宿卡 | 쮸쑤카 |
| 숙취 | 宿醉 | 쑤쭈이 |
| 순서 | 步骤 | 뿌쬬우 |
| 숟가락 | 勺子 | 샤오즈 |
| 술 | 酒 | 지우 |
| (음료)술 | 酒水 | 지우슈이 |
| 술을 마시다 | 喝酒 | 흐어지우 |
| 술집 | 酒馆 | 지우구안 |
| 술집 | 酒吧 | 지우바 |
| 숨을 쉬다 | 吸气 | 시치 |
| 숨이 차다 | 气喘 | 치츄안 |

|  |  |  |
|---|---|---|
| 숫자 | 数字 | 쓰쯔 |
| 쉽게 미끄러지다 | 容易滑 | 롱이화 |
| 슈퍼마켓 | 超市 | 챠오씨 |
| 스시 | 寿司 | 쑈우쓰 |
| 스위치 | 按钮 | 안니우 |
| 스케이트 | 滑冰 | 화삥 |
| 스케치 금지 | 禁止素描 | 찐즤쑤미아오 |
| 스키를 타다 | 滑雪 | 화쉬에 |
| 스킨 | 化妆水 | 화쮸앙슈이 |
| 스타 | 明星 | 밍싱 |
| 스테이플러 | 订书器 | 띵슈치 |
| 스트레스 | 压力 | 야리 |
| 스팀 | 暖气 | 누안치 |
| 슬리퍼 | 拖鞋 | 투워시에 |
| 슬퍼하다 | 伤 | 샹 |
| 슬프다 | 悲哀 | 뻬이아이 |
| 습관 | 习惯 | 시꾸안 |
| 습도가 높다 | 湿度高 | 식뚜까오 |
| 습식 찜질 | 湿敷 | 식푸 |

|  |  |  |
|---|---|---|
| 습하다 | 湿 | 식 |
| 승객 | 乘客 | 청크어 |
| 승무원 | 乘务员 | 청우위엔 |
| 시 | 市 | 식 |
| 시가 | 雪茄 | 쉬에지아 |
| 시각 | 时刻 | 식크어 |
| 시간 | 时间 | 식지엔 |
| 시간표 | 时刻表 | 식크어비아오 |
| 시계 | 表 | 비아오 |
| 시계 상점 | 表店 | 비아오띠엔 |
| 시골 | 乡下 | 시앙씨아 |
| 시끄럽다 | 吵 | 챠오 |
| 시내 | 市内 | 식내이 |
| 시내 전화 | 市内电话 | 식내이띠엔화 |
| 시내 중심 | 市中心 | 씨쭁씬 |
| 시내 지도 | 市区地图 | 씨취띠투 |
| 시내 지역 | 市区 | 씨취 |
| 시내 쪽으로 | 往市内 | 왕식내이 |

172

| 시다 | 酸<br>쑤안 | 식중독 | 食物中毒<br>식우쫑두 | 신체 | 身体<br>션티 |
|---|---|---|---|---|---|
| 시설 | 设施<br>쓰어싀 | 식초 | 醋<br>추 | 신호 | 信号<br>씬하오 |
| 시외 전화 | 长途电话<br>창투띠엔화 | 식품점 | 食品店<br>싀핀띠엔 | 신혼여행 | 新婚旅行<br>씬혼뤼싱 |
| 시작 | 开始<br>카이싀 | 신 | 神<br>션 | 실내 장식 | 室内装饰<br>싀내이쮸앙싀 |
| 시장 | 市场<br>싀챵 | 신간 | 新刊<br>씬칸 | 실내 축구 | 室内足球<br>씨내이주치우 |
| 시차 | 时差<br>싀챠 | 신고 | 申报<br>션빠오 | 실망하다 | 沮丧<br>쥐쌍 |
| 시차 적응이<br>안 되다 | 时差没倒过来<br>싀챠메이따오꿔라이 | 신고서 | 申报单<br>션빠오딴 | 실수 | 错误<br>추워우 |
| 시청 | 市政府<br>씨쪙푸 | 신고하다 | 申报<br>션빠오 | 실습생 | 实习生<br>싀시셩 |
| 시청 | 市政厅<br>씨쪙팅 | 신기하다 | 新奇<br>씬치 | 실업 | 失业<br>싀예 |
| 시합 | 比赛<br>비싸이 | 신년 | 新年<br>씬니엔 | 실제의 | 实际的<br>싀지더 |
| 시험 | 考试<br>카오싀 | 신문 | 报纸<br>빠오즤 | 실패 | 失败<br>싀빠이 |
| 시험 | 试验<br>씌엔 | 신발 | 鞋<br>시에 | 싫어하다 | 讨厌<br>타오옌 |
| 식기 도구 | 餐具<br>찬쮜 | 신발 가게 | 鞋店<br>시에띠엔 | 심리학 | 心理学<br>씬리쉬에 |
| 식기 도구<br>상점 | 餐具店<br>찬쮜띠엔 | 신분증 | 身份证<br>션펀쪙 | 심장 | 心脏<br>씬짱 |
| 식당 | 食堂<br>싀탕 | 신선 식품 | 新鲜食品<br>씬시엔디싀핀 | 싱가포르 | 新加坡<br>씬지아포워 |
| 식물 | 植物<br>즤우 | 신용 카드 | 信用卡<br>씬용카 | 싱겁다 | 淡<br>딴 |
| 식물원 | 植物园<br>즤우이엔 | 신청 | 申请<br>션칭 | 쌀 | 大米<br>따미 |
| 식욕 | 食欲<br>싀위 | 신청하다 | 挂号<br>꽈하오 | 쌍안경 | 双筒望远镜<br>슈앙퉁완위엔찡 |

| 한국어 | 중국어 | 발음 |
|---|---|---|
| 썩다 | 臭 | 쵸우 |
| 썰렁하다 | 凉飕飕 | 리앙쏘우쏘우 |
| (맛이) 쓰다 | 苦 | 쿠 |
| (글을) 쓰다 | 写 | 시에 |
| 쓰레기 | 垃圾 | 라지 |
| 쓰레기통 | 垃圾箱 | 라지시앙 |
| 씌우다 | 套 | 타오 |
| 씻다 | 洗 | 시 |

| 한국어 | 중국어 | 발음 |
|---|---|---|
| 아나운서 | 播音员 | 뽀워인위엔 |
| 아동 | 儿童 | 얼퉁 |
| 아동복 | 童装 | 퉁쮸앙 |
| 아들 | 儿子 | 얼즈 |
| 아래 | 下面 | 씨아미엔 |
| 아래쪽의 | 下面的 | 씨아미엔더 |
| 아래턱 | 下颚 | 씨아으어 |
| 아르바이트 | 短工 | 우안꿍 |
| 아름답다 | 美 | 메이 |
| 아스피린 | 阿司匹林 | 아쓰피린 |

| 한국어 | 중국어 | 발음 |
|---|---|---|
| 아슬아슬 하다 | 惊险 | 징시엔 |
| 아시아 | 亚洲 | 야쯔우 |
| 아울렛 | 奥特莱斯 | 아오트어라이쓰 |
| 아이스크림 | 冰激凌 | 삥지링 |
| 아이스하키 | 冰球 | 삥치우 |
| 아이와 함께 | 和孩子一起 | 흐어하이즈이치 |
| 아저씨 | 叔叔 | 슈슈 |
| 아주 재밌다 | 很有兴趣 | 헌요우씽취 |
| 아줌마 | 阿姨 | 아이 |
| 아침 | 早晨 | 자오천 |
| 아침 식사 | 早餐 | 자오찬 |
| 아케이드 | 拱廊 | 꿍랑 |
| 아파트 | 公寓 | 꿍위 |
| 아프다 | 疼 | 텅 |
| 악기점 | 乐器店 | 위에치띠엔 |
| 악수하다 | 握手 | 워쇼우 |
| 안개 | 雾 | 우 |
| 안경 | 眼镜 | 옌찡 |
| 안경점 | 眼镜店 | 옌찡띠엔 |

| 한국어 | 중국어 | 발음 |
|---|---|---|
| 안과 의사 | 眼科医生 | 옌크어이셩 |
| 안내소 | 询问处 | 쉰원츄 |
| 안내하다 | 领带 | 링따이 |
| 안부를 묻다 | 问候 | 원호우 |
| 안약 | 眼药 | 옌야오 |
| 안전 | 安全 | 안취엔 |
| 안전 거리 | 行车距离 | 싱츠어쮜리 |
| 안전벨트 | 安全带 | 안취엔따이 |
| 안전한 | 安全的 | 안취엔더 |
| 안쪽 | 里面 | 리미엔 |
| 앉다 | 坐 | 쭈워 |
| 알람 전화 서비스 | 叫醒电话服务 | 찌아오싱띠엔화푸우 |
| 알려 주다 | 告诉 | 까오쑤 |
| 알약 | 药片 | 야오피엔 |
| 알코올 | 酒精 | 지우징 |
| 알코올류 | 酒精类 | 지우징레이 |
| 암석 | 岩石 | 옌스 |
| 앞 | 前面 | 치엔미엔 |
| 앞좌석 | 前面的座位 | 치엔미엔더쭈워웨이 |

| 한국어 | 중국어/발음 | 한국어 | 중국어/발음 | 한국어 | 중국어/발음 |
|---|---|---|---|---|---|
| 애프터서비스 | 售后服务 쏘우호우푸우 | 어렵다 | 难 난 | 엔지니어 | 工程师 꽁청식 |
| 애호하다 | 爱好 아이하오 | 어린이 표 | 儿童票 얼퉁피아오 | 엔진 | 引擎 인칭 |
| 앨범 | 相册 씨앙츠어예 | 어부 | 渔夫 위푸 | 엘리베이터 | 电梯 띠엔티 |
| 앵두나무 | 樱桃 잉타오 | 어제 | 昨天 주워티엔 | 여권 | 护照 호쨔오 |
| 야간 | 夜晚 예완 | 어지럽다 | 头晕 토우윈 | 여기 | 这里 쪄리 |
| 야경 | 夜景 예징 | 언어 | 语言 위옌 | 여드름 | 粉刺 펀츠 |
| 약 | 药 야오 | 언제 | 何时 흐어식 | 여름 | 夏天 씨아티엔 |
| 약국 | 药店 야오띠엔 | 언제라도 | 什么时候都 선머식호우또우 | 여름휴가 | 暑假 슈찌아 |
| 약속 | 约定 위에띵 | 얼굴 | 脸 리엔 | 여보세요/ 안녕하세요 | 喂／你好 웨이／니하오 |
| 얇다 | 薄 바오 | 얼굴 관리 | 脸部护理 리엔뿌호리 | 여성복점 | 女装店 뉘쮸안띠엔 |
| 양력 | 公历 꽁리 | 얼다 | 冻 뚱 | 여성용 | 女性用 뉘씽용 |
| 양말 | 袜子 와즈 | 얼룩 | 斑 빤 | 여유가 있다 | 松 쑹 |
| 양복 | 西装 씨쮸앙 | 얼음 | 冰 삥 | 여자 종업원 | 女服务员 뉘푸우위엔 |
| 양산 | 阳伞 양산 | 엄지 손가락 | 拇指 무즤 | 여자/ 여자의 | 女／女的 뉘／뉘더 |
| 양초 | 蜡烛 라쮸 | 업무 외 | 工作外 꽁쭈워와이 | 여자아이 | 女孩 뉘하이 |
| 양파 | 洋葱 양총 | 잊그제 | 前天 치엔티엔 | 여주인공 | 女主人公 뉘쮸렁꽁 |
| 어느 정도 | 什么程度 선머청뚜 | 에어컨 | 空调 콩티아오 | 여행 | 旅游 뤼요우 |
| 어댑터 | 适配器 식페이치 | 에어컨이 달려 있다 | 带空调 따이콩티아오 | 여행 | 旅行 뤼싱 |
| 어둡다 | 暗 안 | 에코백 | 环保袋 환바오따이 | 여행단 | 旅游团 뤼요우투안 |

| 여행 문의처 | 旅游咨询处 뤼싱즈쉰츄 | 연인 | 恋人 리엔런 | 영업시간 | 营业时间 잉예스지엔 |
|---|---|---|---|---|---|
| 여행 버스 | 旅游巴士 뤼요우바스 | 연장 | 延长 옌창 | 영화 | 电影 띠엔잉 |
| 여행 브로슈어 | 旅游小册子 뤼요우시아오츠어즈 | 연주회 | 演奏会 옌쪼우호이 | 영화관 | 电影院 띠엔잉위엔 |
| 여행 비용 | 旅行费用 뤼싱꿰이용 | 연필 | 铅笔 치엔비 | 옆자리 | 靠边的座位 카오삐엔더쭤쒀웨이 |
| 여행사 | 旅游公司 뤼요우꽁쓰 | 연휴 | 连休 리엔시우 | 예매 표 | 预售票 위쑈우피아오 |
| 여행자 수표 | 旅行支票 뤼싱즉피아오 | 열다 | 开 카이 | 예민하다 | 过敏 꿔민 |
| 여행지 | 旅游地 뤼요우띠 | 열쇠 | 钥匙 야오식 | 예민한 | 过敏的 꿔민더 |
| 역무원 | 车站工作人员 츠어짠꽁쭈워런위엔 | 열쇠고리 | 钥匙链 야오씌리엔 | 예복 | 礼服 리푸 |
| 역사 | 历史 리식 | 열이 나다 | 发烧 퐈샤오 | 예산 | 预算 위쑤안 |
| 엮다 | 编织 삐엔즤 | 열차 | 列车 리에츠어 | 예술가 | 艺术家 이쓔지아 |
| 연간 활동 | 全年活动 취엔니엔후워똥 | 열차 내에서 | 在列车内 짜이리에츠어내이 | 예약 | 预约 위위에 |
| 연고 | 软膏 루안까오 | 염증 | 炎症 옌쩡 | 예약 리스트 | 预约列表 위위에리에비아오 |
| 연기 | 烟 옌 | 엽서 | 明信片 밍씬엔피엔 | 예약 좌석 | 预约座位 위위에쭈워웨이 |
| 연기자 | 演艺人 옌이런 | 영수증 | 发票 퐈피아오 | 예약 좌석 | 预订的座位 위띵더쭈워웨이 |
| 연락 방법 | 联络方式 리엔루워퐝씍 | 영수증 | 收据 쇼우쥐 | 예약 확인표 | 预约确认票 위위에추에런피아오 |
| 연령 | 年龄 니엔링 | 영양 | 营养 이양 | 예절 | 礼节 리지에 |
| 연못 | 池塘 최탕 | 영어 | 英语 잉위 | 예정 | 预定 위띵 |
| 연수 | 研修 옌시우 | 영업 중 | 营业中 잉예쫑 | 옛날의 | 旧 찌우 |

176

| | | | | | |
|---|---|---|---|---|---|
| 옛 책 | 旧书<br>찌우슈 | 옥상 | 屋顶<br>우딩 | 외종<br>사촌 형제 | 表兄弟<br>비아오시옹띠 |
| 오늘 | 今天<br>찐티엔 | 온도계 | 温度计<br>원뚜찌 | 외투 | 大衣<br>따이 |
| 오늘 밤 | 今晚<br>찐완 | 온천 | 温泉<br>원취엔 | 왼쪽 | 左<br>주워 |
| 오늘 오전 | 今天上午<br>찐티엔쌍우 | 올림픽 | 奥林匹克<br>아오린피크어 | 요구르트 | 酸奶<br>쑤안나이 |
| 오늘 오후 | 今天下午<br>찐티엔씨아우 | 옷깃 | 领子<br>링즈 | 요구하다 | 要求<br>야오치우 |
| 오렌지 | 橙子<br>청즈 | 옷을 걸다 | 衣服挂<br>이푸꽈 | 요일 | 星期<br>씽치 |
| 오르간 | 风琴<br>펑친 | 옷장 | 衣橱<br>이츄 | 욕실 | 浴室<br>유슬 |
| 오른쪽 | 右<br>요우 | 와이셔츠 | 衬衫<br>천산 | 욕조 | 浴池<br>위츨 |
| 오른쪽으로<br>회전하다 | 只向右转<br>직씨앙요우쥬안 | 왕복권 | 往返票<br>왕판피아오 | 욕조가<br>달려 있는 | 带浴池<br>따이위츨 |
| 오전 | 上午<br>쌍우 | 왕복하다 | 往返<br>왕판 | 욕조가<br>있는 | 有浴池<br>요우위츨 |
| 오전<br>항공편 | 上午的航班<br>쌍우더항빤 | 외과의사 | 外科医生<br>와이크어이성 | 우산 | 伞<br>산 |
| 오토<br>기어 자동차 | 自动挡车<br>쯔똥당츠어 | 외국인 | 外国人<br>와이궈런 | 우상 | 偶像<br>오우씨앙 |
| 오페라 | 歌剧<br>끄어쮜 | 외국 화폐 | 外币<br>와이삐 | 우애가<br>좋다 | 友好<br>요우하오 |
| 오프너 | 起瓶盖<br>치핑까이 | 외국 화폐<br>교환<br>증명서 | 外币交换证明书<br>와이삐지아오환쩡<br>밍슈 | 우유 | 牛奶<br>뉴우나이 |
| 오픈 시간 | 开放时间<br>카이팡스지엔 | 외길 | 单行道<br>딴싱따오 | 우주 | 宇宙<br>위쪼우 |
| 오후 | 下午<br>씨아우 | 외면 | 外面<br>와이미엔 | 우주<br>비행사 | 宇航员<br>위항위엔 |
| 오후<br>항공편 | 下午的航班<br>씨아우더항반 | 외손자 | 外甥<br>와이셩 | 우주<br>정류장 | 空间站<br>콩지엔짠 |
| 옥상 | 房顶<br>팡딩 | 외종<br>사촌 자매 | 表姐妹<br>비아오지에메이 | 우체국 | 邮局<br>요우쥐 |

| 우체통 | 邮箱<br>요우시앙 | 원숭이 | 猴子<br>호우즈 | 위치 | 位置<br>웨이찌 |
|---|---|---|---|---|---|
| 우편물 | 邮件<br>요우찌엔 | 원피스 | 连衣裙<br>리엔이췬 | 위탁 | 委托<br>웨이투워 |
| 우편 번호 | 邮编<br>요우삐엔 | 월 | 月<br>위에 | 위통 | 胃痛<br>웨이통 |
| 우편 소포 | 邮包<br>요우빠오 | 월경기 | 经期<br>징치 | 위험하다 | 危险<br>웨이시엔 |
| 우편엽서 | 明信片<br>밍씬피엔 | 월급 | 工资<br>꽁즈 | 유도 | 柔道<br>로우따오 |
| 우편 요금 | 邮费<br>요우페이 | 월식 | 月食<br>위에식 | 유람선 | 游轮<br>요우룬 |
| 우편 주소 | 邮寄地址<br>요우찌띠즈 | 웹 사이트 | 网站<br>왕쨘 | 유람선 | 游船<br>요우츄안 |
| 우표 | 邮票<br>요우피아오 | 웹툰 | 漫画<br>만화 | 유럽 | 欧洲<br>오우쪼우 |
| 우푯값 | 邮票钱<br>요우피아오치엔 | 위 | 上<br>샹 | 유료의 | 收费的<br>쇼우페이더 |
| 우회전 | 右转<br>요우쥬안 | 위 | 胃<br>웨이 | 유료<br>화장실 | 收费厕所<br>쇼우페이츠어수워 |
| 욱신욱신<br>거리다 | 一跳一跳地疼<br>이티아오이티아오<br>더텅 | 위경련 | 胃痉挛<br>웨이찡루안 | 유리 | 玻璃<br>보워리 |
| 운동 | 运动<br>윈똥 | 위병 | 卫兵<br>웨이삥 | 유명하다 | 有名<br>요우밍 |
| 운동용품 | 运动用品<br>윈똥용핀 | 위생용품 | 卫生用品<br>웨이셩용핀 | 유명한 | 有名的<br>요우밍더 |
| 운동화 | 运动鞋<br>윈똥시에 | 위스키 | 威士忌<br>웨이씨찌 | 유모차 | 婴儿车<br>잉얼츠어 |
| 운송비 | 运费<br>윈페이 | 위장약 | 胃肠药<br>웨이창야오 | 유실물<br>보관소 | 遗失物品管理处<br>이싀우핀구안리츄 |
| 운전<br>면허증 | 驾照<br>찌아쨔오 | 위쪽 | 上面<br>샹미엔 | 유유자적<br>하다 | 悠闲<br>요우시엔 |
| 운전사 | 司机<br>쓰지 | 위쪽의 | 上面的<br>샹미엔더 | 유적 | 遗迹<br>이찌 |
| 울다 | 哭<br>쿠 | 위층 | 楼上<br>로우샹 | 유치원 | 幼儿园<br>요우얼위엔 |
| 원룸 | 单间<br>딴지엔 | | | | |

|  |  |
|---|---|
| 유학 | 留学<br>리우쉬에 |
| 유학생 | 留学生<br>리우쉬에셩 |
| 유행성<br>감기 | 流行性感冒<br>리우싱씽간마오 |
| 유행하는<br>음악 | 流行音乐<br>리우싱인위에 |
| 유화 | 油画<br>요우화 |
| 유효 기한 | 有效期限<br>요우씨아오치씨엔 |
| 은 | 银<br>인 |
| 은행 | 银行<br>인항 |
| 은행 직원 | 银行职员<br>인항즈위엔 |
| ~을 사용하여<br>만든 것 | 用～做的<br>용 쭈워더 |
| ~을<br>수집하다 | ～的收集<br>더 쇼우지 |
| 음식 | 菜<br>차이 |
| 음식비 | 餐饮费<br>찬인페이 |
| 음식을<br>나르는 밀차 | 送餐车<br>쏭찬칙어 |
| 음식점 | 餐饮店<br>찬인띠엔 |
| 음악 | 音乐<br>인위에 |
| 음악회 | 音乐会<br>인위에호이 |
| 응급조치 | 应急措施<br>잉지추워식 |
| 응용하다 | 应用<br>잉용 |

|  |  |
|---|---|
| 응원단 | 拉拉队<br>라라뚜이 |
| ~의 냄새를<br>맡다 | 闻到<br>원따오 |
| 의견 | 意见<br>이찌엔 |
| 의사 | 医生<br>이셩 |
| 의식이<br>없다 | 没有意识<br>메이요우이식 |
| 의자 | 椅子<br>이즈 |
| 의학 | 医学<br>이쉬에 |
| 이륙하다 | 起飞<br>치페이 |
| 이름 | 名字<br>밍즈 |
| 이발 | 理发<br>리퐈 |
| 이발사 | 理发师<br>리퐈식 |
| 이발소 | 发廊<br>퐈랑 |
| 이번 달 | 这个月<br>쩌거위에 |
| 이번 주 | 这周<br>쩌쬬우 |
| 이사하다 | 搬家<br>빤지아 |
| 이상하다 | 奇怪<br>치꾸아이 |
| 이상하다 | 异常<br>이챵 |
| 이상한<br>소리 | 怪声<br>꽈이셩 |
| 이어폰 | 耳机<br>얼지 |

|  |  |
|---|---|
| 이유 | 理由<br>리요우 |
| 이코노미석 | 经济舱<br>징찌창 |
| 이코노미<br>좌석 | 经济舱的座位<br>징찌창더쭈워웨이 |
| 이혼 | 离婚<br>리혼 |
| 인공의 | 人工的<br>런꽁더 |
| 인구 | 人口<br>루코우 |
| 인기 | 人气<br>런치 |
| 인쇄물 | 印刷品<br>인슈아핀 |
| 인스턴트<br>식품 | 方便食品<br>퐝삐엔식핀 |
| 인스턴트<br>식품 | 快餐<br>콰이찬 |
| 인스턴트<br>커피 | 速溶咖啡<br>쑤롱카페이 |
| 인터넷 | 网<br>왕 |
| 인터넷 | 因特网<br>인트어왕 |
| 인형 | 人偶<br>런오우 |
| 일 | 日<br>릐 |
| 일기 | 日记<br>릐찌 |
| 일기예보 | 天气预报<br>티엔치위빠오 |
| 일부분 | 层<br>청 |
| 일어나다 | 起<br>치 |

179

| 한국어 | 중국어 / 발음 |
|---|---|
| 일어서다 | 站立 쨘리 |
| 일을 돕다 | 帮忙 빵망 |
| 일품요리 | 一个菜 이거차이 |
| 일하다 | 工作 꽁쭈워 |
| 일회용 반창고 | 创可贴 츄앙크어티에 |
| 잃다 | 失去 싁취 |
| 임산부 | 孕妇 윈푸 |
| 임시 보관소 | 临时保管处 린싀바오구안츄 |
| 입구 | 入口 루코우 |
| 입국 관리 | 入境管理 루찡구안리 |
| 입국 목적 | 入境目的 루징무띠 |
| 입국 심사 | 入境审查 루찡션챠 |
| 입국 카드 | 入境卡 루찡카 |
| 입국하다 | 入境 루찡 |
| 입다 | 穿 츄안 |
| 입맛 | 口感 코우간 |
| 입맛이 좋다 | 口感好 코우간하오 |
| 입석 | 站席 쨘시 |

| 한국어 | 중국어 / 발음 |
|---|---|
| 입어 보다 | 试穿 싀츄안 |
| 입장료 | 入场费 루챵페이 |
| 입주 | 入住 루쮸 |
| 입학하다 | 入学 루쉬에 |
| 잊다 | 忘 왕 |

**ㅈ**

|  |  |
|---|---|
| 자극물 | 刺激物 츠지우 |
| 자다 | 睡 쑤이 |
| 자동 | 自动 쯔똥 |
| 자동 매표기 | 自动售票机 쯔똥쑈우피아오츄 |
| 자동 요금 표시기 | 计价器 찌찌아치 |
| 자동으로 잠기다 | 自动锁 쯔똥수워 |
| 자동차 | 汽车 치츠어 |
| 자동차 트렁크 | 后车厢 호우츠어시앙 |
| 자리 | 座位 쭈워웨이 |
| 자매 | 姊妹 즈메이 |
| 자명종 | 闹钟 나오쯍 |
| 자물쇠 | 锁 수워 |
| 자석 | 吸铁石 시티에싀 |

| 한국어 | 중국어 / 발음 |
|---|---|
| 자연 | 自然 쯔란 |
| 자영업 | 个体经营 끄어티찡잉 |
| 자유 | 自由 쯔요우 |
| 자유석 | 不对号入座 부뚜이하오루쭈워 |
| 자전거 | 自行车 쯔싱츠어 |
| 자전거 여행 | 自行车旅行 쯔싱츠어뤼싱 |
| 자판기 | 自动售货机 쯔똥쑈우훠지 |
| 자화상 | 自画像 쯔화씨앙 |
| 작년 | 去年 취니엔 |
| 작다 | 小 시아오 |
| 작은 바 | 小吧台 시아오바타이 |
| 작은 사이즈 | 小号 시아오하오 |
| 잔 | 杯子 뻬이즈 |
| 잔디밭 | 草坪 차오핑 |
| 잘하다 | 克 크어 |
| 잠시 | 稍微 샤오웨이 |
| 잠시 멈추다 | 暂停 짠팅 |
| 잠옷 | 睡衣 쑤이이 |
| 잡담 | 聊天 리아오티엔 |

| 잡지 | 杂志<br>자쯰 |
|---|---|
| 잡화점 | 杂货店<br>자후워띠엔 |
| 장갑 | 手套<br>쇼우타오 |
| 장거리 | 长途<br>챵투 |
| 장난감 | 玩具<br>완쮜 |
| 장난감<br>가게 | 玩具店<br>완쮜띠엔 |
| 장롱 | 衣柜<br>이꾸이 |
| 장마 | 梅雨<br>메이위 |
| 장막 | 帐<br>쨩 |
| 장소 | 场所<br>챵수워 |
| 장신구 | 饰品<br>싀핀 |
| 장화 | 靴子<br>쉬에즈 |
| 재고 | 库存<br>쿠춘 |
| 재난 | 灾难<br>자이난 |
| 재떨이 | 烟灰缸<br>옌호이깡 |
| 재료 | 材料<br>차이리아오 |
| 재봉틀 | 缝纫机<br>펑런지 |
| 재부팅<br>하다 | 重新启动<br>충신치뚱 |
| 재즈 음악 | 爵士乐<br>쥐에쓰위에 |

| 재즈 클럽 | 爵士乐俱乐部<br>쥐에쓰위에쮜르어뿌 |
|---|---|
| 재채기 | 喷嚏<br>펀티 |
| 재판 | 裁判<br>차이반 |
| 잼 | 果酱<br>구워찌앙 |
| 쟁반 | 盘子<br>판즈 |
| 저녁 식사 | 晚餐<br>완찬 |
| 저녁<br>항공편 | 傍晚的航班<br>빵완더항빤 |
| 저렴하다 | 便宜<br>피엔이 |
| 저리다 | 麻<br>마 |
| 저번 달 | 上个月<br>쌍거위에 |
| 저번 주 | 上周<br>쌍죠우 |
| 적당하다 | 合适<br>흐어씌 |
| 적어<br>내려가다 | 记下来<br>찌시아라이 |
| 전기<br>스탠드 | 台灯<br>타이떵 |
| 전기 제품 | 电器产品<br>띠엔치챤핀 |
| 전기차 | 电车<br>띠엔칰어 |
| 전동<br>승강기 | 电动扶梯<br>띠엔뚱푸티 |
| 전등 | 电灯<br>띠엔떵 |
| 전람회 | 展览会<br>쟌란호이 |

| 전망대 | 瞭望台<br>리아오왕타이 |
|---|---|
| 전문 매장 | 专卖店<br>쥬안마이띠엔 |
| 전문의 | 专业医生<br>쥬안예이셩 |
| 전문학교 | 专业学校<br>쥬안쉬에씨아오 |
| 전보 | 电报<br>띠엔빠오 |
| 전부의 | 全部的<br>취엔뿌더 |
| 전시,<br>전시하다 | 展示<br>쟌씌 |
| 전자레인지 | 微波炉<br>웨이보워루 |
| 전쟁 | 战争<br>쨘쪙 |
| 전통 | 传统<br>츄안퉁 |
| 전통 공예 | 传统工艺<br>츄안퉁꿍이 |
| 전통의 | 传统的<br>츄안퉁더 |
| 전통 행사 | 传统活动<br>츄안퉁후워뚱 |
| 전화 | 电话<br>띠엔화 |
| 전화<br>교환원 | 电话接线员<br>띠엔화지에씨엔위엔 |
| 전화비 | 电话费<br>띠엔화페이 |
| 절반 | 一半<br>이빤 |

| 한국어 | 中文 | 발음 |
|---|---|---|
| 젊다 | 年轻 | 니엔칭 |
| 점심 | 中午 | 쫑우 |
| 점심 식사 | 午饭 | 우판 |
| 점원 | 店员 | 띠엔위엔 |
| 접근로 | 走近路 | 조우찐루 |
| 접수하다 | 接收 | 지에쇼우 |
| 접질리다 | 扭伤 | 니우샹 |
| 접촉하다 | 接触 | 지에츄 |
| 젓가락 | 筷子 | 콰이즈 |
| 정가 | 定价 | 띵찌아 |
| 정류장 | 车站 | 츠어짠 |
| 정류장에서 | 在车站 | 짜이츠어짠 |
| 정보 잡지 | 信息杂志 | 씬시자쯰 |
| (산의)정상 | 顶峰 | 딩펑 |
| 정시 | 正点 | 쩡디엔 |
| 정식의 | 正式的 | 쩡씌더 |
| 정원 | 院子 | 위엔즈 |
| 정월 | 正月 | 쩡위에 |
| 정장 | 正装 | 쩡쮸앙 |
| 정직한 | 诚实的 | 청싀더 |
| 정치 | 政治 | 쩡쯰 |
| 정확하다 | 正确 | 쩡취에 |
| 젖병 | 奶瓶 | 나이핑 |
| 제복 | 制服 | 쯰푸 |
| 제일 새 것의 | 最新的 | 쭈이씬더 |
| 조각 | 雕刻 | 띠아오크어 |
| 조각가 | 雕刻家 | 띠아오크어지아 |
| 조개 | 贝 | 뻬이 |
| 조건 | 条件 | 티아오찌엔 |
| 조깅 | 慢跑 | 만파오 |
| 조명 | 照明 | 쨔오밍 |
| 조미료 | 调料 | 티아오리아오 |
| 조수 | 助手 | 쮸쇼우 |
| 조용하다 | 安静 | 안찡 |
| 조용한 | 安静的 | 안찡더 |
| 조카 | 侄子 | 쯰즈 |
| 존경하다 | 尊敬 | 쭌찡 |
| 졸업하다 | 毕业 | 삐예 |
| 좀도둑 | 小偷 | 시아오토우 |
| 종교 | 宗教 | 쭝찌아오 |
| 종류 | 种类 | 종레이 |
| 종이 | 纸 | 즤 |
| 종이 가방 | 纸袋 | 즤따이 |
| 종이 공예 | 剪纸 | 지엔즤 |
| 종이를 접다 | 折纸 | 즤어즤 |
| 종이컵 | 纸杯 | 즤뻬이 |
| 종일 | 总是 | 종싀 |
| 종합검사 | 综合检查 | 쫑흐어지엔챠 |
| 종합쇼핑 센터 | 综合购物中心 | 쫑흐어꼬우우쫑씬 |
| 좋아하다 | 喜欢 | 시환 |
| 좌변기 | 座便 | 쭈워삐엔 |
| 좌석 번호 | 座号 | 쭈워하오 |
| 좌측으로 돌리다 | 左转 | 주워쥬안 |
| 좌회전 금지 | 禁止左转 | 찐즤주워쥬안 |
| 주간 공연 | 日场 | 릭챵 |
| 주름 | 皱纹 | 쬬우원 |

182

| 주말 | 周末<br>쪼우모워 | 준비 | 准备<br>준뻬이 | 지각하다 | 迟到<br>츠따오 |
|---|---|---|---|---|---|
| 주문,<br>주문하다 | 订货<br>띵훠 | 줍다 | 捡<br>지엔 | 지갑 | 钱包<br>치엔빠오 |
| 주방 | 厨房<br>츄팡 | 중간 휴식 | 间歇<br>찌엔씨에 | 지구 | 地球<br>띠치우 |
| 주부 | 主妇<br>쥬푸 | 중고 | 二手货<br>얼쇼우훠 | 지금 | 现在<br>씨엔짜이 |
| 주사를<br>놓다 | 打针<br>다쩐 | 중국 | 中国<br>쫑구워 | 지금<br>상영 중이다 | 正在上演的<br>쩡짜이쌍옌더 |
| 주사위 | 色子<br>샤이즈 | 중국 요리 | 中餐<br>쫑찬 | 지나다 | 过<br>꿔 |
| 주소 | 地址<br>띠즈 | 중국산 | 中国产<br>쫑구워챤 | 지도 | 地图<br>띠투 |
| 주위 | 周<br>쪼우 | 중급 정도 | 中等程度<br>쫑덩청뚜 | 지면 | 地面<br>띠미엔 |
| 주유소 | 加油站<br>지아요우짠 | 중량 | 重量<br>쫑리앙 | 지방 | 地方<br>띠팡 |
| 주의 | 注意<br>쮸이 | 중요한 | 重要的<br>쫑야오더 | 지방 | 脂肪<br>즈팡 |
| 주인공 | 主角<br>쥬지아오 | 중지하다 | 停<br>팅 | 지방<br>특색 요리 | 地方特色菜<br>띠팡트어쓰어차이 |
| 주인공 | 主人公<br>쥬런꽁 | 중풍 | 中风<br>쫑펑 | 지불증권 | 付款通知单<br>푸쿠안통즈단 |
| 주저하다 | 踌躇<br>쵸우츄 | 중학교 | 中学<br>쫑쉬에 | 지불하다 | 付<br>푸 |
| 주전자 | 水壶<br>슈이후 | 중학생 | 中学生<br>쫑쉬에셩 | 지불하다 | 支付<br>즈푸 |
| 주차 금지 | 禁止停车<br>찐즈팅츠어 | 중형차 | 中型车<br>쫑싱츠어 | 지사제 | 止泻药<br>즈씨에야오 |
| 주차비 | 停车费<br>팅츠어페이 | 쥐 | 老鼠<br>라오슈 | 지역 | 地区<br>띠취 |
| 주차장 | 停车场<br>팅츠어창 | 즐겁다 | 快乐<br>콰이르어 | 지원 | 支援<br>즈위엔 |
| 죽 | 粥<br>쪼우 | 증거 | 证据<br>쩡쥐 | 지정 좌석<br>에 앉다 | 对号入座<br>뚜이하오루쭈워 |
| | | 증세 | 症状<br>쩡쮸앙 | 지지하다 | 支持<br>즈츠 |

| 지진 | 地震<br>띠쪈 | 질문하다 | 提问<br>티원 | 차량 | 车辆<br>츼어리앙 |
|---|---|---|---|---|---|
| 지하 | 地下<br>띠씨아 | 짐 | 行李<br>싱리 | 차를<br>세우다 | 刹车<br>샤츼어 |
| 지하철 | 地铁<br>띠티에 | 짐꾼 | 搬运工<br>빤윈꽁 | 차멀미 | 晕车<br>윈츼어 |
| 지하철<br>노선 | 地铁路线图<br>띠티에루씨엔투 | 짐받이<br>선반 | 行李架<br>싱리찌아 | 참관 | 参观<br>찬구안 |
| 지하철 역 | 地铁站<br>띠티에짠 | 짐을<br>수령하다 | 领取行李<br>링취싱리 | 창문 | 窗户<br>츄앙호 |
| 직업 | 职业<br>즤예 | 집 | 家<br>지아 | 창 측 좌석 | 靠窗座位<br>카오츄앙쭈워웨이 |
| 직장 | 工作单位<br>꽁쭈워딴웨이 | 집안일 | 家务<br>지아우 | 찾다 | 查<br>챠 |
| 직항<br>항공편 | 直达航班<br>즤다항빤 | 집어넣다 | 塞<br>싸이 | 찾다 | 找<br>쟈오 |
| 직행버스 | 直达客车<br>즤다크어츼어 | 집합지 | 集合地<br>지흐어띠 | 채소 | 蔬菜<br>슈차이 |
| 진단서 | 诊断书<br>전뚜안슈 | 짓다 | 建<br>찌엔 | 채식주의자 | 素食主义者<br>쑤싀쥬이즤어 |
| 진수 | 珍珠<br>젼쥬 | 징세하다 | 征税<br>쪙슈이 | 책 | 书<br>슈 |
| 진실 | 真实<br>젼싀 | 짜다 | 咸<br>시엔 | 책상 | 桌子<br>쮜워즈 |
| 진짜 | 真的<br>젼더 | 짧다 | 短<br>두안 | 책임자 | 负责人<br>푸즈어런 |
| 진통제 | 止痛药<br>즤통야오 | 짧은<br>앞머리 | 留海<br>리우하이 | 처리하다 | 处理<br>츄리 |
| 진품 | 真货<br>젼휘 | 쪽 | 面<br>미엔 | 처방 | 处方<br>츄팡 |
| 진하다 | 浓<br>농 | | <div align="center">ㅊ</div> | 천둥 | 雷<br>레이 |
| 진학하다 | 升学<br>셩쉬에 | | | 철물점 | 五金店<br>우찐띠엔 |
| 질량 | 质量<br>쯰리앙 | 차갑다 | 凉<br>리앙 | 철학 | 哲学<br>즤어쉬에 |
| 질문 | 提问<br>티원 | 차도 | 车道<br>츼어따오 | 첫 번째 | 第一次<br>띠이츠 |

|  |  |  | |  |  |  | |  |  |  |
|---|---|---|---|---|---|---|---|---|---|---|
| 첫차 | 始发车 | 싀파츼어 | | 초청하다 | 招待 | 쟈오따이 | | 출국 카드 | 出境卡 | 츄찡카 |
| 청바지 | 牛仔裤 | 니우자이쿠 | | 초콜릿 | 巧克力 | 치아오크어리 | | 출발 시간 | 出发时间 | 츄퐈슬지엔 |
| 청소기 | 吸尘器 | 시쳔치 | | 총지배인 | 总经理 | 죵징리 | | 출발 | 出发 | 츄퐈 |
| 청소 중 | 清扫中 | 칭사오죵 | | 촬영 금지 | 禁止摄影 | 찐즈씌어잉 | | 출발하다 | 出发 | 츄퐈 |
| 청소하다 | 清扫 | 칭사오 | | 최근 | 最近 | 쭈이찐 | | 출생 일지 | 出生日期 | 츄셩릐치 |
| 체온 | 体温 | 티원 | | 최저 비용 | 最低收费 | 쭈이띠쇼우풰이 | | 출생지 | 出生地 | 츄셩띠 |
| 체온계 | 体温计 | 티원찌 | | 최종 목적지 | 最终目的地 | 쭈이죵무띠띠 | | 출입국 관리 | 出入境管理 | 츄루찡구안리 |
| 체육관 | 健身房 | 찌엔션퐝 | | 최초의 | 最初的 | 쭈이츄더 | | 출판사 | 出版社 | 츄반싀어 |
| 체조 | 体操 | 티차오 | | 추가 발행 하다 | 补发 | 부퐈 | | 출혈 | 出血 | 츄쉬에 |
| 체질 | 体质 | 티쯰 | | 추가 비용 | 附加费 | 푸지아풰이 | | 춤 | 舞蹈 | 우다오 |
| 체크아웃 시간 | 退房时间 | 투이퐝싀지엔 | | 추가 비용 | 追加费用 | 쭈이지아풰이용 | | 춤추다 | 跳舞 | 티아오우 |
| 체크아웃 하다 | 退房 | 투이퐝 | | 추가하다 | 追加 | 쭈이지아 | | 춥다 | 冷 | 렁 |
| 초 | 秒 | 미아오 | | 추억 | 回忆 | 호이이 | | 충돌 | 冲突 | 총투 |
| 초등학교 | 小学 | 시아오쉬에 | | 추천 | 推荐 | 투이찌엔 | | 충전 | 电池 | 띠엔츼 |
| 초상화 | 肖像画 | 씨아오씨앙화 | | 축구 | 足球 | 주치우 | | 충전하다 | 充电 | 총띠엔 |
| 초상화 | 画像 | 화씨앙 | | 축축하다 | 潮湿 | 챠오싀 | | 취급 주의 | 小心轻放 | 시아오씬칭퐝 |
| 초승달 모양 빵 | 新月形面包 | 씬위에싱미엔바오 | | 축하하다 | 祝贺 | 쮸흐어 | | 취소를 기다리다 | 等待取消 | 덩따이취시아오 |
| 초인종으로 부르다 | 呼叫按钮 | 호찌아오안니우 | | 출구 | 出口 | 츄코우 | | 취소하다 | 取消 | 취시아오 |
| 초조하다 | 烦躁 | 퐌짜오 | | 출국세 | 出境税 | 츄징쑤이 | | | | |

| 취업 | 就业 찌우예 | 침실 | 卧室 워쓰 | 케이블카 | 缆车 란칙어 |
|---|---|---|---|---|---|
| 취하다 | 醉 쮀이 | 칩 | 筹码 쵸우마 | 코치하다 | 教练 찌아오리엔 |
| 치과의사 | 牙医 야이 | 칫솔 | 牙刷 야슈아 | 콘돔 | 避孕套 삐윈타오 |
| 치료 | 治疗 쯔리아오 | | | 콘센트 | 插座 챠쭤 |

ㅋ

| 치마 | 裙子 췬즈 | 카메라 가게 | 照相机店 짜오씨앙지띠엔 | 콘텍트 렌즈 | 隐形眼镜 인싱옌찡 |
|---|---|---|---|---|---|
| 치아 | 牙 야 | 카운터 | 收款台 쇼우쿠안타이 | 콜 버튼 | 呼叫钮 호찌아오니우 |
| 치약 | 牙膏 야까오 | 카페 | 咖啡厅 카페이팅 | 콜백 | 回拨 호이보워 |
| 치즈 | 奶酪 나이라오 | 카펫 | 地毯 띠탄 | 쾌속의 | 快递 콰이쑤 |
| 치질 | 痔疮 쯔츄앙 | 칵테일 | 鸡尾酒 지웨이지우 | 크기 | 大小 따시아오 |
| 치통 | 牙痛 야통 | 캐리어 | 旅行箱 뤼싱시앙 | 크다 | 大 따 |
| 친구 | 朋友 펑요우 | 커튼 | 窗帘 츄앙리엔 | 큰 거리 | 大街 따지에 |
| 친밀하다 | 亲密 친미 | 커피 | 咖啡 카페이 | 큰 것 | 大的 따더 |
| 친밀하다 | 亲切 친치에 | 컬러 필름 | 彩色胶卷 차이쓰어지아오쥐엔 | 클럽 | 俱乐部 쮜르어부 |
| 친한 친구 | 好友 하오 요우 | 컴퓨터 | 电脑 띠엔나오 | 클럽 음악 | 俱乐部音乐 쮜르어뿌인위에 |
| 침대 | 床 츄앙 | 컴퓨터가 다운되다 | 死机 스지 | 클릭하다 | 点击 디엔지 |
| 침대 머릿장 | 床头柜 츄앙토우꾸이 | 컴퓨터 바이러스 | 电脑病毒 띠엔나오삥두 | 키보드 | 键盘 찌엔판 |
| 침대 시트 | 床单 츄앙딴 | 컵 | 杯子 뻬이즈 | | |

ㅌ

| 침대 열차 | 卧铺车 워푸칙어 | 컵라면 | 方便面 팡삐엔미엔 | 타다 | 乘坐 청쭤워 |
|---|---|---|---|---|---|
| 침대 열차 비용 | 卧铺费 워푸페이 | | | 타이어 | 轮胎 룬타이 |

| 타이어가 터지다 | 爆胎 빠오타이 |
|---|---|
| 탁상시계 | 座钟 쭈워쭝 |
| 탁아소 | 托儿所 투워얼수워 |
| 탄산수 | 碳酸水 탄쑤안슈이 |
| 탈의실 | 试衣间 쓰이지엔 |
| 탈지면 | 脱脂棉 투워즈미엔 |
| 탑승 게이트 | 乘机门 청지먼 |
| 탑승 시간 | 乘机时间 청지스지엔 |
| 탑승 카드 | 乘机卡 청지카 |
| 탑승하다 | 乘机 청지 |
| 태그 | 标签 삐아오치엔 |
| 태양 | 太阳 타이양 |
| 태풍 | 台风 타이펑 |
| 택시 | 出租车 츄주츠어 |
| 택시 정류장 | 出租车站 츄주츠어짠 |
| 털옷 | 毛衣 마오이 |
| 테니스 | 网球 왕치우 |
| 테니스 공 | 网球 왕치우 |
| 테니스장 | 网球场 왕치우창 |

| 테이블 보 | 桌布 쭈워뿌 |
|---|---|
| 테이프 | 胶带 지아오따이 |
| 텐트 | 帐篷 짱펑 |
| 텔레비전 | 电视 띠엔씌 |
| 토네이도 | 龙卷风 룽쥐엔펑 |
| 토마토 케첩 | 番茄酱 판치에찌앙 |
| 토스트 | 土司 투쓰 |
| 통과하다 | 通过 통궈 |
| 통증 | 痛 통 |
| 통행 금지 | 禁止通行 찐즈통싱 |
| 트윈 룸 | 双人间 슈앙런지엔 |
| 특별 활동 | 特别活动 트어비에후워똥 |
| 특산 | 特产 트어챤 |
| 특징 | 特点 트어디엔 |
| 티백 | 袋泡茶 따이파오챠 |
| 티셔츠 | T恤 티쒸 |
| 티슈 | 面巾纸 미엔찐즈 |
| 티슈 | 纸币 즈찐 |
| 팁 | 小费 시아오페이 |

**ㅍ**

| 파도 | 波浪 뽀워랑 |
|---|---|
| 파리 | 苍蝇 창잉 |
| 판다 | 熊猫 시옹마오 |
| 판매원 | 推销员 투이시아오위엔 |
| 패러디하다 | 滑稽模仿 화지모워팡 |
| 팩스 | 传真 츄안쪈 |
| 팽팽하다 | 紧 진 |
| 페리 보트 | 渡轮 뚜룬 |
| 펜 | 笔 비 |
| 펜던트 | 吊坠 띠아오쮀이 |
| 편도 | 单程 딴청 |
| 편도권 | 单程票 딴청피아오 |
| 편도염 | 扁桃体炎 비엔타오티옌 |
| 편안하다 | 舒适 슈씌 |
| 편안한 | 舒适的 슈씌더 |
| 편의점 | 便利店 삐엔리띠엔 |
| 편지 봉투 | 信封 씬펑 |

기본 회화
마켓
쇼핑
뷰티
관광
엔터테인먼트
호텔
교통수단
기본 정보
**단어장**

187

| 편지지 | 信纸<br>씬즈 | 폭풍우 | 暴风雨<br>빠오펑위 | 피곤하다 | 累<br>레이 |
|---|---|---|---|---|---|
| 평균<br>한 사람 | 平均一人<br>핑쥔이런 | 표 | 票<br>피아오 | 피곤하여<br>졸리다 | 困倦<br>쿤쥐엔 |
| 평온하다 | 和平<br>흐어핑 | 표 케이스 | 票夹<br>피아오지아 | 피부 | 皮肤<br>피푸 |
| 평일 | 平日<br>핑릭 | 표현하다 | 表演<br>비아오옌 | 피아노 | 钢琴<br>깡친 |
| 폐관 시간 | 闭馆时间<br>삐구안식지엔 | 품격 | 风格<br>펑그어 | 픽업<br>카메라 | 摄像机<br>씨어씨앙지 |
| 폐렴 | 肺炎<br>페이옌 | 풍경화 | 风景画<br>펑징화 | 필기 | 笔记<br>비찌 |
| 포도주 | 葡萄酒<br>푸타오지우 | 풍문 | 口信<br>코우씬 | 필요로<br>하다 | 必要<br>삐야오 |
| 포도주<br>목록 | 葡萄酒目录<br>푸타오지우무루 | 프라이팬 | 煎锅<br>찌엔꿔 | | ㅎ |
| 포도주<br>한 잔 | 一杯葡萄酒<br>이뻬이푸타오지우 | 프랑스<br>요리 | 法国菜<br>퐈궈차이 | 하계 일광<br>절약 시간<br>제도 | 夏时制<br>씨아식찍 |
| 포스터 | 海报<br>하이빠오 | 프런트 | 前台<br>치엔타이 | 하늘 | 天空<br>티엔콩 |
| 포장 | 包装<br>빠오쮸앙 | 프로<br>레슬링 | 职业摔跤<br>즥예슈아이찌아오 | 하드웨어 | 硬件<br>잉찌엔 |
| 포장하다 | 打包<br>다빠오 | 프로그래머 | 程序员<br>청쒸위엔 | 하품 | 哈欠<br>하치엔 |
| 포커 | 扑克<br>푸크어 | 프로그램 | 节目<br>지에무 | 학교 | 学校<br>쉬에씨아오 |
| 포크 | 叉子<br>챠즈 | 플라네타륨 | 天象仪<br>티엔씨앙이 | 학급 | 班级<br>반지 |
| 포함하다 | 含<br>한 | 플래시 | 闪光灯<br>샨꾸앙떵 | 학비 | 学费<br>쉬에페이 |
| 폭동 | 暴动<br>빠오똥 | 플래시<br>사용 금지 | 禁止使用闪光灯<br>찐즤식용샨꾸앙떵 | 학생 | 学生<br>쉬에셩 |
| 폭력주의 | 恐怖主义<br>콩뿌쥬이 | 플랫폼 | 站台<br>쨘타이 | 학생증 | 学生证<br>쉬에셩쪙 |
| 폭우 | 暴雨<br>빠오위 | 플러그 | 插头<br>챠토우 | 한 개 | 1个<br>이거 |
| 폭포 | 瀑布<br>푸뿌 | 피 | 血<br>쉬에 | 한 사람 | 一人<br>이런 |

|  |  |  |  |  |  |
|---|---|---|---|---|---|
| 한 세트 | **1套** 이타오 | 할인 | **折扣** 쯔어코우 | 해협 | **海峡** 하이시아 |
| 한 쌍 | **一对** 이뚜이 | 할인권 | **优惠券** 요우호이쮀엔 | 핸들 | **方向盘** 팡씨앙판 |
| 한 잔 | **1杯** 이뻬이 | 할인점 | **打折店** 다즈어띠엔 | 햄버거 | **汉堡** 한바오 |
| 한 장 | **1张** 이짱 | 할인하다 | **打折** 다즈어 | 행운의 | **幸运的** 씽윈더 |
| 한국 대사관 | **韩国大使馆** 한구어따스구안 | 합격 | **合格** 흐어그어 | 향 | **香味** 시앙웨이 |
| 한국 음식 | **韩国菜** 한구워차이 | 합류하다 | **合流** 흐어리우 | 향수 | **香水** 시앙슈이 |
| 한국 음식 | **韩食** 한스 | 핫도그 | **热狗** 르어고우 | 향수 | **想家** 시앙지아 |
| 한국 차 | **韩国车** 한구어츠어 | 핫케이크 | **烤饼** 카오빙 | 향토 음식 | **地方菜** 띠팡차이 |
| 한국어 | **韩语** 한위 | 항공사 | **航空公司** 항콩꽁스 | 허가 | **许可** 쉬크어 |
| 한국인 | **韩国人** 한구워런 | 항공편 | **航班** 항빤 | 허리 | **腰** 야오 |
| 한국 | **韩国** 한구워 | 항공편명 | **航班号** 항빤하오 | 허리 | **腰围** 야오웨이 |
| 한기 | **寒气** 한치 | 항구 | **港口** 강코우 | 허리케인 | **飓风** 쥐펑 |
| 한나절 | **半天的** 빤티엔 | 항해 | **航海** 항하이 | 헤드폰 | **听筒** 팅통 |
| 한밤중 | **半夜** 빤예 | 해변 모래사장 | **海滩** 하이탄 | 헤어드라이어 | **吹风机** 츄이펑지 |
| 한복판 | **正中间** 쩡쫑지엔 | 해수욕 | **海水浴** 하이슈이위 | 헤어브러시 | **发刷** 퐈슈아 |
| 한숨을 돌리다 | **歇口气** 시에코우치 | 해안 | **海岸** 하이안 | 혀 | **舌头** 스어토우 |
| 한약 | **中药** 쫑야오 | 해열제 | **退烧药** 투이샤오야오 | 현관 | **门口** 먼코우 |
| 할머니 | **奶奶** 나이나이 | 해외여행 | **海外旅行** 하이와이뤼싱 | 현금 | **现金** 씨엔찐 |
| 할아버지 | **爷爷** 예예 | 해 질 녘 | **天黑** 티엔헤이 | 현대 음악 | **现代音乐** 씨엔따이인위에 |
| | | 해커 | **黑客** 헤이크어 | 현상 | **显像** 시엔씨앙 |

189

|  |  |  |  |  |  |
|---|---|---|---|---|---|
| 현지시간 | 当地时间<br>땅띠식지엔 | 화랑 | 画廊<br>화랑 | 환승하다 | 换乘<br>환칙어 |
| 혈압 | 血压<br>쉬에야 | 화려하다 | 华丽<br>화리 | 환율 | 汇率<br>호이뤼 |
| 혈액 | 血液<br>쉬에예 | 화려한 | 美丽的<br>화리더 | 환자 | 患者<br>환즤어 |
| 혈액형 | 血型<br>쉬에싱 | 화산 | 火山<br>후워샨 | 환전소 | 兑换处<br>뚜이환츄 |
| 형상 | 形状<br>싱쮸앙 | 화상 | 烫伤<br>탕샹 | 환전하다 | 兑换<br>뚜이환 |
| 형제 | 兄弟<br>시옹띠 | 화원 | 庭园<br>팅위엔 | 환호성 | 欢呼声<br>환호성 |
| 호박 | 南瓜<br>난꽈 | 화장실 | 厕所<br>츠어수워 | 회 | 生鱼片<br>셩위피엔 |
| 호수 | 湖<br>후 | 화장품 | 化妆品<br>화쮸앙핀 | 회계 | 会计<br>호이찌 |
| 호텔 | 酒店<br>지우띠엔 | 화장품<br>회사 | 化妆品公司<br>화쮸앙핀꽁스 | 회복하다 | 康复<br>캉푸 |
| 호텔<br>리스트 | 酒店列表<br>지우띠엔리에비아오 | 화폐<br>환전소 | 授权货币兑换商<br>쑈우취엔훠삐뚜이<br>환샹 | 회수권 | 回数券<br>호이슈취엔 |
| 호화<br>스위트룸 | 豪华套间<br>하오화타오지엔 | 확대하다 | 扩大<br>쿠워따 | 회원카드 | 会员卡<br>호이위엔카 |
| 호흡하다 | 呼吸<br>호씨 | 확인하다 | 确认<br>취에런 | 회의 | 会议<br>호이이 |
| 혼란 | 混乱<br>혼루안 | 환경 | 环境<br>환찡 | 회의실 | 会议厅<br>호이이팅 |
| 홈메이드 | 手制的<br>쑈우쯰더 | 환경 파괴 | 环境破坏<br>환찡포워화이 | 회화 문자<br>(상형문자) | 图画文字<br>투화윈쯔 |
| 홈스테이 | 家庭寄宿<br>찌아팅찌쑤 | 환복하다 | 换衣服<br>환이푸 | 효과 | 效果<br>씨아오구워 |
| 홍차 | 红茶<br>홍챠 | 환승 | 换乘<br>환청 | 효과가<br>없다 | 无效<br>우씨아오 |
| 홍콩 | 香港<br>시앙강 | 환승<br>안내소 | 转机服务台<br>쥬안지푸우타이 | 효과가<br>있다 | 有效<br>요우씨아오 |
| 화가 | 画家<br>화지아 | 환승 표 | 换车票<br>환칙어피아오 | 후배 | 后辈<br>호우뻬이 |
| 화단 | 花坛<br>화탄 | | | 후추 | 胡椒<br>호지아오 |

190

|  |  |  |  |  |  |
|---|---|---|---|---|---|
| 후회하다 | **懊悔** 아오호이 | 흡연석 | **吸烟席** 시옌시 | 3D | **3D** 싼디 |
| 훌륭한 | **极好的** 지하오더 | 흥분하다 | **兴奋** 씽펀 | CD 상점 | **CD店** 씨디띠엔 |
| 휘발유 | **汽油** 치요우 | 희극 | **喜剧** 시쥐 | IC 카드 | **IC卡** 아이씨카 |
| 휠체어 | **轮椅** 룬이 | 희다 | **白** 바이 | | |
| 휠체어용 화장실 | **轮椅用厕所** 룬이용츠어수워 | | **그외** | | |
| 휴가 | **休假** 시우찌아 | 1등 | **1等** 이덩 | | |
| 휴게실 | **休息室** 시우시씨 | 1인실 | **单人间** 딴런지엔 | | |
| 휴대용 칼 | **小刀** 시아오따오 | 1일 | **1日** 이르 | | |
| 휴대폰 | **手机** 쇼우지 | 1일권 | **1日券** 이르취엔 | | |
| 휴대하는 짐 | **随身携带行李** 수이션시에따이 싱리 | 1일의 | **1日的** 이르더 | | |
| 휴식 | **消息** 시아오시 | 1층 (아래층) | **楼下** 로우씨아 | | |
| 휴식의 | **休闲的** 시우시더 | 1층 | **1楼** 이로우 | | |
| 휴일 | **节假日** 지에찌아르 | 1층 자리 | **1楼座位** 이로우쭈워웨이 | | |
| 휴일 | **休息日** 시우시르 | 24시간 영업 | **24小时营业** 얼식쓰시아오식잉예 | | |
| 휴지 | **手纸** 쇼우즈 | 2등 | **2等** 얼덩 | | |
| 흐르는 물 | **流水** 리우슈이 | 2층 | **二楼** 얼로우 | | |
| 흐린 날 | **阴天** 인티엔 | 2층 앞쪽 좌석 | **二楼前面座位** 얼로우치엔미엔쭈 워웨이 | | |
| 흡연 | **吸烟** 시옌 | 2층 좌석 | **二楼座位** 얼로우쭈워웨이 | | |
| 흡연구역 | **吸烟处** 시옌츄 | | | | |

191

# 단어장

Chinese ⟶ Korean

| | |
|---|---|
| **丶** | |
| 头痛<br>토우통 | 두통 |
| **一** | |
| 天气<br>티엔치 | 날씨 |
| 天气预报<br>티엔치위빠오 | 일기예보 |
| 下面<br>씨아미엔 | 아래쪽 |
| 无染色<br>우란쓰어 | 무염색 |
| 无添加<br>우티엔지아 | 무첨가 |
| 无碳酸水<br>우탄쑤안슈이 | 무탄산수 |
| 开<br>카이 | 열다 |
| 开放时间<br>카이팡식지엔 | 오픈 시간 |
| 不对号入座<br>부뚜이하오루쭈워 | 자율 좌석 |
| 末班车<br>모워빤칙어 | 막차 |
| 未成年<br>웨이청니엔 | 미성년 |
| 世界<br>씩찌에 | 세계 |
| 正点<br>쩡디엔 | 정시 |

| | |
|---|---|
| 东<br>똥 | 동쪽 |
| 百货商店<br>바이휘샹띠엔 | 백화점 |
| 再确认<br>짜이취에런 | 재검토 |
| 面包房<br>미엔빠오팡 | 베이커리 |
| 表<br>비아오 | 시계 |
| 表<br>비아오 | 표 |
| 中风<br>쭝찡 | 중풍 |
| 中药<br>쭝야오 | 한약 |
| **丨** | |
| 申报<br>선빠오 | 신고하다 |
| 书<br>슈 | 책 |
| 书店<br>슈띠엔 | 서점 |
| 事故<br>씨꾸 | 사고 |
| 事故证明书<br>씨꾸쩡밍슈 | 사고증명서 |
| **丿** | |
| 儿子<br>얼즈 | 아들 |

| | |
|---|---|
| 长<br>챵 | 길다 |
| 长途电话<br>챵투띠엔화 | 장거리<br>전화 |
| 长途客车<br>챵투크어칙어 | 장거리<br>버스 |
| 风<br>펑 | 바람 |
| 生日<br>셩리 | 생일 |
| 丢失<br>띠우식 | 분실하다 |
| 用餐<br>용찬 | 밥을 먹다 |
| 后天<br>호우티엔 | 내일모레 |
| 后付款<br>호우푸쿠안 | 후지불 |
| 身体<br>션티 | 신체 |
| 重量<br>쭁리양 | 중량 |
| 乘坐<br>청쭈워 | 탑승하다 |
| 舞蹈<br>우다오 | 무용 |
| **乙** | |
| 买<br>마이 | 사다 |
| 司机<br>쓰지 | 기사 |

| | |
|---|---|
| 气温 치원 | 기온 |

**ㅗ**

| | |
|---|---|
| 市区 씨취 | 시내 지역 |
| 市区地图 씨취띠투 | 시내 지도 |
| 市内电话 씨내이띠엔화 | 시내 전화 |
| 市场 씨챵 | 시장 |
| 交换卡 찌아오환카 | 교환카드 |
| 交通事故 찌아오통씨꾸 | 교통사고 |
| 夜间 예찌엔 | 야간 |
| 夜总会 예종호이 | 나이트클럽 |
| 高 까오 | 높다 |
| 高度 까오뚜 | 고도 |

**ㄴ**

| | |
|---|---|
| 关 꾸안 | 닫다 |
| 关门时间 구안먼시지엔 | 마감 시간 |
| 关店 꾸안띠엔 | 가게를 마감하다 |
| 兑换处 뚜이환츄 | 환전소 |
| 单程 딴청 | 편도 |
| 前台 치엔타이 | 프런트 |

**ㅣ**

| | |
|---|---|
| 冰 삥 | 얼음 |
| 决定 쥐에띵 | 결정하다 |
| 冰激凌 삥지링 | 아이스크림 |
| 冷房 렁팡 | 냉방 |
| 冷冻食品 렁똥식핀 | 냉동식품 |
| 冰箱 삥시앙 | 냉장고 |
| 冷 렁 | 춥다 |
| 凉飕飕 리앙쏘우쏘우 | 싸늘하다 |

**ㄱ**

| | |
|---|---|
| 写 시에 | 쓰다 |

**ㄷ**

| | |
|---|---|
| 厚 호우 | 두껍다 |
| 厨房 츄팡 | 주방 |
| 厕所 츠어수워 | 화장실 |

**ㅓ**

| | |
|---|---|
| 卖完 마이완 | 매진 |
| 博物馆 보워우구안 | 박물관 |

**ㄷ**

| | |
|---|---|
| 牙刷 야슈아 | 칫솔 |

| | |
|---|---|
| 医生 이셩 | 의사 |
| 医院 이위엔 | 병원 |

**ㅏ**

| | |
|---|---|
| 上面 쌍미엔 | 위쪽 |
| 处方 츄팡 | 처방 |

**ㅣ**

| | |
|---|---|
| 列车 리에츠어 | 열차 |
| 剧场 쥐챵 | 극장 |
| 到达 따오다 | 도착하다 |
| 剃须刀 티쉬따오 | 면도칼 |
| AA制 에이에이찌 | 더치페이 |

**ㄇ**

| | |
|---|---|
| 内线 내이씨엔 | 내선 |
| 见面 찌엔미엔 | 만나다 |
| 网球 왕치우 | 테니스 |
| 帽子 마오즈 | 모자 |

**八**

| | |
|---|---|
| 公交车站 꽁지아오츠어짠 | 버스정류장 |
| 公司 꽁쓰 | 회사 |
| 公寓 꽁위 | 아파트 |

기본 회화
맛집
쇼핑
뷰티
관광
엔터테인먼트
호텔
교통수단
기본 정보
단어장

## 入

| | |
|---|---|
| 入口<br>루코우 | 입구 |
| 入住<br>루쭈 | 입주하다 |
| 入境卡<br>루찡카 | 입국 카드 |
| 入境管理<br>루찡구안리 | 입국 관리 |
| 入境审查<br>루찡션챠 | 입국 심사 |
| 入场费<br>루챵페이 | 입장료 |

## 人

| | |
|---|---|
| 今天<br>찐티엔 | 오늘 |
| 会计<br>회이찌 | 회계 |
| 合计<br>흐어찌 | 합계 |
| 食品店<br>싀핀띠엔 | 식품점 |
| 食堂<br>싀탕 | 식당 |
| 食欲<br>싀위 | 식욕 |

## 亻

| | |
|---|---|
| 什么时候都<br>션머싀호우또우 | 언제든지 |
| 化妆水<br>화쮸앙슈이 | 스킨 |
| 化妆品<br>화쮸앙핀 | 화장품 |
| 化妆品公司<br>화쮸앙핀꽁쓰 | 화장품<br>회사 |
| 付款通知书<br>푸쿠안통쯔슈 | 결제<br>통지서 |

| | |
|---|---|
| 休闲的<br>시우시엔더 | 평상복의 |
| 休息日<br>시우시릐 | 휴일 |
| 休息室<br>시우시씌 | 휴게실 |
| 休假<br>시우찌아 | 휴가 |
| 传真<br>츄안쩐 | 팩스 |
| 价格<br>찌아그어 | 가격 |
| 优惠券<br>요우호이취엔 | 할인권 |
| 伏特加<br>푸트어찌아 | 보드카 |
| 伤<br>샹 | 다치다 |
| 住址<br>쮸즤 | 주소 |
| 住<br>쮸 | 살다 |
| 住宿客人<br>쮸쑤크어런 | 숙박 고객 |
| 住宿费<br>쮸쑤페이 | 숙박비 |
| 体质<br>티쯰 | 체질 |
| 体温<br>티원 | 체온 |
| 体温计<br>티원찌 | 체온계 |
| 体操<br>티차오 | 체조 |
| 何时<br>흐어싀 | 언제 |
| 保险<br>바오시엔 | 보험 |

| | |
|---|---|
| 保险柜<br>바오시엔꾸이 | 금고 |
| 保险箱<br>바오시엔시앙 | 소형 금고 |
| 保管<br>바오구안 | 보관하다 |
| 保管的行李<br>바오구안더싱리 | 짐 보관 |
| 保管柜<br>바오구안꾸이 | 보관함 |
| 信<br>씐 | 믿다 |
| 信号<br>씐하오 | 신호 |
| 信用卡<br>씐용카 | 신용 카드 |
| 信封<br>씐펑 | 편지 봉투 |
| 信息<br>씐씨 | 소식 |
| 信息杂志<br>씐시자쯰 | 정보 잡지 |
| 使用中<br>싀용쫑 | 사용 중 |
| 使用费<br>싀용페이 | 사용비 |
| 便利店<br>삐엔리띠엔 | 편의점 |
| 便盆<br>삐엔펀 | 변기 |
| 便秘药<br>삐엔비야오 | 변비약 |
| 便宜<br>피엔이 | 싸다 |
| 便秘<br>삐엔미 | 변비 |
| 借<br>찌에 | 빌리다 |
| 俱乐部<br>쮜르어뿌 | 클럽 |

| 修改 시우가이 | 고치다 |
|---|---|
| 修理 시우리 | 수리하다 |
| 假的 지아더 | 가짜 |
| 停电 팅띠엔 | 정전 |
| 停车 팅처 | 주차 |
| 停车场 팅처챵 | 주차장 |
| 停车费 팅처페이 | 주차비 |
| 停留 팅리우 | 머물다 |
| 偶然 오우란 | 우연히 |
| 候机室 호우지싀 | 공항 대합실 |
| 健身房 찌엔션팡 | 헬스장 |
| 像 씨앙 | 닮다 |

## ㄅ

| 勺子 샤오즈 | 스푼 |
|---|---|
| 包 빠오 | 가방 |
| 包装 빠오쮸앙 | 포장 |
| 鸟 니아오 | 새 |

## ㄡ

| 双人间 슈앙런지엔 | 트윈 룸 |
|---|---|
| 支票 쯰피아오 | 수표 |

| 对方付费电话 뚜이팡푸페이띠엔화 | 수신자 부담 전화 |
|---|---|
| 对号入座 뚜이하오루쭈워 | 지정 좌석 에 앉다 |
| 鸡蛋 지딴 | 달걀 |
| 鸡肉 지로우 | 닭고기 |
| 鸡尾酒 찌웨이지우 | 칵테일 |
| 叔叔 슈슈 | 아저씨 |
| 难 난 | 어렵다 |
| 难吃 난칰 | 맛이 없다 |
| 皮肤 피푸 | 피부 |
| 发烧 퐈샤오 | 열이 나다 |
| 发票 퐈피아오 | 영수증 |

## ㄉ

| 免税 미엔쓔이 | 면세 |
|---|---|
| 免税店 미엔쓔이띠엔 | 면세점 |
| 免税商品 미엔쓔이샹핀 | 면세 상품 |
| 免费 미엔페이 | 무료 |
| 危险 웨이씨엔 | 위험 |
| 剪刀 지엔따오 | 가위 |

## ㄌ

| 加油站 찌아요우짠 | 주유소 |
|---|---|

| ㄧ |  |
|---|---|
| 订购 띵꼬우 | 예약 구매 하다 |
| 设计 씌어찌 | 설계하다 |
| 语言 위엔 | 언어 |
| 说 슈워 | 말하다 |
| 说明书 슈워밍슈 | 설명서 |
| 试用品 씌용핀 | 시용품 |
| 调料 티아오리아오 | 조미표 |
| 调查 띠아오챠 | 조사 |

## ㄖ

| 阿司匹林 아쓰피린 | 아스피린 |
|---|---|
| 邮包 요우빠오 | 우편 소포 |
| 邮局 요우쮜 | 우체국 |
| 邮件 요우찌엔 | 우편물 |
| 邮费 요우페이 | 우푯값 |
| 邮票 요우피아오 | 우표 |
| 邮箱 요우시앙 | 우체통 |
| 附加费 푸찌아페이 | 추가 비용 |
| 院子 위엔즈 | 정원 |
| 随身行李 수이션싱리 | 휴대용 짐 |

| 陶瓷 타오츠 | 도자기 |
|---|---|

### 又

| 延期 옌치 | 연기하다 |
|---|---|

### 匕

| 北 베이 | 북쪽 |
|---|---|

### 山

| 山 싼 | 산 |
|---|---|
| 出入境管理 츄루찡구안리 | 출입국 관리 |
| 出口 츄코우 | 출구 |
| 出国卡 츄찡카 | 출국 카드 |
| 出发 츄퐈 | 출발하다 |
| 出发日 츄퐈릐 | 출발일 |
| 出发时间 츄퐈싀지엔 | 출발 시간 |
| 出租车 츄주츠어 | 택시 |
| 出租车站 츄주츠쨘 | 택시 정류장 |
| 出租车费 츄우츠어페이 | 택시비 |

### 氵

| 汁 쯰 | 즙 |
|---|---|
| 汇率 호이뤼 | 환율 |
| 汗 한 | 땀 |
| 池塘 칙탕 | 저수지 |
| 沙发 샤퐈 | 소파 |
| 沙漠 샤모워 | 사막 |
| 沙滩 샤탄 | 모래사장 |
| 沙拉酱 샤라찌앙 | 마요네즈 |
| 汽车 치츠어 | 자동차 |
| 汽车租赁 치츠어쭈린 | 렌터카 |
| 汽油 치요우 | 휘발유 |
| 没问题 메이원티 | 문제없다 |
| 没有意识 메이요우이싀 | 의식(계획) 이 없다 |
| 没来得及坐 메이라이더지쭈워 | 미처 자리에 앉지 못했다 |
| 注意 쮸이 | 주의하다 |
| 河 흐어 | 강 |
| 泳池 용츠 | 수영장 |
| 洗 시 | 씻다 |
| 洗衣 시이 | 옷을 빨다 |
| 洗衣机 시이지 | 세탁기 |
| 洗衣费 시이페이 | 세탁비 |
| 洗发液 시퐈예 | 샴푸 |
| 洗照片 시쨔오피엔 | 사진을 인화하다 |
| 洗涤 시디 | 세탁하다 |
|---|---|
| 洗涤剂 시디찌 | 세제 |
| 洗涤按钮 시디안뉴우 | 세척 버튼 |
| 油 요우 | 기름 |
| 油画 요우화 | 유화 |
| 油泵 요우뻥 | 기름 펌프 |
| 治疗 쯰리아오 | 치료하다 |
| 法国菜 퐈구워차이 | 프랑스 요리 |
| 泄漏 씨에로우 | 흘리다 |
| 浅 치엔 | 얕다 |
| 浓 농 | 진하다 |
| 洞 똥 | 명백하다 |
| 泻药 씨에야오 | 설사약 |
| 洋葱 양총 | 양파 |
| 浴巾 위찐 | 목욕수건 |
| 浴池 위츠 | 욕조 |
| 海 하이 | 바다 |
| 海水浴 하이슈이위 | 해수욕 |
| 海峡 하이시아 | 해협 |
| 海滩 하이탄 | 해변 |

196

| | | | | |
|---|---|---|---|---|
| 波浪<br>뽀워랑 | 파도 | 液体<br>예티 | 액체 | ﹁ |
| 清扫中<br>칭사오종 | 청소 중 | 游泳<br>요우용 | 수영 | 安全<br>안취엔 | 안전 |
| 深<br>션 | 깊다 | 游客<br>요우크어 | 여행객 | 安全出口<br>안취엔츄코우 | 비상구 |
| 深夜<br>션예 | 깊은 밤 | 游船<br>요우츄안 | 유람선 | 安全带<br>안취엔따이 | 안전벨트 |
| 淡<br>딴 | 싱겁다 | 温<br>원 | 따뜻하다 | 空手道<br>콩쇼우따오 | 공수도 |
| 混乱<br>훈루안 | 혼란 | 温泉<br>원취엔 | 온천 | 宝石<br>바오싀 | 보석 |
| 海关<br>하이꾸안 | 세관 | 温度计<br>원뚜찌 | 온도계 | 实习生<br>싀시셩 | 실습생 |
| 海关申报单<br>하이꾸안쎤빠오딴 | 세관<br>신고서 | 派出所<br>파이츄수워 | 파출소 | 家人<br>찌아런 | 식구 |
| 消化不良<br>시아오화뿌리앙 | 소화불량 | 滑冰<br>화삥 | 스케이트 | 家务<br>찌아우 | 집안일 |
| 消防队<br>시아오퐝뚜이 | 소방대 | 滑雪<br>화쉬에 | 스키 | 家具<br>찌아쮜 | 가구 |
| 消毒液<br>시아오두예 | 소독액 | 演艺人<br>옌이런 | 연기자 | 家庭<br>찌아팅 | 가정 |
| 消息<br>시아오시 | 소식 | 演员<br>옌위엔 | 출연자 | 寄存员<br>찌춘위엔 | 예탁원 |
| 酒<br>지우 | 술 | 演奏会<br>옌쪼우호이 | 연주회 | 客人<br>크어런 | 손님 |
| 酒水<br>지우슈이 | 주류 | 潮湿<br>챠오싀 | 축축하다 | 客车<br>크어츠어 | 버스 |
| 酒吧<br>지우바 | 바(bar) | 瀑布<br>빠오뿌 | 폭포 | 密码<br>미마 | 비밀번호 |
| 酒馆<br>지우구안 | 술집 | ㅋ | | 宽敞<br>쿠안챵 | 넓다 |
| 酒精<br>지우찡 | 알코올 | 性别<br>씽비에 | 성별 | 广 | |
| 酒精类<br>지우찡레이 | 알코올류 | 快递<br>콰이띠 | 속달 | 广告<br>구앙까오 | 광고 |
| 酒店<br>지우띠엔 | 호텔 | 慢慢地<br>만만더 | 천천히 | 床<br>츄앙 | 침대 |
| 淋浴<br>린위 | 샤워 | | | 店<br>띠엔 | 가게 |

| | | | | | | |
|---|---|---|---|---|---|
| 麻<br>마 | 저리다 | 这周<br>쩌쪼우 | 이번 주 | 道路地图<br>따오루띠투 | 도로 지도 |
| 座位<br>쭈워웨이 | 좌석 | 送<br>쏭 | 보내다 | 遇见<br>오우찌엔 | 만나다 |
| 座位号<br>쭈워웨이하오 | 좌석 번호 | 连衣裙<br>리엔이췬 | 원피스 | 邀请<br>야오칭 | 초청 |
| 麻醉<br>마쭈이 | 마취 | 连休<br>리엔시우 | 연휴 | | |

**门**

| | | | | | |
|---|---|---|---|---|---|
| 闹钟<br>나오쫑 | 알람 | 连续住<br>리엔쒸쮸 | 연속하여<br>머물다 | **工** | |

**辶**

| | | | | | | |
|---|---|---|---|---|---|
| | | 迪斯科<br>디쓰크어 | 디스코 | 左边<br>주워삐엔 | 왼쪽 |
| 过<br>꿔 | 지나다 | 选<br>쉬엔 | 고르다 | 差价<br>챠찌아 | 가격 차 |
| 过去<br>꿔취 | 지나가다 | 退币杆<br>투이삐깐 | 화폐<br>반환구 | **土** | |
| 过劳<br>꿔라오 | 과로하다 | 退货<br>투이훠 | 반품하다 | 土<br>토 | 흙 |
| 过敏<br>꿔민 | 예민하다 | 退房<br>투이팡 | 체크아웃 | 寺庙<br>쓰미아오 | 사원 |
| 过敏的<br>꿔민더 | 예민한 | 退房时间<br>투이팡스찌엔 | 체크아웃<br>시간 | 地下<br>띠씨아 | 지하 |
| 进入<br>찐루 | 들어가다 | 退烧药<br>투이샤오야오 | 해열제 | 地址<br>띠즈 | 주소 |
| 远<br>위엔 | 멀다 | 适配器<br>씨페이치 | 어댑터 | 地区<br>띠취 | 지역 |
| 运动<br>윈똥 | 운동 | 追加<br>쮸이찌아 | 추가하다 | 地方<br>띠팡 | 지방 |
| 运动鞋<br>윈똥시에 | 운동화 | 追加费用<br>쮸이찌아페이용 | 추가 비용 | 地图<br>띠투 | 지도 |
| 运费<br>윈페이 | 운송비 | 通话中<br>통화쫑 | 통화 중 | 地面<br>띠미엔 | 지면 |
| 迟到<br>츠따오 | 지연되다 | 退烧药<br>투이샤오야오 | 해열제 | 地板<br>띠반 | 마루 |
| 这里<br>쩌리 | 여기 | 遗失物品管理处<br>이스우핀구안리츄 | 분실물<br>관리처 | 地铁<br>띠티에 | 지하철 |
| | | 通知栏<br>통쯔란 | 게시판 | 地铁站<br>띠티엔짠 | 지하철 역 |
| 这个月<br>쩌거위에 | 이번 달 | 道路<br>따오루 | 도로 | 地球<br>띠치우 | 지구 |
| | | | | 地毯<br>띠탄 | 카펫 |

| 地震<br>띠쪈 | 지진 |
|---|---|
| 坦率的<br>탄쓔아이 | 솔직하다 |
| 垃圾<br>라지 | 쓰레기 |
| 垃圾箱<br>라지샹 | 쓰레기통 |
| 场所<br>챵수워 | 장소 |
| 坡<br>포워 | 경사지다 |
| 城市<br>청씨 | 도시 |
| 城堡<br>청바오 | 성루 |
| 堵车<br>두츠어 | 차가<br>막히다 |
| 增值税<br>쩡즈쓔이 | 부가<br>가치세 |
| 墙壁<br>치앙삐 | 벽 |
| 墙壁纸<br>치앙삐즈 | 벽지 |

艹

| 节日<br>지에르 | 명절 |
|---|---|
| 花粉过敏<br>화펀꿔민 | 꽃가루<br>알레르기 |
| 苏打水<br>쑤다슈이 | 탄산수 |
| 英语<br>잉위 | 영어 |
| 药<br>야오 | 약 |
| 药店<br>야오띠엔 | 약국 |
| 菜<br>차이 | 음식 |

| 菜单<br>차이딴 | 메뉴 |
|---|---|
| 萝卜<br>루워보워 | 무 |
| 营业中<br>잉예죵 | 영업 중 |
| 营业时间<br>잉예싀찌엔 | 영업시간 |
| 葡萄酒目录<br>푸타오지우무루 | 포도주<br>리스트 |
| 薄<br>바오 | 얇다 |

大

| 大米<br>따미 | 쌀 |
|---|---|
| 大爷<br>따예 | 큰아버지 |
| 大使馆<br>따싀구안 | 대사관 |
| 大蒜<br>따쑤안 | 마늘 |
| 套<br>타오 | 덮개 |
| 套餐<br>타오찬 | 세트 메뉴 |

子

| 存款<br>춘쿠안 | 저금하다 |
|---|---|
| 学生<br>쉬에셩 | 학생 |
| 学校<br>쉬에씨아오 | 학교 |

尸

| 尺寸<br>츼춘 | 사이즈 |
|---|---|
| 展览会<br>쟌란호이 | 전람회 |

扌

| 扑克<br>푸크어 | 포커 게임 |
|---|---|
| 打针<br>다쪈 | 주사 |
| 打电话<br>다띠엔화 | 전화하다 |
| 打折<br>다즈어 | 할인하다 |
| 打折店<br>다즈어띠엔 | 할인점 |
| 打包<br>다빠오 | 포장하다 |
| 打火机<br>다후워지 | 라이터 |
| 托儿所<br>투워얼수워 | 탁아소 |
| 托付<br>투워푸 | 부탁하다 |
| 扩大<br>쿠워따 | 확대하다 |
| 找<br>쟈오 | 찾다 |
| 找零<br>쟈오링 | 거스름돈을<br>찾다 |
| 护照<br>호쨔오 | 여권 |
| 技师<br>지싀 | 기사 |
| 技术<br>찌쓔 | 기술 |
| 折扣<br>즈어코우 | 할인 |
| 拖鞋<br>투워시에 | 슬리퍼 |
| 拒绝<br>쮜쮜에 | 거절하다 |
| 招待<br>쨔오따이 | 초청하다 |

| | | | | |
|---|---|---|---|---|
| 扭伤<br>니우쌍 | 접질리다 | 接待<br>찌에따이 | 접대 | 当天<br>땅티엔 | 당일 |
| 拉<br>라 | 당기다 | 接待员<br>찌에따이위엔 | 안내원 | 当地时间<br>땅띠스지엔 | 현지시간 |
| 拉面<br>라미엔 | 라면 | 接送<br>찌에쏭 | 픽업하다 | 紫菜<br>즈차이 | 김 |
| 护士<br>호스 | 간호사 | 接触<br>지에츄 | 접촉하다 | **ㅋ** | |
| 护发素<br>호퐈쑤 | 린스 | 掉<br>띠아오 | 떨어지다 | 口红<br>코우훙 | 립스틱 |
| 拱廊<br>공랑 | 아케이드 | 授权货币兑换商<br>쑈우취엔휘삐뚜이<br>환샹 | 공인<br>환전소 | 口香糖<br>코우시앙탕 | 껌 |
| 拇指<br>무즈 | 엄지손가락 | 授课<br>쑈우크어 | 강의를<br>하다 | 可能<br>크어넝 | 아마<br>~일 것이다 |
| 挂号<br>꽈하오 | 신청하다 | 推<br>투이 | 밀다 | 可爱<br>크어아이 | 귀엽다 |
| 按摩<br>안모워 | 마사지 | 推荐<br>투이찌엔 | 추천하다 | 另收费<br>링쑈우페이 | 별도 요금 |
| 指甲<br>즈지아 | 손톱 | 推销员<br>투이씨아오위엔 | 판매원 | 右边<br>요우삐엔 | 오른쪽 |
| 指甲刀<br>즈지아따오 | 손톱깎이 | 握手<br>워쑈우 | 악수하다 | 叫醒电话服务<br>찌아오싱띠엔화푸우 | 알람 전화<br>서비스 |
| 指甲油<br>즈지아요우 | 매니큐어 | 提问<br>티원 | 질문을<br>하다 | 名片<br>밍피엔 | 명함 |
| 插座<br>챠쭈워 | 콘센트 | 捐赠<br>쥐엔쩡 | 기부하다 | 名字<br>밍쯔 | 이름 |
| 换乘<br>환청 | 환승 | 携带物品<br>시에따이우핀 | 휴대품 | 吐<br>투 | 구토 |
| 捡<br>지엔 | 줍다 | 搬运工<br>빤윈꿍 | 짐꾼 | 吹风机<br>츄이펑지 | 헤어<br>드라이어 |
| 换<br>환 | 바꾸다 | 摄像机<br>씨어씨앙지 | 카메라 | 吵<br>챠오 | 시끄럽다 |
| 披肩<br>피찌엔 | 망토 | **小** | | 吸烟席<br>씨옌시 | 흡연석 |
| 报纸<br>빠오즈 | 신문 | 小心轻放<br>시아오씬칭퐝 | 취급 주의 | 咨询处<br>쯔쉰츄 | 문의처 |
| 投币式自动存放柜<br>토우삐쓰쯔똥춘꽝<br>꾸이 | 코인 로커 | 小册子<br>시아오츠어즈 | 브로슈어 | 售票处<br>쑈우피아오츄 | 매표소 |
| 接纳<br>찌에나 | 받아들이다 | 小偷<br>시아오토우 | 좀도둑 | 啤酒<br>피지우 | 맥주 |
| | | | | 哮喘<br>씨아오츄안 | 천식 |

200

| | | | | | | | |
|---|---|---|---|---|---|---|---|
| 咖啡<br>카페이 | 커피 | 好吃<br>하오츠 | 맛있다 | 贵<br>꾸이 | 비싸다 | 기본<br>회화 | |
| 咖啡厅<br>카페이팅 | 카페 | 始发车<br>스파처어 | 첫차 | 贵重物品<br>꾸이쫑우핀 | 귀중품 | | |

맛집

| | | | | | |
|---|---|---|---|---|---|
| **口** | | 妻子<br>치즈 | 아내 | 资料<br>차이리아오 | 재료 |
| 因特网<br>인트어왕 | 인터넷 | 姑妈<br>꾸마 | 고모 | 购物<br>꼬우우 | 쇼핑하다 |
| 困难<br>쿤난 | 곤란하다 | 婶婶<br>션션 | 숙모 | 赌博<br>두보워 | 도박 |
| 回忆<br>호이이 | 회상하다 | **犭** | | **灬** | |
| 回数券<br>호이슈취엔 | 회수권 | 狗<br>고우 | 강아지 | 热<br>르어 | 덥다 |
| 图书馆<br>투슈구안 | 도서관 | 猫<br>마오 | 고양이 | 热水<br>르어슈이 | 뜨거운 물 |
| 图画文字<br>투화원쯔 | 회화문자 | 猪肉<br>쮸로우 | 돼지고기 | 煮<br>쥬 | 삶다 |
| 国家<br>구워찌아 | 국가 | **纟** | | 照片<br>짜오피엔 | 사진 |
| 国际驾照<br>구워찌찌아짜오 | 국제<br>면허증 | 红色<br>훙쓰어 | 빨간색 | 照亮<br>쨔오리앙 | 밝게<br>비추다 |
| 国际航班<br>구워찌항빤 | 국제<br>항공편 | 红茶<br>훙챠 | 홍차 | 熊猫<br>시옹마오 | 판다 |
| 国籍<br>구워찌 | 국적 | 纪念日<br>찌니엔리 | 기념일 | **攵** | |
| **彳** | | 纸杯<br>즈뻬이 | 종이컵 | 收取<br>쇼우취 | 수취하다 |
| 往返票<br>왕판피아오 | 왕복권 | 纸袋<br>즈따이 | 종이 가방 | 收音机<br>쇼우인지 | 라디오 |
| **饣** | | 结帐<br>지에짱 | 계산하다 | 收费<br>쇼우페이 | 비용 |
| 饮料<br>인리아오 | 음료 | 统一销售价<br>통이씨아오쑈우찌아 | 균일가 | 收费表<br>쇼우페이비아오 | 요금표 |
| 饭<br>판 | 밥 | 绷带<br>뼁따이 | 붕대 | 收费的<br>쇼우페이더 | 비용의 |
| 饭店<br>판띠엔 | 식당 | 编织<br>삐엔찌 | 짜다 | 效果<br>씨아오구워 | 효과가<br>있다 |
| **女** | | **贝** | | 救生衣<br>찌우셩이 | 구명복 |
| 女儿<br>뉘얼 | 딸 | 贫血<br>핀쒸에 | 빈혈 | 教会<br>찌아오호이 | 교회 |

쇼핑

뷰티

관광

엔터테인먼트

호텔

교통수단

기본정보

단어장

| | | |
|---|---|---|
| **复印** 푸인 | 복사 | |
| **数码相机** 쑤마씨앙지 | 디지털 카메라 | |

### 方

| | |
|---|---|
| **方向** 팡씨앙 | 방향 |
| **方便** 팡삐엔 | 편하다 |
| **旅行支票** 뤼싱쯔피아오 | 여행자 수표 |
| **旅游** 뤼요우 | 관광 |
| **旅游大客** 뤼요우따크어 | 관광버스 |
| **旅游飞行** 뤼요우페이싱 | 관광 비행 |
| **旅游手册** 뤼요우쇼우츠어 | 여행 책자 |
| **旅游咨询处** 뤼요우쯔싄추어 | 관광 안내소 |
| **旅游费用** 뤼요우페이용 | 여행 비용 |

### 火

| | |
|---|---|
| **火车站** 후워칙어쨘 | 기차역 |
| **烟** 옌 | 연기 |
| **烟灰缸** 옌호이깡 | 재떨이 |
| **烦躁** 퐌짜오 | 초조하다 |
| **烤肉** 카오로우 | 불고기 |
| **烧伤** 싸오쌍 | 화상 |
| **烧酒** 싸오지우 | 소주 |

| | |
|---|---|
| **烫发** 탕퐈 | 파마 |
| **熨斗** 윈도우 | 다리미 |

### 心

| | |
|---|---|
| **总统** 종퉁 | 대통령 |
| **急** 지 | 급하다 |
| **急救车** 지찌우최어 | 구급차 |
| **感冒** 간마오 | 감기 |
| **感冒药** 간마오야오 | 감기약 |

### 王

| | |
|---|---|
| **玩** 완 | 놀다 |
| **玩具** 완쮜 | 완구 |
| **玩笑** 완씨아오 | 농담 |
| **环境** 환찡 | 환경 |
| **玻璃** 뽀워리 | 유리 |
| **现在** 씨엔짜이 | 지금 |
| **现金** 씨엔찐 | 현금 |
| **理发** 리퐈 | 이발하다 |
| **斑** 빤 | 도트 |
| **理由** 리요우 | 이유 |

### 户

| | |
|---|---|
| **房间** 팡찌엔 | 방 |

| | |
|---|---|
| **房间送餐服务** 팡찌엔쏭찬푸우 | 룸서비스 |
| **房间费** 팡찌엔페이 | 숙박비 |
| **房间号** 팡찌엔하오 | 방 번호 |
| **房顶** 팡딩 | 옥상 |
| **肩膀** 찌엔방 | 어깨 |

### 木

| | |
|---|---|
| **朴素** 푸쑤 | 소박하다 |
| **机内餐** 찌내이찬 | 기내식 |
| **机长** 찌쟝 | 기장 |
| **机票** 찌피아오 | 비행기 표 |
| **机场** 찌챵 | 공항 |
| **机场税** 찌챵쑤이 | 공항세 |
| **机械** 찌씨에 | 기계 |
| **材料** 차이리아오 | 재료 |
| **村子** 춘즈 | 마을 |
| **杯子** 뻬이즈 | 컵 |
| **板** 반 | 널빤지 |
| **枕头** 전토우 | 베개 |
| **相机** 씨앙찌 | 카메라 |
| **相册** 씨앙츠어 | 앨범 |

| | | | | | | |
|---|---|---|---|---|---|---|
| 相合<br>씨앙흐어 | 알맞다 | 植物<br>즈우 | 식물 | 电影<br>띠엔잉 | 영화 | |
| 相同<br>씨앙퉁 | 똑같음 | 植物园<br>즈우위엔 | 식물원 | 电话号<br>띠엔화하오 | 전화번호 | |
| 柔软<br>로우루안 | 유연하다 | 橘皮果酱<br>쥐피구워찌앙 | 마멀레이드 | 电话费<br>띠엔화페이 | 전화비 | |
| 柜台<br>꾸이타이 | 계산대 | 棒球<br>빵치우 | 야구 | 电脑<br>띠엔나오 | 컴퓨터 | |
| 标识<br>삐아오싀 | 식별하다 | 楼上<br>로우샹 | 위층 | 电视<br>띠엔씌 | 텔레비전 | |
| 禁止使用闪光灯<br>찐즤싀융샨꾸앙떵 | 플래시<br>사용 금지 | 楼下<br>로우씨아 | 아래층 | 电子表格<br>띠엔즈비아오그어 | 스프레드시트 | |
| 禁止停车<br>찐즤팅처어 | 주차 금지 | 楼梯<br>로우티 | 계단 | 早<br>자오 | 일찍 | |
| 禁止摄影<br>찐즤씌어잉 | 촬영 금지 | 橙子<br>청즈 | 오렌지 | 早晨<br>자오천 | 아침 | |
| 禁止通行<br>찐즤퉁씽 | 통행 금지 | 樱花<br>잉화 | 벚꽃 | 早餐<br>자오찬 | 아침 식사 | |
| 禁烟<br>찐옌 | 흡연 금지 | 樱桃<br>잉타오 | 앵두나무 | 时刻表<br>싀크어비아오 | 시간표 | |
| 禁烟席<br>찐옌시 | 금연석 | **车** | | 明天<br>밍티엔 | 내일 | |
| 桃子<br>타오즈 | 복숭아 | 车站<br>처어짠 | 정류장 | 明信片<br>밍씬피엔 | 엽서 | |
| 梅雨<br>메이위 | 장마 | 轻<br>칭 | 가볍다 | 明细表<br>밍씨비아오 | 명세서 | |
| 检票口<br>지엔피아오코우 | 개찰구 | 轮椅<br>룬이 | 휠체어 | 昨天<br>주워티엔 | 어제 | |
| 检疫<br>지엔이 | 검역 | **戈** | | 显象<br>시엔씨앙 | 현상 | |
| 检查<br>지엔챠 | 검사 | 戒指<br>찌에즤 | 반지 | 景色<br>징쓰어 | 경치 | |
| 梳子<br>슈즈 | 빗 | **日** | | 暗<br>안 | 어둡다 | |
| 棉<br>미엔 | 면화 | 旧<br>찌우 | 옛날의 | 晴<br>칭 | 맑다 | |
| 棉质<br>미엔찍 | 면 | 电报<br>띠엔빠오 | 전보 | 暖气<br>누안치 | 스팀 | |
| 椅子<br>이즈 | 의자 | 电话<br>띠엔화 | 전화 | 晚餐<br>완찬 | 저녁 식사 | |

| 最低价 쭈이디찌아 | 최저가 |
|---|---|

### ネ

| 礼貌 리마오 | 예의 |
|---|---|

### 牛

| 牛肉 늬우로우 | 소고기 |
|---|---|
| 物价 우찌아 | 물가 |
| 特快 트어콰이 | 급행열차 |
| 特别的 트어비에더 | 특별한 |
| 特产 트어찬 | 특산품 |

### 手

| 手 쇼우 | 손 |
|---|---|
| 手工艺品 쇼우꽁이핀 | 수공예품 |
| 手工制作的 쇼우꽁찌쭈워더 | 수제작의 |
| 手术 쇼우쓔 | 수술 |
| 手机 쇼우지 | 휴대폰 |
| 手指 쇼우즤 | 손가락 |
| 手势 쇼우씨 | 손짓 |
| 手拉手 쇼우라쇼우 | 손을 맞잡다 |
| 手绢 쇼우쮜엔 | 손수건 |
| 手续费 쇼우쒸꿰이 | 수속비 |

### 毛

| 毛巾 마오찐 | 수건 |
|---|---|
| 毛皮 마오피 | 모피 |
| 毛毯 마오탄 | 담요 |

### 斤

| 新 씬 | 새로운 |
|---|---|
| 新闻 씬원 | 뉴스 |

### 爪

| 爱 아이 | 사랑 |
|---|---|
| 爱好 아이하오 | 매우 좋아하다 |

### 月

| 有效期 요우씨아오치 | 유효 기간 |
|---|---|
| 有名的 요우밍더 | 유명한 |
| 肌肉 찌로우 | 근육 |
| 肚子痛 뚜즈퉁 | 복통 |
| 肘 죠우 | 팔꿈치 |
| 服务 푸우 | 서비스 |
| 服务费 푸우페이 | 서비스 비용 |
| 服装 푸쮸앙 | 복장 |

| 服装店 푸쮸앙띠엔 | 의상실 |
|---|---|
| 肺炎 페이옌 | 폐렴 |
| 胡椒 후찌아오 | 후추 |
| 胡萝卜 후루워보워 | 당근 |
| 脉搏 마이보워 | 맥박 |
| 胶卷 찌아오쥐엔 | 필름 |
| 脑震荡 나오쪈땅 | 뇌진탕 |
| 胶 찌아오 | 풀 |
| 胶带 찌아오따이 | 테이프 |
| 脏 짱 | 더럽다 |
| 脂肪 쯰팡 | 지방 |
| 脖子 보워즈 | 목 |
| 脸 리엔 | 얼굴 |
| 脸部护理 리엔뿌호리 | 페이스 케어 |
| 脚 지아오 | 발 |
| 脚边灯 지아오삐엔떵 | 사이드 램프 |
| 脚腕 지아오완 | 발목 |
| 脱脂棉 투워쯰미엔 | 약솜 |
| 腌制食品 옌쯰식핀 | 젓갈 |
| 腰 야오 | 허리 |

| | | | | | | |
|---|---|---|---|---|---|---|
| 腰围<br>야오웨이 | 허리둘레 | 袜子<br>와즈 | 양말 | 钓鱼<br>띠아오위 | 낚시하다 | 기본회화 |
| 腰带<br>야오따이 | 벨트 | 裤子<br>쿠즈 | 바지 | 钱<br>치엔 | 돈 | 맛집 |
| 腹泻<br>푸씨에 | 설사 | 被盗<br>뻬이따오 | 도난<br>당하다 | 钱包<br>치엔빠오 | 지갑 | |
| **水** | | **广** | | 错<br>추워 | 틀리다 | 쇼핑 |
| 水<br>슈이 | 물 | 疼<br>텅 | 아프다 | 银<br>인 | 은 | |
| 水果<br>슈이구워 | 과일 | 疼痛<br>텅통 | 통증 | 银行<br>인항 | 은행 | 뷰티 |
| 水壶<br>슈이후 | 주전자 | **石** | | 铁道<br>티에따오 | 철길 | 관광 |
| 水道<br>슈이따오 | 물길 | 矿泉水<br>쿠워취엔슈이 | 미네랄워터 | **夕** | | |
| 水族馆<br>슈이주구안 | 수족관 | 硬币<br>잉삐 | 동전 | 餐车<br>찬칙어 | 밥차 | 엔터테인먼트 |
| **止** | | **白** | | 餐饮店<br>찬인띠엔 | 식품점 | |
| 止痛药<br>직통야오 | 진통제 | 白<br>바이 | 희다 | **禾** | | 호텔 |
| 整理<br>정리 | 정리하다 | 白糖<br>바이탕 | 백설탕 | 季节<br>찌지에 | 계절 | |
| **目** | | **田** | | 香烟<br>씨앙옌 | 담배 | 교통수단 |
| 目的<br>무띠 | 목적 | 番茄酱<br>퐌치에찌앙 | 토마토케첩 | 香皂<br>씨앙짜오 | 비누 | |
| 目的地<br>무띠띠 | 목적지 | 累<br>레이 | 힘들다 | 秘密<br>미미 | 비밀 | 기본정보 |
| 眉毛<br>메이마오 | 눈썹 | **皿** | | 税<br>쒀이 | 세금 | |
| 眼药<br>옌야오 | 안약 | 盐<br>옌 | 소금 | 程序<br>청쒸 | 순서 | 단어장 |
| **衤** | | 蓝<br>란 | 푸르다 | **穴** | | |
| 衣柜<br>이꾸이 | 옷장 | 蓝色<br>란쓰어 | 파란색 | 空座<br>콩쭈워 | 빈 좌석 | |
| 补办<br>부빤 | 사후에<br>처리하다 | **乍** | | 空调<br>콩티아오 | 에어컨 | |

| 羊 | |
|---|---|
| 羊肉<br>양로우 | 양고기 |

| 血 | |
|---|---|
| 血<br>시에 | 피 |
| 血压<br>쒸에야 | 혈압 |
| 血型<br>쒸에싱 | 혈액형 |

| 西 | |
|---|---|
| 西<br>씨 | 서쪽 |
| 西式<br>씨씩 | 양식 |
| 票<br>피아오 | 표 |

| 竹 | |
|---|---|
| 笔直<br>비즈 | 똑바르다 |
| 等候室<br>덩호우씩 | 대합실 |
| 签名<br>치엔밍 | 사인 |
| 简易床<br>지엔이츄앙 | 간이 침대 |
| 筷子<br>콰이즈 | 젓가락 |
| 筐<br>쿠앙 | 바구니 |

| 舌 | |
|---|---|
| 甜点<br>티엔디엔 | 단 과자 |

| 自 | |
|---|---|
| 自由时间<br>쯔요우식지엔 | 자유 시간 |
| 自行车<br>쯔싱치어 | 자전거 |
| 自助餐<br>쯔쮸찬 | 뷔페 |
| 自动售票机<br>쯔똥쑈우피아오찌 | 자동<br>매표기 |
| 自动售货机<br>쯔똥쑈우휘찌 | 자동<br>판매기 |

| 页 | |
|---|---|
| 项链<br>씨아리엔 | 목걸이 |
| 预报<br>위바오 | 예보 |
| 预约<br>위위에 | 예약 |
| 预约号<br>위위에하오 | 예약 번호 |
| 预定<br>위띵 | 예정 |
| 预测<br>위츠어 | 예측 |
| 预算<br>위쑤안 | 예산 |
| 领带<br>링따이 | 넥타이 |
| 颜色<br>옌쓰어 | 색깔 |

| 舟 | |
|---|---|
| 船<br>츄안 | 배 |
| 航班<br>항빤 | 항공편 |

| 航班号<br>항빤하오 | 항공편명 |
|---|---|

| 耳 | |
|---|---|
| 耳机<br>얼지 | 이어폰 |
| 耳环<br>얼환 | 귀걸이 |
| 取消<br>취시아오 | 취소하다 |
| 职业<br>즤예 | 직업 |
| 职业棒球<br>즤예빵치우 | 프로 야구 |
| 联系方式<br>리엔씨팡씩 | 연락 방법 |

| 羽 | |
|---|---|
| 翻译<br>판이 | 번역 |

| 虫 | |
|---|---|
| 虾<br>씨아 | 새우 |
| 蚊子<br>원즈 | 모기 |

| 豆 | |
|---|---|
| 豆腐<br>또우푸 | 두부 |
| 登山<br>떵샨 | 등산 |
| 登机<br>떵지 | 탑승하다 |
| 登机口号<br>떵찌코우하오 | 게이트 번호 |
| 登机门<br>떵지먼 | 게이트 |

| | | | |
|---|---|---|---|
| **登机卡**<br>떵찌가 | 탑승 카드 | **路线图**<br>루씨엔투 | 로드맵 |
| **登机时间**<br>떵찌싀찌엔 | 탑승 시간 | **跑**<br>파오 | 달리다 |
| **短**<br>두안 | 짧다 | **跳舞**<br>티아오우 | 춤 |

| **酉** | | **言** | |
|---|---|---|---|
| **酸奶**<br>쑤안나이 | 요구르트 | **警察**<br>징챠 | 경찰 |
| **醉**<br>쭈이 | 취하다 | **警官**<br>칭꾸안 | 경찰관 |
| **醋**<br>추 | 식초 | **警察局**<br>징챠쥐 | 경찰서 |
| **酸**<br>쑤안 | 시다 | **辛** | |

| **走** | | **辣椒**<br>라찌아오 | 고추 |
|---|---|---|---|
| **走**<br>조우 | 걷다 | **雨** | |
| **走近路**<br>조우찐루 | 접근로 | **雨**<br>위 | 비 |
| **走廊**<br>조우랑 | 복도 | **雪**<br>쉬에 | 눈 |
| **起**<br>치 | 일어서다 | **非** | |
| **起瓶盖**<br>치핑까이 | 병뚜껑 | **靠山的**<br>카오샨더 | 산에 근접한 |
| **超市**<br>챠오씌 | 슈퍼마켓 | **靠海的**<br>카오하이더 | 바다에 근접한 |
| **足** | | **靠窗的**<br>카오츄앙더 | 창가의 |
| **足球**<br>주치우 | 축구 | **革** | |
| | | **靴子**<br>쉬에즈 | 부츠 |
| | | **鞋**<br>시에 | 신발 |

# 여행 중국어 co-Trip ことりっぷ

초판 인쇄일 2023년 10월 16일
초판 발행일 2023년 10월 23일

지은이 코트립 편집부
옮긴이 지화연, 임휘준
발행인 박정모
등록번호 제9−295호
발행처 도서출판 혜지원
주소 (10881) 경기도 파주시 회동길 445−4(문발동 638) 302호
전화 031) 955−9221~5 팩스 031) 955−9220
홈페이지 www.hyejiwon.co.kr

기획 박혜지
진행 박혜지, 박주미
디자인 조수안
영업마케팅 김준범, 서지영
ISBN 979−11−6764−060−4
정가 13,000원

**co-Trip KAIWA CHOU ことりっぷ 会話帖**

Copyright © Shobunsha Publications, Inc. 2015
All rights reserved.
First original Japanese edition published by Shobunsha Publications, Inc. Japan
Korean translation rights arranged with Hyejiwon Publishing Co.
through The English Agency (Japan) Ltd. and Danny Hong Agency

이 책의 한국어판 저작권은 대니홍 에이전시를 통한 저작권사와의 독점 계약으로 도서출판 혜지원에 있습니다.
저작권법에 의해 한국 내에서 보호를 받는 저작물이므로 무단전재와 복제를 금합니다.